Skaftáfeuer

erlebte orte

Jón Trausti

Skaftáfeuer

Roman

Übersetzt von Susanne Beug

Bibliografische Informationen Der Deutschen Bibliothek

Die Deutsche Bibliothek verzeichnet diese Publikation in der Deutschen Nationalbibliografie; detaillierte bibliografische Daten sind im Internet über http://dnb.d-nb.de abrufbar

Nach dem isländischen Original: Jón Trausti. Ritsafn IV, Sögur frá Skaftáreldi, Holt og Skál. Bokaútgáfan Þjóðsaga. Reykjavik 1980
Satz & Lektorat: Kay Niebank, Bremen
Umschlaggestaltung: Carmen Renn, Würzburg (www.carmenrenn.de)
Druck und Bindung: Books on Demand GmbH, Norderstedt
Printed in Germany

Niebank-Rusch-Fachverlag, Hartwigstr. 2c, 28209 Bremen
Besuchen Sie uns im Internet: www.nr-verlag.de

ISBN: 978-3-939564-36-2

Inhalt

I. Teil

1. Das gesegnete Frühjahr

Das Frühjahr 1783 war eines der mildesten und schönsten, an das sich die alten Leute vom Südland erinnern konnten. Die letzten Monate des Winters war das Wetter wunderbar mild, obwohl auch manchmal wechselhaft gewesen, aber dann im März wurde es durchgehend schön, so dass man kaum einen Unterschied zwischen den Tagen sehen konnte.

In den meisten Teilen des Südlandes war das Vieh den ganzen Winter über draußen gewesen, ohne gefüttert zu werden. Auf manchen Höfen wurden nicht einmal die Lämmer in den Stall genommen und kannten kein Heu. Sonst wurden wenigstens die Lämmer und das magerste vom Vieh hereingenommen, die anderen aber nicht.

Im Skaftáfellbezirk war es bereits eine festverwurzelte Gewohnheit, die Schafe sommers wie winters draußen zu lassen und nur im schlimmsten Falle zuzufüttern. Es wurde gesagt, dass die Schafe davon abgehärteter würden und die Weide besser ausnützten. Viele Bauern hatten keinen Schafstall auf ihrem Land, und manche hatten die alten Ställe abgerissen. Diesen Winter jedenfalls brauchten sie keine, und bis in den Frühling waren die Schafe der Bewohner von Skaftáfell in schönster Freiheit draußen auf ihren Weiden. Sie waren schneeweiß, scheu und sahen aus wie Wildschafe.

Auch auf See war das Jahr gut gewesen. Zu Beginn der Fangzeit hatte es zwar ein paar Unglücke gegeben, unter anderem Schiffbrüche an der Suðurnesküste, die vierzehn Männern das Leben gekostet hatten, aber solch einen Aderlass und ähnliches mehr waren die Seeleute gewöhnt und ließen sich nicht davon erschüttern. Im Laufe der Fangzeit besserten sich die Zustände im ganzen Südland, und der Fang war so gut, dass der Anteil der Seeleute überall höher war als durchschnittlich.

Noch hatte die „Schifffahrt" nicht begonnen – das heißt die Kauffahrten mit den Sommerwaren.

Am Ende der Winterfangzeit waren solche Gäste noch nicht zu erwarten. Auch lastete jetzt das Unwesen des Handelsvereines nicht so schwer auf dem Volke, wie es oft gewesen war in der Zeit, an die sich noch viele erinnern konnten. Der allgemeine Handelsverein hatte vor fast einem Jahrzehnt den Handel mit Island in andere Hände geben müssen.[1] Danach wurde das Geschäft auf Kosten des Königs geführt. Dieser Wechsel wurde als Verbesserung angesehen, obwohl noch viel hinzuzufügen gewesen wäre. Zumindest hatten jetzt die Kaufleute in allen größeren Hafen einige Waren auf Lager, und es war nicht ausgeschlossen, dass man die nötigsten Sachen bekommen konnte, unabhängig von der Jahreszeit. Das war eine große Freude für alle, die sich noch an die Zeiten des Handelsvereins erinnern konnten. Jetzt wurde der „Überfluss", wie er damals genannt wurde, in den Königlichen Handelshäusern in Eyrarbakki und auf den Westmännerinseln gelagert.

Am Ende der Fangzeit, wenn die Bauern ihre Seeleute nach Hause holten, konnten sie die Fahrt dazu nutzen, in den Ort zu kommen und die nötigsten Waren zu kaufen oder zumindest ihren Branntweinvorrat aufzufüllen.

Und die Schifffahrt hatte begonnen, wenn es auch noch nicht die Kaufschiffe waren. In den letzten Wochen der Fangzeit segelten schwerbeladene und hochgetakelte englische Dogger in die Fischgründe. Jeden Tag wurden es mehr. Sie waren gut mit Lebensmitteln und Fanggeräten von zu Hause ausgerüstet, und es war erstaunlich verführerisch, an ihrer Seite anzulegen, unter den Augen der Gemeinde- und Bezirksvorsteher, gut versorgt mit Socken und Seehandschuhen. Man verstand sich irgendwie, und das genügte. Viel wird nicht gesagt von dem, was da vorging, aber beide Parteien gingen zufrieden auseinander.

Die vorhergegangenen Jahre waren für die Gemeinden im Südland erfolgreich gewesen. Der Schaden, den manche durch den Katlaausbruch vor 28 Jahren (1755) und den Heklaausbruch vor 17 Jahren (1766) erlitten hatten, war zum größten Teil behoben worden. Der Sand aus der Hekla war sowieso fast ausschließlich auf unbewohnte Gebiete gefallen und hatte hauptsächlich im Norden Schaden angerichtet. Diese Ereignisse waren zwar noch frisch in Erinnerung und eigneten sich gut zum Erzählen, erschreckten aber nicht mehr.

Die Leute vom Südland hatten sich in den letzten Jahren sogar auf Kosten der anderen Landesteile bereichert. Schafkrankheiten waren über das Nordland und einen großen Teil des Westlandes gegangen und hatten letztlich die Schafe in allen Gemeinden bis östlich an die Þjorsá ausgerottet. In viele Gemeinden kamen Hungersnot und Tod. Das aber waren die besten Jahre für die Leute im Rangárvalla- und Skaftáfellbezirk. Sie hatten ihre Schafe vermehrt, und die Nordländer kamen nun scharenweise zu Schafkäufen. Sie boten den Schafbesitzern Gold und Kostbarkeiten für ihr Vieh und kümmerten sich nicht darum, dass der Wert immer höher und höher stieg. Viele von ihnen gingen Richtung Heimat mit ansehnlichen Herden. Eine Gruppe dieser Schafkäufer kam ums Leben, als sie spät im Herbst 1780 Richtung Norden den Kjölweg[2] gehen wollte, fünf Männer mit zwölf Pferden und 200 Schafen, die sie in den Rangárvalla- und Skaftáfellbezirken gekauft hatten. Sie blieben draußen in den Bergen mit ihrem ganzen Vieh. Das waren die Brüder von Reynistaður.

Die Leute aus Skaftáfell genossen ihr Wohlleben. Es war lange her, dass diese Gemeinden so blühend dagestanden hatten und lange her, dass es allen gut ging. Und noch nie gab es eine solche Menge von Speziestalern. So kam das gesegnete Frühjahr 1783 in diese glückliche Gegend. Der Schnee taute ungewöhnlich früh, das Gras wuchs schnell. See und Land sagten Gutes voraus.

Aber der Himmel...?

An vielen Tagen dieses Frühlings war er merkwürdig zwielichtig. Obwohl die Sonne schien und sich kein Lüftchen regte, war der Himmel nie ganz klar, und die Sonne strahlte nie mit voller Kraft. Außerdem war es dunstig, heiß und drückend. Besonders auffallend waren die merkwürdig schönen Farben bei Sonnenauf- und -untergang. Rotgoldene Wolken standen am ganzen Horizont bis hinauf in den hohen Himmel, feuerrot am unteren Rand, gelb am oberen. Durch diesen Goldnebel watete die Sonne vormittags und nachmittags, und ihre Strahlen durchbrachen den Dunst wie ein Sieb. Sie vereinigten Himmel und Erde, so dass alles von gleicher Farbe war, keine leuchtenden Flecken, keine scharfen Schatten.

Das Land war in einen glühendheißen Lichtnebel getaucht, der die Sicht unklar und die Berge alle gleichmäßig blau machte. Wasser und Luft liefen zusammen, und an die Küste schlugen die Wellen, als seien sie aus Blei, langsam und schwer, stumpf und schattenlos.

Viele waren der Meinung, dass der Dunst auf Unterwasserausbrüche vor Reykjanes zurückzuführen sei, doch alle Erzählungen, die in diesem Frühling von Mann zu Mann gingen, waren so unklar und fragwürdig, dass viele nicht daran glaubten. Diejenigen, die in den Gründen vor Reykjanes gefischt hatten, hatten nichts bemerkt, außer dass es sehr viel geregnet hatte.

Andere wollten es weit westlich donnern und krachen gehört und eine merkwürdige Unruhe im Meer bemerkt haben. Und die Seeleute, die auf den Westmännerinseln gewesen waren, meinten am Ende der Fangzeit bei klarer Sicht schwarzen und weißen Rauch aus der See aufsteigen gesehen zu haben, weit, weit draußen westlich der äußersten Berge von Reykjanes. Diese verschiedenfarbigen Rauchwolken sollten in der Luft zusammengetroffen sein, riesengroß und erschreckenden Aussehens. Dann hätten sie sich vereinigt, seien zu einer Wolke geworden, in der die Sonne verschwand.

Diese Geschichten wanderten in vielen Variationen mit den Seemännern aus dem Süden in die östlichen Gemeinden. Von Osten kamen ähnliche Erzählungen von schrecklichen Ereignissen, die in den unbewohnten Gegenden passiert sein sollten. Die Leute aus dem Osten glaubten fest daran, dass der Dunst aus den Spalten und Gletschersprüngen aus dem Osten des Gletschers käme, und wenn der Wind vom Gletscher her wehte, folgte ein starker Schwefelgeruch, außerdem führten viele der Gletscherflüsse ungewöhnlich viel Schlamm und Dreck aus dem Gletscher mit.

Und vom Norden kamen Nachrichten, dass der Dunst aus nördlicher Richtung vom Meer herzöge und merkwürdige Farben in der Luft längs des ganzen nördlichen Horizontes zu sehen seien.[3]

Aus all diesen Geschichten entstand ein großes Durcheinander, das nicht mehr zu durchschauen war. Trotzdem war es ausreichend, die Fantasie vieler Menschen anzuregen, so dass ihnen alle möglichen Wunder erschienen, im Schlafe wie im Wachen. Natürlich war irgendein Unheil im Kommen. Aus allen möglichen Zeichen konnte man voraussehen, dass ein schlechtes Jahr, Hungersnot, Seuchen oder eine Landplage kommen würden. Sogar das gute Wetter sagte Schlechtes voraus.

Sicherlich waren diese Prophezeiungen jährliches und tägliches Brot und diesmal nicht mehr als sonst, doch immer noch genug, um ständig Angstschauer und schmerzliche Furcht aufrechtzuerhalten. Manche wurden hellseherisch und prophezeiten, dass der Tag des Jüngsten Gerichtes bevorstehe, der goldene Dunst das Nahen des Sohnes Gottes in den Wolken des Himmels verkündige, der die Toten und Lebendigen richten werde.

Keine dieser Voraussagen wurde vom Frühling bestätigt, die Natur lächelte in all ihren Bildern, wo man auch hinsah. Sie lächelte in den brüllenden Strömen, die oben von den Bergen, wo der Schnee zusammenschmolz, herunterflossen. Sie lächelte von den grünen Hängen und Ufern, wo das Gras immer höher wuchs und die Blumen ihre Augen öffneten, wo schneeweiße Schafe grasten und Lämmer miteinander spielten, wo Stuten mit hochbeinigen Fohlen gingen und Kühe sich ausstreckten, steif vom langen Stehen im Stall. Sie lächelte in den breiten Flussmündungen, wo fette Seehunde im heißen Sand lagen und sich in der Sonne braten ließen, in den Bergflüssen, wo silberglänzende Lachse aus dem Wasser schnellten, und in den Fischgründen, wo die Segel der Fischerboote aufblitzten. Und sie lächelte in den Augen der Jungen und Mädchen. die sich ansahen – unberührt von der Furcht vor Landplagen, Seuchen und Jüngstem Gericht, die Gedanken angefüllt mit Liebe, Sehnsucht und Zukunftsträumen.

Das gesegnete Frühjahr!

2. Fúsi

Eines Tages im Frühling, kurz nach Ende der Fangzeit, war ein Mann frühmorgens bei schönstem Wetter auf dem Wege über den Mýrdalssand. Sein Name war Vigfús Jónsson, und er wohnte in Holt in Síða.[4]

Über die Sande im Skaftáfellbezirk zu gehen, gleicht einer Fahrt über den Ozean – von den Landspitzen aus, an breiten Fjorden vorbei, mit dem Land in der Ferne. Diese gleichförmigen Sandwüsten sind für Fußgänger wie für Pferdezüge schwer begehbar. Das „Land", von dem man loszieht, entfernt sich nur langsam, und es ist weit bis zur nächsten Landzunge. Geduld und Durchhaltevermögen werden auf eine harte Probe gestellt, bevor das Ziel erreicht ist. Doch ist die Reise erträglich, wenn die Berge gut zu sehen und die Sander ruhig und trocken sind. Es ist kaum auszumalen, wie es wäre, bei Dunkelheit, Sandsturm, hohem Schnee oder Überschwemmung über die Sander zu gehen.

Der Mýrdalssand ist eines dieser Sandmeere. Wie ein schwarzes Meer liegt er zwischen See und Bergen, gut eine Tagereise lang und an manchen Stellen ebenso breit. Vom Gletscher zum Meer laufen flache Sandwellen und zwischen ihnen ausgetrocknete Flussbetten über den ganzen Sander. Hier haben die großen Gletscherläufe ihre Spuren hinterlassen. Aber beim Blick über das Sandmeer erscheint alles schwarz und eben. Zwei Inseln ragen aus dem Sande heraus. Der Hjörleifshöfði liegt weiter vorn und weit vom Meer entfernt. Im Landnahmebuch[5] wird gesagt, dass hier einmal ein Fjord gewesen sei, der bis an den Hjörleifshöfði gereicht habe, als Hjörleifur und Ingolfur[6] hier vorbeizogen. Diese Klippe bietet von jeder Seite einen beeindruckenden Anblick und gleicht einem mächtigen Schloss, hoch und stolz, und sie hat so manchem Schiffbrüchigen einen Unterschlupf geboten. Obendauf ist sie ganz grün, im westlichen Teil mit Blumen bewachsen und an den Steilabbrüchen von Tausenden von Vögeln umschwärmt.

Die Hafursey liegt weiter oberhalb im Sander, und es sieht so aus, als ob sie eine Fortsetzung der Berge wäre, aber ein breites Tal trennt sie von diesen. Sie ist viel höher als der Hjörleifshöfði und ragt hoheitsvoll aus dem Sande. Aber sie ist schlimm zugerichtet. Brüllende Gletscherläufe haben sich um und über sie ergossen und sie entkleidet – sie haben die Erde von ihren Wurzeln gerissen und die schönen, dicken Grassoden an ihrem Fuße angenagt, so dass viele von ihnen letzten Endes abrutschten. Nun stehen nur noch die Felsen, nackt und von Winden umtost.

Vigfús war östlich an den Múlakvisl gekommen, der zu jener Zeit das meiste Wasser der Sanderflüsse zum Meer führte. Er ging den oberen

Weg über den Sand, den Weg, der in Skaftártunga[4] liegt. In jenen Tagen war aber der untere Weg in Álftaver[4] mehr begangen. Der Sand war öde und knochentrocken. An manchen Stellen sah man noch lange, dünne Wasserrinnen zwischen den Dünen, schwarzgefärbt vom Sandsturm. Manche von ihnen waren Überreste von Bächen, die dort im Frühling entlanggeeilt und jetzt abgeflossen waren.

Vigfús war während der Fangzeit westlich von Selvogur aus zur See gefahren und hatte einen guten Lohn erhalten. Am Ende der Fangzeit schickten die Bauern von Síða nach ihren Seeleuten[7] und deren Fischanteil. Vigfús bekam ein Pferd für die Fische und sein Gepäck gesandt, aber keins zum Reiten. Er konnte sich nicht erklären, wie es damit stand, musste sich aber damit abfinden. Mit seinen Kameraden hielt er auf dem Weg nach Osten Schritt, obwohl er zu Fuß und die anderen zu Pferd waren, und sie hatten ihm bei den Flussüberquerungen geholfen. Aber er kam sich wie ein Landstreicher vor und musste manche Bemerkung über sich ergehen lassen. Er hatte deshalb schon lange die Nase voll von dieser Gesellschaft, gab vor, oben in Skaftártunga etwas erledigen zu müssen und trennte sich von seinen Begleitern an den Inseln beim Múlakvisl. Die restlichen Flüsse getraute er sich auch ohne ihre Hilfe zu überqueren.

Vigfús war ein Jüngling von zwanzig Jahren, früh entwickelt und energisch, kräftig und gut gebaut. Sein Gesicht war dunkelhäutig mit dichten Brauen, aber nicht hässlich. Er ging mit schweren Schritten, gebeugt und nachdenklich. Obwohl er kein Gepäck hatte, schien es so, als ob er eine bleischwere Bürde trüge. Sein Ausdruck war schwermütig und oft wie von quälenden Gedanken gezeichnet. Doch manchmal erhellte sich sein Gesicht, vor allem, wenn er allein war. Dann spielte ein träumerisches Lächeln um seine Lippen, und er war weit weg in seinen Gedanken. Dieser merkwürdigen Gemütsstimmungen wegen wurde er geneckt und verhöhnt. Das ließ er sich sehr nahegehen, und er verzieh denen, die sich über ihn lustig machten, nur schwer. Verschlossen und einzelgängerisch war er seit seiner Kindheit gewesen, und diese Eigenschaften verstärkten sich mit zunehmendem Alter. Wer die Geschichte Vigfús' kannte, hätte die Schwermut, die auf seinem Gesicht und Gemüt lag, schon verstehen können. Doch den meisten fehlte das Einfühlungsvermögen, und Vigfús bat auch nicht um Verständnis.

An seine Mutter konnte er sich nicht erinnern. Sie starb, bevor er denken konnte. Sein Vater war mit ihr verheiratet gewesen, sie hatten zusammen gewohnt, und Vigfús war ihr einziges Kind. Eines Tages wurde bekannt, dass eine Weibsperson namens Guðfinna die Ehe zerstört habe. Vigfús' Mutter war seelisch schwach und nahm sich diese

Geschichte so zu Herzen, dass sie starb. Danach wohnten Guðfinna und sein Vater zusammen, und der Junge war bei ihnen. Das Zusammenleben wurde aber bald unerträglich, und Jón, der Vater, begann zu trinken und wurde in Schlägereien verwickelt.

Jón war ein kräftiger Mann an Körper und Seele, er glich Vigfús, war aber unbeherrscht und kein Glückskind. Er war bei den Leuten wohl angesehen gewesen, jedenfalls bis zu dem Tage, als er sich mit Guðfinna zusammentat. Damals fing er an, sich auf Saufereien mit zweifelhaften Kerlen einzulassen, und hatte mit ihnen verschiedene gefährliche Geheimnisse. Einen solchen tapferen Kerl wollten die sich nicht entgehen lassen, und sie feuerten ihn zu wagemutigen Taten und Abenteuern an. Es wurde erzählt, dass Guðfinna ihn jedenfalls nicht zurückgehalten habe. Es ging so weit, dass Jón in ein Haus in Eyrarbakki einbrach und Waren und Geld mitgehen ließ. Er wurde erwischt und vor Gericht gestellt. Er verriet keinen seiner Kumpane, sondern trug die Schuld allein. Bei der Verhandlung kamen noch mehr seiner Verbrechen ans Licht, für die er keine Strafe bekommen hatte, und manche seiner ehemaligen Kameraden sagten gegen ihn aus. Er wurde als Schwerverbrecher verurteilt, geprügelt und gebrandmarkt. Dann wurde er in Eisen auf ein Schiff gebracht und nach Brimarholm zu lebenslanger Sklavenarbeit gesandt.

Jetzt war bekannt geworden, dass er auf Brimarholm gestorben war. Wahrscheinlich war die Nachricht schon mit dem letzten Schiff im vergangenen Sommer gekommen, aber Vigfús hatte erst am Anfang der Fangzeit im Süden davon gehört.

Das Schicksal seines Vaters quälte Vigfús unablässig. Er erinnerte sich gut an ihn und wusste, wie sanft und gut er sein konnte, wenn er guter Laune war. Er kannte seine Großmut und Tapferkeit, und er erinnerte sich an vieles, was zwischen Guðfinna und seinem Vater vorgegangen war. Er war ganz sicher, dass sein Vater ein guter Mensch hätte sein können.

In seinen Gedanken sah er ihn unter Stockschlägen nackt auf einem Holzblock ausgestreckt, und er zuckte jedesmal zusammen, wenn er sich das weißglühende Diebesbrandeisen vorstellte, das seinem Vater auf die blanke Stirn gedrückt wurde. Es kam ihm so vor, als ob es ihm selbst, gebunden und hilflos, auf die eigene Stirn gesetzt, sich in den Knochen einbrennen und den Knochen selbst unter unsäglichen Qualen, die sich im Kopf einfraßen, verbrennen und ihn verrückt machen würde. Und dieses Brandzeichen hatte er von seinem armen Vater geerbt.

Das war sein Unglückszeichen, das alle sehen konnten und von dem alle wussten. Deswegen wurde er verhöhnt, deswegen wanderte er allein und ohne Freunde und verbarg seine Gedanken und Gefühle vor anderen Menschen. Und jetzt hatte er Angst, nach Hause zu kommen. Auf ihre Weise war Guðfinna ihm zwar gut gewesen und hatte sich um ihn gekümmert, als er klein war, aber trotzdem hasste er sie seines Vaters und seiner Mutter wegen und hatte eine unerklärliche Angst vor ihr.

Das war die bleischwere Bürde, unter der er ständig gebeugt ging.

3. Der Mann in Hafursey

Als Vigfús an die Spitze von Hafursey kam, die am weitesten in den Sander ragt, sah er oben auf einem Grasflecken, vorn in den Felsen, etwas bewegungslos liegen, das einem hellbraunen Haufen Wolle ähnelte. Der Grasfleck lag ein kleines Stuck den Hang hinauf über dem Sand. Eine Spur führte zu ihm hinauf, denn er war ein beliebter Rastplatz für Wanderer und das einzige Fleckchen Gras auf dem ganzen Weg über den Mýrdalssand. Vigfús nahm zuerst an, einer der Wanderer hätte ein Gepäckstück zurückgelassen. Egal, was es nun war, er wollte zu dem Flecken hinaufsteigen und sich im weichen Gras ein Weilchen ausruhen.

Das, was da oben im Gras lag, war ein Mann in braunen Lumpen. Er lag auf der Seite, eine Schultertasche unter dem Kopf, und war leichenblass. Im ersten Augenblick dachte Vigfús, er sei tot. Das war keine besondere Neuigkeit in jenen Tagen, einen Landstreicher tot draußen in der Landschaft zu finden. Ganz langsam ging Vigfús näher an den Mann heran, um dessen Gesicht zu sehen. Da erkannte er, wer das war. Es war der alte Olaf Isleiksson, der Halbbruder der Bauern Þórarinn in Skál in Síða und Sigrids, der Hausfrau in Mörtunga, aber viel älter als diese. Olaf war ein mageres und krankes Geschöpf und immer auf Wanderschaft. Alle kannten ihn als ehrlich und rechtschaffen, und eigentlich war er nirgends ungern gesehen, trotz seiner Launenhaftigkeit.

„Grüße dich, Olaf", sagte Vigfús ganz leise, damit der Gruß Olaf nicht wecken sollte, falls er schliefe.

„Gott behüte dich", sagte Olaf ein wenig scheu. Er öffnete halb die Augen, nahm aber den Kopf nicht von der Tasche.

„Ich hatte schon Angst, du wärst gestorben!"

„Oh nein, ich bin zählebig. Ich habe noch ein Weilchen zu leben übrig, den anderen zum Ärger, wenn es auch nicht viel ist!"

„Wem?"

„Lass uns nicht darüber sprechen. Aber hör mal, willst du mir nicht vielleicht ein Taschenmesser abkaufen?"

„Nein."

„Ein Psalmenbuch?"

„Was, ein Psalmenbuch? Was zum Teufel soll ich mit einem Psalmenbuch?"

„Für deine Seele, Mann! Das ist ein frisch gedrucktes Psalmenbuch aus Holar mit vielen guten Psalmen und Liedern. Das reinste Festessen für die Seele!"

„Das ist mir egal. Ich kann mit sowas nichts anfangen."

„Soso, geh dann eben zur Hölle!"

Vigfús lächelte, er kannte den alten Olaf. Dann ruckte er ein Stückchen von Olaf ab, setzte sich und blickte sorgenvoll über den Sander. Noch immer war der Zug zu sehen, von dem er sich getrennt hatte. Er war inzwischen an den Hjörleifshöfði gekommen. Ein anderer Zug war westlich auf dem Sander und nahm die gleiche Richtung. Ein dritter brach gerade vom und ein vierter kam östlich des Sanders aus Álftaver. Kein einziger Zug war auf dem oberen Weg. Von hier aus, wo er saß, lag der Sand vor den Augen flach wie eine ausgebreitete Landkarte, und besser als von unten auf dem Pfad, wo man im Sand watete, sah man, was für eine riesige Wüste das war. Die Flussläufe, die sich über den ganzen Sander verzweigten, waren klar zu erkennen.

Man spürt die Leere und Endlosigkeit, wenn man über dieses Reich des Todes und der Verwüstung blickt, wo kein Halm wächst und kein Tier bleibt. In diesem Wüstenmeer ist der Mensch nur noch ein kleines Pünktchen. Die Züge, die Vigfús im Süden des Sanders beobachtete, sahen aus wie Striche – kleingedruckte Worte auf einer riesigen Buchseite. Ein paarmal ihre Länge müssten sie noch ziehen, bevor der Sand zu Ende sein würde. Aus der Feme sah es so aus, als ob sich die Sandfläche zu einem schmalen Band zusammenzöge, doch in Wirklichkeit war sie von vielen Flussbetten zerteilt, und an ihrem Ende glitzerte die Brandung. Außerdem war ein Stuck schimmerndes Meer zu sehen. Vigfús maß mit den Augen die Strecke, die sein Zug noch bis Álftaver zurückzulegen hatte. Sie betrug ungefähr die Hälfte der Zuglänge. Weit im Osten des Sandmeeres waren verschwommen grünliche Schleier zu sehen. Das war Álftaver, östlich davon spiegelte sich Meðalland in der heißen Luft. Die Seen und Sande waren wie geschichtet und strahlten und glänzten, und im Osten thronte der Öræfajökull über allem wie eine blauweiße Frühlingswolke. Von dort zog sich eine blaue Bergkette nördlich von Síða nach Westen. Das waren alte Bekannte von Vigfús. Der Lómagnúpur mit seinen scharfen Abbrüchen lag am weitesten östlich, Skálarfjall und Árfjall am weitesten westlich. Die kleine blaue Spitze am Skálarfjall war die Holtsborg, genau oberhalb des Hofes Holt.

„Gib mir ein Stückchen Tabak, Kamerad", sagte der alte Olaf und stützte sich auf den Ellbogen. Vigfús zog ein Stück Tabak aus seiner Tasche und ließ den Alten abbeißen.

„Dass der Teufel dich in Frieden lasse, mein Retter, und mich auch", sagte Olaf und kaute auf dem Tabak herum.

„Jaja, Kamerad", sagte er dann nach einer Weile und streckte sich bequem aus, „du bist sicher auf dem Weg vom Meer nach Hause?"

Vigfús nickte bejahend.

„Bist du dann nicht am Handelsplatz vorbeigekommen?"

„Ja, da bin ich wohl vorbeigekommen."

Olaf richtete sich halb auf und starrte mit gierigen Augen auf Vigfús. „Dann hast du sicher ein bisschen Schnaps?" fragte er.

Vigfús lächelte und sagte nicht nein.

„Das wäre nun eine gute Tat, Kamerad, ein armes, altes Wesen zu erfrischen, das sich auf schwachen Gliedern von einem zum anderen schleppt – und das über diesen verdammten Sand."

Alle Unverschämtheit war aus der Stimme Olafs verschwunden. Er bat demütig mit Blicken und Worten. Vigfús fasste in die Brusttasche in seiner Jacke. Da hatte er eine kleine Flasche bis zum Rand voll mit Branntwein. Es war damals kein Zeitalter der Enthaltsamkeit. Man war kein Mann, wenn man nicht eine Flasche in der Tasche hatte, während man unterwegs war. Je größer die Flasche, desto höher das Ansehen, und viele Großbauern hatten immer ein Fass bei sich zu Hause. Tabak und Branntwein fehlten nie in den Handelsplätzen, und auf fast allen Höfen an der See und auf dem Lande wurde mit Tabak und Branntwein geschachert. Die Priester und Bezirksvorsteher hatten oft ein bedeutendes Nebeneinkommen aus diesem Handel, wenn es auch nicht laut wurde. Sogar den Bischöfen und Rechtsgelehrten wurde so etwas nachgesagt. Vigfús reichte Olaf die Flasche. Olaf zog den Korken heraus, bekreuzigte sich und murmelte ein Gebet, dann trank er sie bis zur Hälfte aus.

„Ah – Gott segne dich, Kamerad", sagte Olaf und reichte Vigfús die Flasche.

„Nimm noch einen Schluck, Alter", sagte Vigfús. „Ich habe noch ein bisschen mehr als das."

Olaf schielte nach der kleinen Schultertasche, die Vigfús umgebunden hatte. Da sah man deutlich die Umrisse eines Gefäßes, das größer war als die Flasche. Er nahm noch einen kleinen Schluck und gab sie Vigfús zurück.

„Vielen herzlichen Dank“, sagte er und reichte Vigfús die Hand. Sie war schlaff und weich. Solche Hände hatten nur Häuptlinge – und Landstreicher. „Gott segne dich“, sagte Olaf noch einmal. Nun war er schon fröhlicher als vorher. „ Ich habe hier seit gestern Abend gelegen und die ganze Nacht vor Kälte gezittert. Ich wünschte, ich hätte schon gestern ein Schlückchen bekommen können. Ich konnte nicht vor heute morgen einschlafen, als die Sonne meine Glieder etwas aufwärmte. Und gegessen habe ich nichts seit gestern Mittag, als ich von Höfðabrekka losging.“

Vigfús nahm die Tasche von den Schultern und holte ein bisschen von seinem Proviant heraus, um den Alten zu erfrischen. Dabei aß er selber auch ein wenig. Währenddessen erzählte Olaf, wie es mit seiner Fahrt über den Sand stand. Solch eine lange Fahrt machte er einmal im Jahr, gewöhnlich zu einer Zeit, wenn die meisten Züge unterwegs waren. Kaum einer war so unbarmherzig, ihm nicht über die Flüsse zu helfen, und viele halfen ihm auch noch auf andere Weise. Diesmal war er die ganze Strecke bis zu den Westmännerinseln gekommen. Da hatte er sich ein paar Fische verdienen können mit Gedichten für die Kapitäne und ähnlichem mehr. Aber die Seeleute waren ihm merkwürdig geizig vorgekommen, wenn man bedachte, wie gut der Fang gewesen war. Diese Fische hatte er bei Hans Klog, den er über alles lobte, gegen verschiedene Kleinigkeiten eingetauscht. Das waren vor allem Taschenmesser, Scheren, Nähnadeln, Knöpfe und Kupferringe, mit denen er schachern wollte, wenn er wieder im Osten wäre. Außerdem hatte er auf den Inseln einen Nordländer getroffen und ihm drei frisch gedruckte Psalmenbücher aus Holar für die Fischköpfe abgepresst.

Olaf war ein kleines Männchen, schlaff und kraftlos, mit einem blassen Gesicht und kränklich, Haar und Bart waren schlecht gekämmt und schon stark gelichtet. Die Augen lagen tief unter zottigen Brauen. Sie waren dunkel und scharf, die Lider rot und geschwollen. Obwohl man ihm nichts Schlechtes nachsagen konnte, verabscheuten ihn viele, und aus Angst wurde er besser behandelt als andere Landstreicher, aber auch, weil er versuchte, sich mit den Leuten anzufreunden und ihnen gefällig zu sein, wenn er konnte. Er nutzte die Gastfreundschaft seiner Freunde nie aus, log und stahl nicht, wie es sonst bei Landstreichern üblich war, und sagte wenig über seine Feinde. Er wusste unglaublich viele alte Verse und führte handgeschriebene Büchlein mit sich, die er manchmal hervorzog und aus denen er vorlas, auch erfreute er manche mit seinen Waren.

Trotzdem war die Angst vor ihm nicht ohne Grund. Es wurde überall erzählt, dass er hexen könne und immer etwas Geheimnisvolles mit sich trage, was keiner sehen dürfe. Jeder wusste, dass er ausgezeichnet dichten konnte, und natürlich gab es einige, die glaubten, er sei ein Zauberdichter. Auf jeden Fall schimpfte und fluchte er fürchterlich, wenn er böse war, und seine Verse wurden überall bekannt und zogen Böses nach sich. Dazu kam, dass Olaf cholerisch war, heftig und nachtragend, und so war es zu verstehen, dass viele mit ihm lieber gut als schlecht stehen wollten.

Olaf hatte oft bei Guðfinna, der Stiefmutter von Vigfús, übernachtet und war dort immer willkommen. Vigfús kannte ihn seit frühester Kindheit und stand sich gut mit ihm.

Olaf lebte sichtlich auf nach der Erfrischung und Sättigung, und als der Branntwein anfing zu wirken, wurde er ein ganz anderer Mensch. Doch wollte er nicht mehr von dem Schnaps annehmen.

„Ich bin zwar schon ziemlich alt“, sagte er. „Aber ich habe noch nie so viel getrunken, dass ich nicht mehr wusste, was ich tat. Sobald ich den Alkohol im Blut spüre, höre ich auf. Den Spaß gönne ich dem Teufel nicht, dass er sich an mich heranschleicht, wenn ich betrunken und ohne Verstand bin.“ Während sie aßen, erzählte er Vigfús eine komische Geschichte nach der anderen und war sehr vergnügt.

„Wir gehen natürlich zusammen weiter, Olaf, da wir uns nun schon hier getroffen haben“, sagte Vigfús.

„Das ist nichts Besonderes, mit mir zusammen zu gehen“, sagte Olaf, „ich laufe nicht gerade schnell.“

„Ich hab’s nicht eilig“, sagte Vigfús.

„Dann nehme ich gerne an, und ich freue mich, mit dir weiter nach Osten über den Sand zu gehen. Sonst bin ich meist allein unterwegs. Dieser Sand ist zwei Tagereisen lang für mich. Doch schaffe ich gewöhnlich die Strecke von Höfðabrekka zum Hjörleifshöfði und von dort aus bis Álftaver, wenn ich den unteren Weg nehme.“

Vigfús musterte den Alten. Er konnte kaum verstehen, wie dieses armselige Gerippe über diese Sandwüste gehen konnte. Was für eine Lebenskraft, Zähigkeit und Ausdauer gehörte dazu, diese ganze Strecke ausgehungert mit dem Sack auf den Schultern zu wandern. Er bedauerte ein wenig, Olaf angeboten zu haben, mit ihm zu ziehen, wollte aber das Angebot nicht zurücknehmen. Außerdem könnte es lustig werden, und das würde den Zeitverlust wieder aufwiegen. Und jetzt wollte Vigfús wieder losgehen. Das aber wollte Olaf nicht. Er schnürte seinen Sack auf, alles ging sehr langsam bei ihm. Als er ihn aufgemacht hatte, holte er einige kleine Pakete hervor, befühlte sie sorgfältig und legte sie wieder weg. Er machte das alles mit größter Vorsicht. Ein Paket war ein Ledersäckchen, das fest zugebunden war.

„Jetzt kommen sie", sagte er und befühlte das nächste Päckchen. Dann machte er es auf. Zum Vorschein kam ein Dutzend Taschenmesser.

„Ich weiß, dass du ein gutes Messer brauchst. Tüchtige Männer wie du haben oft Gelegenheit, so ein gutes Messer zu benutzen. Denk dir bloß, du würdest auf einen hübschen Seehund beim Skaftárós treffen. Du könntest ihn mit einem Knüppel bewusstlos schlagen, das ist kein Problem. Aber wenn er dann wieder zu sich kommt, und du hast kein Messer, um ihm den Hals aufzuschlitzen, dann ist es doppelt so schwierig, mit ihm fertig zu werden.

Einen Seehund, der wieder zu sich kommt, kann man unmöglich wieder betäuben. – Nein, nein, du brauchst dringend ein gutes Taschenmesser. Und dies hier sind Klingen, die es wert sind, dass man über sie spricht."

„Ich kann jetzt nichts kaufen, weder ein Messer noch etwas anderes", sagte Vigfús. „Ich habe nichts zum Bezahlen."

„Ich will dir trotzdem ein Messer aussuchen. Ich komme nach Holt, so Gott will, und dann können wir über das Bezahlen sprechen. Aber die Auswahl wird nicht mehr so gut sein, wenn ich nach Holt komme, darauf kannst du dich verlassen. Deshalb ist es das beste, wenn du gleich eins bekommst."

„Kann ich mal sehen?" fragte Vigfús und griff nach den Messern.

„Bitte, bitte, aber lass mich aussuchen. Ich bin älter als du und habe viel gesehen in meinem Leben."

Vigfús nahm einige Messer, öffnete sie und prüfte die Schneiden. Sie waren zum Teil ausgezeichnet. Olaf prüfte sie ebenfalls, aber er machte es anders. Er öffnete sie und biss in das Blatt. Auf diese Weise prüfte er die Härte und den Geschmack des Stahls. Ein Messer beschaute er besonders sorgfältig.

Nachdem er es genauso geprüft hatte wie die anderen, wischte er es sorgfältig an seinem Hemd ab und betrachtete es von allen Seiten. Dann hauchte er es an und wartete, bis es wieder klar wurde, biss abermals in das Blatt und erprobte die Schärfe an seinen Nägeln usw. Endlich reichte er Vigfús das Messer.

„Wie gefällt dir dies hier?" fragte er. Es war ein großes Klappmesser mit einem Hornschaft und einer Messingscheide.

Die Feder war so stark, dass es einiger Kraft bedurfte, sie zu bewegen. Das Blatt war nach vorne hin breiter, wurde aber zum Ende hin schmal und glich einer sichelförmigen Axt. Die Schneide war gebogen und ganz dünn, die Kante scharf, der Rücken kräftig mit einer tiefen Rille für den Nagel.

„Ich wage zu behaupten, dass das ein ausgezeichnetes Messer ist", sagte Olaf. „Ein besseres Messer bekommst du nie. Sieh mal die 'Klarheit' in ihm."

Vigfús nahm das Messer und drehte es so, dass sich die Luft auf der flachen Seite spiegelte. Man sah den blauen Himmel und die weißen Wolken auf dem Stahl. Aber dazwischen waren schwarze Flecken, die nicht in der Luft zu sehen waren. Sie schwebten hin und her. Olaf sah Vigfús fest an, während dieser das Messer betrachtete.

Dann sagte er: „Ich weiß, was du siehst, ich habe es auch bemerkt. Du wirst einiges erleben, während du dieses Messer besitzt. Die schwarzen Flecken sagen nichts Gutes voraus. Aber deinen Tod prophezeien sie nun auch wieder nicht."

Vigfús lief es bei dieser Voraussage kalt den Rücken hinunter.

„Nimm es trotzdem und geh gut damit um", sagte Olaf. „Lass es nicht von dir, solange es noch scharf ist. Aber denk an folgendes."

„Woran?" fragte Vigfús zögernd.

„Betrachte es genau, bevor du etwas Neues mit ihm beginnst. Stahl kann voraussagen. Und überlege gründlich, wenn du etwas bemerkst."

Vigfús lächelte gutmütig über diesen Aberglauben. Er wollte Olaf nicht verärgern, indem er ihm widersprach oder über ihn lachte. Er bedankte sich herzlich für das Messer und steckte es in seine Tasche.

Aber er konnte die Worte Olafs nicht vergessen. Eine geheimnisvolle Kraft ging von ihnen aus. Olaf benutzte andere Methoden als andere Leute, um Härte und Qualität des Stahls zu prüfen. Und er sah in ihm wunderliche Dinge.

Es mochte gut sein, dass Stahl voraussagen könnte. „Sind das hier die Psalmenbücher?" fragte Vigfús und griff nach dem Ledersäckchen.

Da kam Leben in Olaf. Er riss das Säckchen an sich. „In diesem Säckchen sind Sachen, von denen du nichts verstehst, mein Lieber", sagte Olaf und betonte jedes seiner Worte. „Merk dir, was ich sage. Wenn ich einmal irgendwo tot gefunden werde, wird man dieses Säckchen nicht bei mir finden!"

Kurz danach brachen sie auf.

4. Über den Mýrdalssand

Wenn man die Hafursey hinter sich gelassen hat, wird der Blick auf die Berge schöner und gewaltiger und der Sand noch breiter.

Der Mýrdalsjökull thront in hoheitsvoller Schönheit über dem Land. Zwei große schneeweiße Gletscherspitzen ragen in den Himmel. Zwischen ihnen schlummert die Katla, eisbedeckt. Dort stiegen hohe Rauchwolken auf, als sie ausbrach, und die Leute meinten, kurz vor dem Ausbruch dort oben gewaltige Eisblöcke sich bewegen gesehen zu haben. Der Grund dafür sollten riesige Seen aus geschmolzenem Gletschereis sein. Im Osten und Süden des Gletschers stürzten dröhnend Gletscherläufe herab. Auf der südlichen Strecke stand ihnen die Hafursey im Wege. Das Wasser schlug so hoch an ihr hinauf, dass die Fontänen sogar über das Klofagil spritzten. An dieser Insel teilten sich die Läufe und flossen in zwei Hauptströmen über den Sand nach Süden. Die Fluten, die vom Osten des Gletschers herkamen, schwemmten Sand nach Osten in die Hólmsá und den Kúðafljót.

Von den breiten Gletscherspitzen aus zieht sich eine Gletscherzunge wie ein blauglasierter Kuchen auf den Sand. Ihr Rand ist rund und hoch und am unteren Ende ganz schwarz von Sand, und Lehmstreifen reichen bis hoch auf den Gletscher. Die Gletscherzunge breitet sich in ungebrochenem Bogen von den Höfðabrekkubergen bis nach Sandfell aus, sie ist nicht weniger als 15 km lang.

Im Nordosten des Gletschers ragen hohe und scharfe Berge hervor, zernagt von Gletscherzungen, die jetzt verschwunden sind. Sie sind schartig und spitz und weitere Gipfel sind hinter ihnen zu sehen. Alle Berge bilden einen dichten Vorhang. Blau liegt neben Blau in verschiedener Entfernung mit unterschiedlicher Stärke und in unterschiedlichen Farbtönen. Die vordersten Spitzen sind himmelblau, die hintersten hellblau. Und dann läuft alles in einen bläulichen Schleier von Gipfeln, Schnee und Wolken zusammen.

Mitten aus diesem Bergmassiv ragt der Einhyrningur wie die Rückenflosse eines riesigen Wales, der sich in die aufgewühlte See stürzt.

Weiter nach Osten wird die Landschaft sanfter. Dort sind die breiten Rücken des Skaftártungahochlandes zu sehen. Das Land wird immer freundlicher und lieblicher, je weiter der Blick nach Osten, bis an die Berge von Síða, geht. So sieht es im Osten auf dem Mýrdalssand aus.

Der Mýrdalsjökull war blendend weiß in diesem Frühling. Es war lange her, dass sich die Katla über ihn ergossen hatte, und die Frühlingssonne schien ihm nichts anhaben zu können. Aber die Berge ringsum waren ungewöhnlich schneefrei. Wegen des schönen Wetters wirkte diese überwältigende Landschaft weich und milde. Ein stiller, sanfter Dunst lag über allem. Die Natur war mütterlich liebevoll, voller Sanftmut und Ernst. Dieses wilde Reich des Todes und der Leere war mit der Ruhe und dem Frieden des Frühlings und der Wärme und Schönheit des Himmels gefüllt.

Und doch lag über allem eine dumpfe Schwermut, etwas Geheimnisvolles und Bedenkliches. Der Mýrdalsjökull erinnerte an viele schreckliche Geschehnisse und furchterregende Prophezeiungen. Mitten in den blauen Gipfeln im Norden lag die Eldgjá. Einmal vor langer Zeit flossen dort Lavaströme bis zum Meer.

Was geschähe, wenn die Erde wieder bebte und die Berge Feuer spieen? Wenn die Gletscherzunge spränge und sich mit einer unglaublichen Wasserflut auf den Sand ergösse? Dann käme der Tod sofort über alles, was dort lebte.

Aber an solche furchterregenden Ereignisse zu denken war gar nicht nötig. Näherliegende und alltägliche gab es mehr als genug, damit sich diese kleinen Männchen, die sich über den Sand schleppten, nicht zu wichtig fühlten.

Was würde geschehen, wenn ein Orkan aus den Bergen hervorbräche und den ganzen Sand in einen lichtlosen Sandwirbel verwandelte? Und was, wenn Schneesturm oder dichtes Schneetreiben den Sand glatt und weglos machte?

Vigfús und Olaf dachten nicht über so etwas nach. Doch schlich es sich unbewusst in ihre Gedanken. Die Natur webte aus ihren Gedanken und Gefühlen ein haarfeines Netz, ohne dass sie sich dessen bewusst waren. Etwas umfasste sie mit lautlosem Ernst und merkwürdiger, unerklärlicher Beklommenheit. Sie achteten nicht auf die Aussicht. Aber sie drang in ihr Unterbewusstsein und blieb dort in all ihren Farbtönen. Das waren weder blitzender Sonnenschein noch drohende Schatten, sondern ein Schimmern, mild und dunstig, einfarbig, melancholisch und geheimnisvoll.

Sie gingen hintereinander auf dem Pfad, Vigfús voraus, Olaf hinterher. Vigfús gab sich alle Mühe, nicht schneller zu gehen, als Olaf ihm folgen konnte. Zeit war genug, denn die Nacht war so hell wie der Tag. Immer wieder drehte er sich um, um Olaf zu fragen, ob sie nicht zu schnell gingen, ob er schon sehr erschöpft sei, ob er sich nicht setzen und sich ausruhen wolle oder ob er nicht den Sack für ihn tragen solle, er fand, dass der alte Mann ihm anvertraut sei, da er ihn so weit von jeder menschlichen Wohnung getroffen hatte, ihm anvertraut von irgendwelchen höheren Mächten, und jetzt sei es seine Pflicht, ihn gesund zum nächsten Hof zu bringen, was auch geschehen mochte.

Diese innige Herzlichkeit umgab Olaf wie ein warmer Hauch. Er war Verschiedenes gewöhnt, Gutes und Schlechtes, aber so hatten sich wenige um ihn gekümmert. Auf solche Güte war er selten getroffen.

Deshalb verneinte er, müde zu sein und gab vor, dass der Sack ihn nicht drücke. Er könne natürlich nicht schnell gehen, aber er halte aus, er habe sich an dieses langsame Wandern gewöhnt. Er sei selten mehr als zwei bis drei Nächte auf einem Hof, meist nicht mehr als eine. Die andere Zeit sei er immer auf Wanderschaft.

Lange Zeit nachdem sie von Hafursey losgegangen waren, sprachen sie nur wenig miteinander, nur ab und zu ein Wort. Je weiter sie auf dem Sand vorankamen, desto weiter rückte auch der Tag voran, und die Luft wurde frischer, und ihr Gespräch lebte auf.

Jetzt überkam sie der Glaube aus grauer Vorzeit, der tief in ihrem Wesen lag und der wüsten und ungebändigten Natur entsprang, das Böse und Ungöttliche, das die Seelen der Menschen mit unbesiegbarer Macht an sich zieht und sie gleichzeitig mit Schrecken in Angst und Todesgrauen stürzt. Etwas, das dort aus der Erde emporsteigt, wo sie am Ödesten und schrecklichsten ist, und die Gedanken auf himmelhohen Wellen über Wirklichkeit hebt. Etwas, das der Fantasie starke, gestählte Flügel gibt und die Augen schärft, so dass sie durch die Berge sehen können, – die Seelen in dem steinernen Kostüm der Natur. Dann ist man umgeben von lebenden Wesen, sichtbaren und unsichtbaren, zum Teil menschlichen, großen und wilden Formen, zum Teil ungeheuerlichen, hinterhältigen Wesen, denen es Spaß macht, zu töten und zu quälen.

Die Berge im Norden waren nicht leer und unbewohnt. Oh nein. Dort hausten Trolle und Ungeheuer. Männern, denen man glauben durfte, waren sie mehr als einmal auf dem Sand begegnet, auf dem Weg zum Meer, um sich einen fetten Seehund in den Kochtopf zu holen. Manche Leute hatten ihnen Gutes getan, ihnen Pferde geliehen, als es schlecht um sie stand, und als Lohn vielfachen Dank und unzerbrechliche Freundschaft erhalten, mit einer solchen Treue, wie sie nur Trollen eigen ist. Nie baten sie die Menschen um mehr, als diese geben konnten. Aber wenn ihnen jemand einen Gefallen ausschlug, dann wusste er, was er von ihnen zu erwarten hatte. Und es waren Ungezählte, die sie genommen – und gefressen hatten.

In der Nachbarschaft oder sogar zusammen mit den Trollen wohnten die Geächteten. In den Schluchten und Gebirgstälern waren sie gesehen worden.

Aber wer kannte schon all die Täler, die zwischen den Gletschern lagen? Die vielen Schafe, die jedes Jahr beim Abtrieb fehlten, zeigten deutlich, dass es genug Geächtete gab. Und diejenigen, die einmal oben im Norden in ihre Hände geraten waren, wagten sich nicht noch einmal dahin.

Die Wasser, die rotbraun aus dem Gletscher hervorquollen, waren voll von allem möglichen Ungetier. Dort lagen die Wege der Seeungeheuer zu großen, tiefen und dunklen Gewässern, die noch nie ein menschliches Auge erblickt hatte. Auf diese Seen fiel nie ein Sonnenstrahl, und dort waren diese Geschöpfe in ihrem Element. Es kommt aber manchmal vor, dass sie sich auf dem Weg den Gletscherfluss hinauf in den vielen kleinen Flussläufen verirren. Dann gehen sie an Land, um den richtigen Weg zu suchen. Und wehe dem, der ihnen begegnet.

Die Flüsse auf dem Mýrdalssand waren gefürchtet wegen der Ungeheuer.

Auf dem Sande selbst trieben Geister ihr Unwesen. Das waren die Seelen toter Menschen, die dort umgekommen waren. Jeder Weg über den Sand war gezeichnet mit unzähligen Menschenüberresten, mehr als man ahnen mochte. Bei jedem Fehltritt lauerten Gefahr und Tod. Wenn es auf dem Sande dunkel war, erschienen die Geister. Man konnte sie aus allen Richtungen vernehmen, und es hörte sich so an wie das Drehen einer Spindel. Manchmal erschienen sie den Wanderern in der Gestalt von Freunden und Verwandten. Ihr Ziel war es, die Menschen zu verwirren und in die Wildnis zu locken.

Und dann gab es auch noch das Meer. Es hatte auch seinen Teil an Schwierigkeiten, furchterregenden Erinnerungen und schrecklichen Prophezeiungen. Wann gab es schon mal einen Tag, an dem es sicher war, dass keine Leiche in der Brandung hin und her geworfen würde? Wann war der letzte Schiffbruch, und wann würde der nächste sein? Wie ein wilder Stier brüllte es Tag und Nacht Angst und Unheil in die Ohren. Außerdem gab es auch hier übermenschliche Wesen. Man konnte im Rollen der Brandung Hilferufe und Angstschreie, Fluchen und schreckliche Zauberworte hören. Ertrunkene Seeleute stiegen auf und kämpften mit den Wellen. Boote, die noch nie jemand gesehen hatte, stießen durch die Wellen wie Wale und zeigten sich manchmal von der Oberseite, manchmal von der Unterseite. Ganz unerwartet wurde ein Schiff vom Meer mit vollen Segeln auf den Sand getrieben. Dort lag es fest, und die Wellen brachen sich an seinen Seiten. Wehe denen, die sich zur Rettung aufmachten! Sie gerieten in abgründigen Sand, verloren den Halt und manchmal das Leben, denn das Schiff war ein Geisterschiff. Es war vor vielen Jahrhunderten gestrandet und vom Sand zugeweht worden. Es war ein Seeräuberschiff. Gottes Zorn hatte es auf den Sand gewälzt, und kein einziger Mensch war am Leben geblieben.

Die Südstrände Islands sind Strände dunkler, schwerer Träume. Sagen und Märchen liegen wie ein Schleier über Land und Meer. Sie verändern sich im Laufe der Jahrhunderte, aber verschwinden nie. Dies hier waren die Träume des 15. Jahrhunderts. Den Kindern des 20. kommen sie wie lächerliches Spielzeug immer arbeitender Fantasie vor, wie Missgeburten unaufgeklärter Seelen. Ihre Träume sind anders. Aber alle Männer, die im Jahre 1783 auf dem Weg über die Sander im Südlande waren, glaubten daran und dachten darüber nach. Einer dieser Männer war der alte Olaf Isleiksson. Sein ganzes Leben hatte er in Gedanken rastlos mit den Geistern des Südlandes gekämpft. Seit langem nun war dieser Kampf ein Teil von ihm, er lebte und atmete in ihm. Wo er sich auch befand und was auch geschah. Doch es war nicht die Angst, die so seine Gedanken quälte, sondern das immerwährende Auf-der-Hut sein. Jetzt aber traute er sich manches zu, mochte es auch unrein sein, wenn er nur darauf vorbereitet wäre. Das wichtigste war, keinen Augenblick unaufmerksam zu sein. Und Olaf hatte viele Mittel parat, wenn ihn Trolle und Ungeheuer, Geister und Teufel anschleichen sollten. Er kannte Mittel gegen alles – außer gegen Hunger und Armut.

Aber dieses ständige Wachen, das ständige Bereitsein für unsichtbare Gefahren hatte seine Augen für die Gefahr getrübt, die im Wachen selber lag. Er hatte zu lange gewacht. Die Einbildungskraft war gewachsen, der Aberglaube verstärkt und die Vernunft verkümmert. Er hatte seine Seele misshandelt. Sie war zum Krüppel geworden.

Vigfús hörte begeistert den Erzählungen zu, die Olaf auf dem Weg über den Sand zum Besten gab. Er war jung und unerfahren und konnte keine Geschichten erzählen. Er hatte auch noch nie etwas Merkwürdiges erlebt. Viele wunderliche Geschichten hatte er zwar gehört, aber nie darüber nachgedacht. Dass die Natur voll von unreinen Geistern sein könnte, war ihm nie eingefallen. Er lief schon lange nicht mehr vor Olaf, sondern neben ihm außerhalb der Spur, um besser zuhören zu können.

Und Olaf wurde nicht müde zu erzählen. Steif und gebückt ging er vorwärts an seinem Stock wie ein menschliches Uhrwerk. Seine Gedanken waren in der Welt des Aberglaubens. Eine Geschichte löste die andere ab. Der Sand hörte auf, aber nicht die Geschichten. Ehe sie sich's versahen, waren sie nach Loðinsvik gekommen.

5. Der Rochen in der Hólmsá

Die Loðinsvikur sind alte, bewachsene Lavafelder im Osten des Mýrdalssandes. Die Sagen erzählen, dass hier Höfe gewesen waren, die aber wegen des Sandsturms und Aschefalls verlassen wurden. Was auch immer gewesen sein mag: Sie sind immer noch ein gesegnetes Plätzchen, wenn auch nicht viel darauf wächst. Hier gibt es reines Wasser für Mensch und Tier und ein kleines Stückchen Weide. Hier ist ein Rast- und Erfrischungsplatz für alle, die aus dem Westen über die Sandwüste kommen. Jetzt können die Fußgänger den Sand aus den Schuhen schütteln, denn von hier aus geht es über harte Lavastraßen. Die beiden Wanderer ruhten sich bei einem kleinen Bächlein gut aus. Dann gingen sie ohne Halt das Stück Wegs bis zur Hólmsá.

In der letzten Hälfte des 18. Jahrhunderts floss die Hólmsá in dem gleichen Bett wie heute. Früher lief sie andere Wege. Kurz oberhalb des Hofes in Hrifunes brach sie eine tiefe Schlucht. Dann floss sie auf ebenem Land und war ganz seicht. An ihr Westufer grenzte sandbedeckte Lava, zum größten Teil bewachsen und mit Gebüsch bedeckt. Im Osten lag der Hrifuneshólmur, eine flache Ebene, die bis westlich an die Berge von Skafártunga reichte. Quer über diese Ebene floss der wasserreiche Tungufljót, ein klarer Bergfluss, der Skaftártunga in zwei Hälften teilte. Er vereinigte sich mit der Hólmsá und die beiden bildeten den Kúðafljót. Der vordere Teil dieser schönen, grasbewachsenen Ebene hieß Leiðvallarhólmur. Er hatte seinen Namen von dem alten Häuptlingssitz Leiðvöllur, dem Thingplatz des Bezirks, und war damals der reichste Hof in Skaftártunga. Direkt bei Leiðvöllur teilte sich ein Flussarm von der Skaftá und floss in den Kúðafljot. Er hieß Landá.

Jetzt ist alles anders. Die Fähre über diese Flüsse war in jenen Tagen bei Leiðvöllur. Doch auch bei Hrifunes gab es eine Fähre, und es wurde auch übergesetzt. Aber die Hrifunesmänner waren nicht besonders eifrig, die Wanderer hinüberzufahren, sie empfanden es als lästig und störend und meinten, dass sie dazu nicht verpflichtet seien. Das wurde vor allem Árni Þorgilsson nachgesagt, ein enger Freund Lýður Guðmundssons, des Bezirksvorstehers, und sein ehemaliger Verwalter, der jetzt nach Hrifunes gezogen war. Er galt nicht als besonders hilfreich und war wenig beliebt.

Die beiden Kameraden hatten lange gebraucht, die Strecke über den Sand zurückzulegen, und als sie das Ostufer der Hólmsá erreichten, war es bereits Mitternacht. Dennoch gingen sie an das Ufer gegenüber von Hrifunes und riefen die Fähre. Draußen war niemand zu sehen, aber Hunde kamen auf die Rufe und fingen an zu bellen. Die beiden riefen noch mehr, da zu erwarten war, dass irgendjemand durch das Bellen aufwachen würde. Aber lange schien es nicht so.

„Der Teufel hat sie alle zusammen eingeschläfert, die ganze verdammte Brut", sagte Olaf und war schlechter Laune.

„Oh nein, die wollen eben nicht hören", sagte Vigfús und rief noch einmal.

Er hatte eine kräftige Stimme und strengte sie jetzt so an, dass die Rufe bis in die Badestube[8] dringen mussten.

„Das scheint richtig zu sein, was über Ami erzählt wird, dass er die Wanderer am Ufer sich heiser rufen lässt." Er rief weiter, und die Hunde antworteten ihm mit erneutem Gebell, aber kein einziger Mensch ließ sich sehen.

„Das war nicht ohne Grund, was ich vorhin über das Einschläfern gesagt habe", sagte Olaf und war besorgt. „Die Leute auf diesem Hof werden ungewöhnlich schläfrig, Das ist nicht natürlich."

„Und warum?"

„Hast du das noch nicht gehört?"

„Nicht, dass ich mich daran erinnern könnte."

„Sie sind verzaubert."

„Verzaubert?"

„Ein Mann kam von Westen über den Sand bei schlechtem Wetter. Er kam spät abends an den Fluss und rief die Fähre, aber niemand erschien. Er rief die ganze Nacht. Am nächsten Morgen tauchte dann endlich der Fährmann auf. Als er an den Fluss gelangt war, kam ihm der Mann am Ufer entlang entgegen.

Er trug eine Mönchskutte und ein Bild Jesu Christi an der Gebetskette um den Hals. Er grüßte den Fährmann und sprach folgenden Vers:

Ihr schlaft in euren Kissen,
doch keine Ruh' ich find,
von Hrifunes soll man wissen,
mit Schlaf sie geschlagen sind.

Dann verschwand er, ohne die Fahre benutzt zu haben."

„Und was glauben die Leute, wer das gewesen sein könnte?"

„Das weiß keiner. Natürlich war es ein heiliger Mann, den die Leute von Hrifunes bestimmt nicht verärgern wollten. Manche glauben, es sei der Bruder Eysteinn[9] gewesen. Aber das weiß keiner."

Olaf schwieg und sagte dann: „Diese Worte sind in Erfüllung gegangen. Die Leute haben ungewöhnlich fest geschlafen, wenn irgendetwas los war. Einmal brach mitten in der Nacht ein Unwetter los, und ihre Schafe wurden in den Fluss getrieben. Aber keiner auf dem Hof wachte auf."

Olaf starrte mit zusammengezogenen Brauen und völlig geistesabwesend vor sich hin. Vigfús sah ihm an, dass er die Geschichte gleichzeitig erfand, wenn er sie erzählte, und jetzt kam noch etwas dazu.

„Dieser Mann ist später noch mal gesehen worden", erzählte Olaf. „Man hat ihn gesehen, als er über den Hrifunesholmur ging. Die Kutte war vom Wind zurückgeschlagen, und rotes Futter schien hervor. Er hat den ganzen Hólmur ausgemessen bis nach Leiðvöllur an die Hügel und nach Westen an den Kuðafljót. Er hat sich bis jetzt noch nicht genug gerächt."

„Das ist mir eine schöne Lügengeschichte", sagte Vigfús und lachte. Olaf sah ihn mit bösen Augen an.

„Spotte nicht über das, was alte Männer sagen", sagte Olaf gramvoll. „Es würde mich nicht wundern, wenn dieser schöne Fleck den Hrifunesmännem verlorenginge oder irgendwie verlassen würde."

Jetzt kam ein Mann aus dem Haus in Hrifunes.

„Gut, dass wenigstens nicht alle schlafen", sagte Vigfús und rief nochmal.

Olaf rief auch, so gut er konnte.

Der Mann war wenig bekleidet. Er ging erst auf dem Vorplatz hin und her, dann aus dem Hof und schließlich um den ganzen Hof herum und dann wieder hinein.

„Er hat nachgesehen", meinte Olaf spöttisch.

„Er muss sich erst mal anziehen, der Ärmste", sagte Vigfús.

„Warte nur ab, der kommt nicht wieder", sagte Olaf. „Ich habe darauf geachtet, wie er die Hoftür zugemacht hat."

Als es Vigfús zu lange dauerte, bis der Mann wieder herauskam, fing er abermals an zu rufen. Aber nun bellten nicht einmal mehr die Hunde. Sie hatten von dem Mann zu verstehen bekommen, dass die Bewohner wegen dieser Gäste nicht gestört werden wollten.

Lange standen sie am Ufer und riefen ab und zu. Schließlich gaben sie es auf. Vigfús ging den Fluss entlang und betrachtete ihn genauer. Olaf lehnte sich gegen einen Stein, um ein kleines Nickerchen zu machen.

Die Hólmsá führte mittelmäßiges Wasser, und die Gletscherfärbung war nicht besonders stark. Ein Stückchen unterhalb des Hofes teilte sie sich um Sandbänke und wurde sehr breit.

Vigfús betrachtete den Fluss gründlich. Dann sagte er: „Ich glaube, wir können durchwaten, Olaf. Sie ist ganz seicht hier bei den Sandbänken. Sollen wir es nicht versuchen?"

Olaf öffnete die Augen halb und sagte: „Ich darf nicht tiefer hineingehen als bis zu meiner Mitte. Das, was ich auf dem Rücken habe, darf nicht nass werden."

„Traust du dir zu, bei mir über den Fluss huckepack zu sitzen?" fragte Vigfús. „Ich traue mir zu, durchzuwaten."

Olaf betrachtete Vigfús von oben bis unten.

„Du bist ein mutiger und kräftiger Kerl, Kamerad", sagte er. „Vielleicht sollte ich es versuchen. Aber nur unter einer Bedingung."

„Welcher?"

„Du musst mir ohne zu zögern und bedingungslos gehorchen, wenn ich dir etwas befehle, während wir im Fluss sind. Du musst mir blind gehorchen."

„Warum?"

„Versprich es. Das ist für uns beide besser. Ich kann etwas sehen, das du erst siehst, wenn es zu spät ist."

Vigfús gab nach und versprach es Olaf. Dann gingen sie am Fluss entlang, bis er ihnen am flachsten erschien. Da nahm Vigfús Olaf auf seine Schultern.

„Du bist so leicht wie ein Wollpacken", sagte er und lief mit Olaf bis zum Fluss.

Vigfús hatte den Wanderstock Olafs in der Hand, um sich zu stützen und sich voranzutasten. Olaf saß auf seinen Schultern, hatte die Beine vor seiner Brust und hielt sich an seinem Kopf fest.

Als sie in den ersten Flussarm stiegen, der dem Land am nächsten lag, hörte Vigfús, dass Olaf halblaut Gebete las. Vigfús hatte im Moment nicht viel für Gebete übrig. Doch konnte er nicht anders, als dem zuzuhören, was der Alte murmelte.

Aber noch nie hatte er solche Gebete gehört. Schauer überliefen ihn bei dem, was er vernahm, und das waren nur Bruchstücke. Ihm kam es so vor, als ob ergreifendste Gebetsworte und schlimmste Schimpfwörter zusammenfielen. Gott und Teufel wurden in einem Atem genannt. Alle Namen, die es für den Erlöser gab, wurden heruntergesagt und ihnen die Namen des Königs der Dunkelheit und seiner Teufelchen beigefügt. Es schien so, als wehre sich Olaf gegen den Überfall unsichtbarer Teufel, die ihn in dieser gefährlichen Stunde angreifen wollten. Zum Schutz benutzte er all diese heiligen Namen. Keiner durfte vergessen werden, denn sonst bekam die Abwehr einen schwachen Punkt. Ebenfalls durfte keiner der Teufelsnamen fehlen, denn sie können es nur schlecht vertragen, nicht beim Namen genannt zu werden. Vigfús watete langsam und vorsichtig, tastete sich sorgfältig voran und stützte sich mit dem Stock. So bewegte er sich langsam vorwärts. Dieser Flussarm war nicht tief, und sie kamen gut hinüber. Auf der Sandbank mitten im Fluss sprachen sie kein Wort miteinander. Dann stieg Vigfús in den nächsten Flussarm. Das war der Hauptzweig, und er sah nicht gut aus.

Sofort reichte ihm das Wasser bis an die Brust, und die Strömung war so stark, dass er kaum stehen konnte. Er fühlte, wie die Eiseskälte des Gletscherwassers bis zum Herzen vordrang. um ihn zu töten. Ihm wurde schwarz vor den Augen. Er stand immer noch auf der gleichen Stelle tief im Wasser und tastete um sich. Vor sich konnte er keinen Grund fühlen, und die Strömung zog so stark an dem Stock, dass er ihn kaum halten konnte. Trotzdem wollte er nicht aufgeben. Er meinte in dem Strom sehen zu können, dass der Fluss seichter werden würde, je weiter man in ihn hinein käme.

Und jetzt schien ihm, dass Olaf erst richtig anfinge zu beten. Jetzt las er nicht mehr halblaut, sondern ganz laut. Und Gebete waren es auch nicht mehr, sondern die schärfsten Drohungen. Er drohte der Holmsá mit Gottes Gericht, falls sie ihm etwas antäte. Er schrie Flüche auf Teufel, Flüsse und schlechte Geister, auf die Wasser auf und unter der Erde, sie sollten sich davonscheren, sonst würden diese Kraftworte sie entzweischmettern. Er befahl besonders den Wassergeistern zu fliehen, sonst sollten die heiligen Namen ihre Glieder zerfressen wie glühendes Pech.

Vigfús war nicht weiter als vier bis fünf Meter von der Sandbank weggekommen, als Olaf ihm mitten aus seinen Flüchen zuschrie: „Kehr um!"

Vigfús blieb stehen und blickte voraus. Er war nicht damit einverstanden umzukehren, und wollte Olaf nicht gehorchen.

„Kehr um!" kreischte Olaf und schlug mit den Fersen auf Vigfús' Brust. Aber bevor Vigfús umkehren konnte, schien es ihm, als ob sich der Fluss in der Mitte aufwölbte. Etwas Pechschwarzes war im Strom. Der Fluss wurde höher und höher und strömte über seine Schultern. Das Schwarze wuchs und floss über ihn. Er drehte sich mit aller Kraft zur Sandbank um, war aber wie festgewachsen. Er fiel vorwärts, und eine Weile wusste er nichts mehr.

Als er wieder zu sich kam, krabbelte er auf die Sandbank ein Stück weiter Flussabwärts von der Stelle, an der er hineingegangen war. Und als er sein Bewusstsein von Wasser und Sand gereinigt hatte, sah er sich nach Olaf um.

Olaf saß oben auf der Sandbank und schnürte in aller Ruhe seinen Sack auf. Er hatte Angst, dass seine Messer und Psalmenbücher nass geworden wären.

Als Vigfús zu ihm kam, sah er schrecklich aus. Die Augen waren rot und alle Adern im Gesicht geschwollen. „Du hast mir zu spät gehorcht", sagte er dumpf. „Deswegen ist es fast schief gegangen."

„Ich war fest im Sand", sagte Vigfús. Olaf achtete nicht darauf.

„Hast du das gesehen, was den Fluss hinaufschwamm?" fragte er und wrang eine Ecke vom Sack aus.

„Nein", sagte Vigfús. „Was war das?"

„Wir wollen nicht mehr darüber sprechen", sagte Olaf.

Vigfús war fröhlich und spottete über den Tauchversuch. Er wollte es noch mal versuchen, aber Olaf wollte nichts davon wissen. Dann watete er mit Olaf zum Ufer zurück.

Jetzt war guter Rat teuer. Wohin sollten sie nun gehen? Mit dem Fluss nach Leiðvöllur? Oder sollten sie gegenüber von Hrifunes warten, bis die Leute aufstanden? Sie entschlossen sich zu letzterem. Als sie wieder nach Hrifunes kamen, stand die Sonne schon hoch am Himmel.

Der Hof war aufgemacht worden, ein Mann stand auf dem Vorplatz. Sie riefen noch einmal, und diesmal antwortete er sofort. Darm ging er zur Fähre und ruderte zu ihnen herüber.

„Euch ist es sicher kalt geworden, die ganze Nacht draußen zu warten", sagte der Hrifunesmann freundlich. „Aber hier ist es nicht geheuer. Es ist nicht sicher überzusetzen, wenn nicht die Sonne auf den Fluss scheint – der Ungeheuer wegen." „Das wundert mich nicht", sagte Olaf.

„Ihr habt ihn vielleicht bemerkt?" fragte der Hrifunesmann.

„Wen?" fragte Vigfús.

„Den verdammten Rochen, der hier immer im Fluss ist", sagte der Hrifunesmann. Vigfús blickte von einem zum anderen. Er merkte, dass sie es ernst meinten.

„Der Rochen?" fragte er. „Ist ein Rochen im Fluss?"

„Das ist kein natürlicher Rochen, lieber Fusí", sagte Olaf. „Das ist – der Böse in Rochengestalt."

Vigfús dachte genauer über das Schwarze im Fluss nach.

„Das ist ein schlimmer Gast", sagte der Hrifunesmann. „Er ist so groß, dass er kaum in den Fluss passt. Die Alten sagen, dass er nicht zu sehen sei, es sei denn, etwas Großartiges stehe bevor. Er ist nicht wieder gesehen worden, seit die Katla ausbrach."

„Er ist ziemlich groß jetzt", sagte Olaf. „Er lässt sich nicht einmal durch die besten Gebete zurückschrecken."

Auf dem Weg über den Fluss erzählte ihnen der Fährmann eine furchterregende Geschichte von dem Rochen nach der anderen.

Das Übersetzen kostete eine halbe Elle Tabak oder ein Fläschchen Branntwein, und Vigfús bezahlte für beide.

II. Teil

1. Der Jungfrauenkuss

In Hrifunes trennten sich Vigfús und Olaf. Olaf hatte noch hier und da in Skaftártunga etwas zu erledigen. Er wollte hinauf nach Búland und von dort aus nach Leiðvöllur. Außerdem war ihm noch eingefallen, dass es vielleicht eine gute Tat wäre, noch einmal an die Hólmsá zu gehen, wenn die Sonne gerade nicht auf sie schiene, und ein paar gewaltige Verse auf das Ungeheuer loszulassen, das dort im Fluss sein Unwesen trieb.

Vigfús lieh sich ein Pferd in Skaftártunga und ritt in Richtung Heimat. In jenen Tagen liefen die Bäche zwischen Skaftártunga und Síða andere Wege als heute. Die Skaftá kam aus einer tiefen, gewaltigen Schlucht bei Skaftárdalur.

Weiter unten verzweigte sie sich und floss um grüne Inseln und Sandbänke, behielt aber ihre Richtung bei. An beiden Seiten waren Wälder und trockene Grasflächen und im Westen große, schöne Wiesen. Der Fluss selber floss auf alter Lava. An vielen Stellen war die Strömung sehr stark, und große Felsbrocken lagen im Wasser. Bei Svinadalur in Skaftártunga teilte er sich in drei Zweige. Ein Arm floss nach Südwesten südlich an Skaftártunga entlang und ergoss sich dann in den Kúðafljót im Süden von Leiðvöllur. Das war die Landá. Der zweite Arm der Skaftá floss nach Süd-Südosten und hieß Melkvisl. Er lief durch alte, versandete Lava und weite Strandhaferfelder und hatte sich ein tiefes Bett gegraben. Östlich des Hofes Botnar in Meðalland kam er aus der Lava heraus und vereinigte sich mit vielen wasserreichen Quellbächen, die auch unter der Lava hervortraten, und hieß jetzt Botnsá. Dann bog er nach Südosten und wuchs ständig durch die vielen Quellflüsse, die sich in ihn ergossen. Auf diesem Weg hatte er viele Namen, und zuletzt hieß er Steinsmýrarfljót. Unter diesem Namen floss er wieder in die Skaftá südlich der Flussmündung.

Nachdem ihr so viel Wasser abgezapft worden war, war die Skaftá ein gemäßigter Fluss geworden. Nachdem der Melkvisl sich von ihr getrennt hatte, bog sie nach Osten in die Gemeinde Síða. Sie floss in großem Bogen an den Höfen Skál und Holt vorbei und verzweigte sich um hübsche, mit Weiden bewachsene Inseln. Zwischen den Höfen lagen an ihren Ufern alte ausgehöhlte Lavahügel mit rötlichem Gestein auf den Kuppen. Sie reichten bis unterhalb Holt und wurden Skálargärten oder Holtsgärten genannt. Ein kleines Stückchen östlich von Holt brach der Fluss aus dieser Enge an den Bergen entlang in eine Spalte zwischen Heiðarnes und Dalbæjarstapi. Dort war ein hoher, prächtiger Wasserfall, der Stapafoss genannt wurde. Unter diesem Wasserfall hatte das Wasser eine tiefe Wanne in den mürben Berg gegraben. Von hier aus wandte sich der Fluss wieder von den Bergen ab, dort standen die Höfe Hunkubakkar und Klausturssel an lieblichen Ufern unterhalb der Höhen. Im Süden des Flusses setzte sich die Kette der Lavahügel fort, von denen vorher die Rede gewesen war. Die Skaftá brach sich mühsam einen Weg durch dieses Gebiet. Bei Kirkjubæjarklaustur war sie ungeteilt, 70 Arme breit[10] und so tief, dass die Pferde schwimmen mussten. Im Osten von Klaustur bog sie nach Süden und floss über den Sand ins Meer wie ein breiter Fjord.

Auf diesem Weg flossen viele klare Flüsse und Bäche aus dem Síðahochland in die Skaftá. Es reicht, die Fjaðurá zwischen Heiði und Holt, die Holtsá bei Holt und zwei Bäche bei Skál zu nennen.

An der Stelle, wo die Skaftá nach Osten bog, nachdem Lands und Melkvisl sie verlassen hatten, floss einer ihrer Seitenzweige weiter östlich als der Hauptzweig. Er strömte dicht an dem Skálarstapi vorbei, einer Felsinsel in der Ebene südwestlich vom Skálarfjall. Dieser Flussarm traf viel weiter östlich wieder die Skaftá. Die Insel, die er somit bildete, war riesengroß, über und über mit dichtem Wald bewachsen und hieß Brandaland.

Im Frühjahr 1783 war dieses Land eines der schönsten, das es auf Island gab. Wo man auch hinsah, lächelte die liebenswerte Schönheit der Natur in unendlichen Variationen. Im Osten waren die grüngeschmückten Hänge des Síðahochlandes und hier und da dunkelgrüne Felsen an den Steilkanten zu sehen, mit schneeweißen Wasserfällen bedeckt. Weiter hinauf sah man die blaue Spitze des Lómagnúpur, den Skeiðararjökull und endlich das riesenhafte Bild des mächtigen Eiskönigs, den Öræfajökull. Im Norden des Lómagnúpur lag der blaue Rücken des Björn über allen Höhen. Er war glatt wie ein Blauwal und wunderschön geformt. Weiter nordwestlich stand die Holtsborg, ein unzugänglicher Basaltberg, wie ein gemauertes Schloss oben am Rande des Hochlandes, und westlich von ihr ragten die Felswände des Skálarfjalls in den Himmel. Wenn man sich den Skálarfjall wegdenkt, war die Landschaft wie ein weites Tor, das sich nach Norden in die Wildnis öffnete. So weit das Auge reichte, trübte nichts den Blick. Das Land strömte in blauen Wogen zwischen Árfjall und den Skaftártungabergen hervor, mit der Skaftá selber im Arm, die mit jeder Welle glitzerte wie eine Kette aus Edelsteinen. Im Westen ragte der Mýrdalsjökull in all seiner gewaltigen Pracht empor. Südlich von ihm lagen die Hafursey und der Hjörleifshöfði, und in der Spalte zwischen ihnen konnte man die Höfðabrekkuberge sehen. Nach Süden hin strömten diese Landwogen auf die glatten Sander an

Haff und Lagunen vorbei und schließlich in die Wellen des Meeres, die bis an den Horizont glitzerten und glänzten.

In diesem ebenen Vorland, das in das Hochland zwischen Síða und Tunga überging, war zu jener Zeit alles mit hohem Bewuchs bedeckt. Wälder erstreckten sich über weite Teile der Ebene und zogen sich halb die Hänge hinauf. An anderen Stellen lagen Seggenwiesen und hartes Grasland, liebliche Inseln in den Seen und Flüssen und Weidengebüsch an ihren Rändern. Der letzte Schnee war schon lange von der Südseite des Skálarfjall getaut. Aber trotzdem war der Berg weißgefleckt – von Schafen, die sich über die Grasflecken verteilten. Und in den Wäldern darunter hingen Wollflocken in den Zweigen, die die Schafe verloren hatten, als sie sich vorwärtszwängten. Die Wolle war schneeweiß, da die Schafe diesen Winter nicht in den Stall gekommen waren.

Solche Schönheit war damals in diesem Land, und hier wird deshalb soviel davon erzählt, weil alle jetzt wissen, welches Schicksal ihm bestimmt war.

Vigfús hatte den Fluss an der Stelle überquert, an der er sich vielfach verzweigte, und es so nicht schwer war, ihn zu durchwaten. Jetzt hatte er alle Flussarme hinter sich bis auf den östlichsten Zweig der Skaftá, den niemand zu fürchten brauchte. Vigfús war in Brandaland.

Er ließ das Pferd den Weg entlanggehen. Das Gebüsch auf beiden Seiten des Weges ragte über seinen Kopf, und ab und zu schlugen ihm die gerade knospenden Zweige ins Gesicht. Zwischen den gelbweißen Birkenstämmen grasten frisch geschorene Schafe. Über den steilen Hängen des Skálarfjall lagen die Schatten zarter Wolken, die vor der Sonne vorbeizogen. Die Hänge waren dunkelgrün, hier und da leuchteten gelbe Moosflecken, und die vielen Bäche hatten tiefe, schattige Schluchten gegraben. In diesem Frühlingskleid war der Berg wunderschön ernst.

Er zog die volle Aufmerksamkeit des Wanderers auf sich. Er blickte die ganze Zeit dorthin und auf die Felsen im Skálar stapi, die jetzt direkt neben ihm lagen. Er merkte deshalb nicht, wie weit er schon gekommen war, als das Pferd auf einmal stehenblieb. Er war an den östlichsten Zweig der Skaftá gekommen.

Dort am Ufer saß ein junges Mädchen und weinte. Sie war barfuß und hatte nasse Beine. Die Röcke klebten klatschnass an den nackten Knien, und das Wasser lief die Beine hinab. Die Strümpfe und Schuhe hatte sie auf dem Schoß. Offensichtlich hatte sie versucht, durch den Fluss zu waten, musste aber wieder umkehren.

„Grüß dich, Gunna“, sprach Vigfús sie fröhlich an. „Wie kommt es, dass du hier bist?“

Gunna sah auf und strich sich das Haar aus den Augen. Die Grüße überraschten sie so, dass sie vergaß, sie zu erwidern. Aber die Freude leuchtete aus ihren Augen zwischen den Tränen hindurch.

„Lieber, guter Fúsi", sagte sie schmeichelnd. „Du kommst wie ein Engel vom Himmel. Du kannst mir über den Fluss helfen."

„Wie kommt es, dass du hier bist?"

„Ich – ich sage es dir später."

„Nein, sag es mir jetzt. Du willst etwas vor mir verbergen."

„Jaja, es ist ja auch gleich. Ich habe dieses verdammte Fohlen Þorarins gestohlen und bin zum Spaß hierher durch den Wald geritten. Aber weißt du, was dieses Mistvieh macht? Es watet einfach zurück durch den Fluss mit meinem Strumpfband im Maul."

„Und dann hast du versucht, hinterherzuwaten?" fragte Vigfús ein wenig spöttisch. Gunna war aufgestanden und sah ihn abwechselnd bittend und böse an.

„Lieber Fúsi, hör doch auf, mich zu ärgern. Hilf mir über diesen unglückseligen Fluss."

„Das kommt darauf an, ob ich will. Was bekomme ich als Belohnung?"

„Gar nichts."

„Soso, dann helfe ich dir auch nicht."

„Du solltest dich schämen. Das ist dir ähnlich. Geh doch zum Teufel. Ich schaffe es auch ohne dich. Geh nur nach Hause zu deiner alten Stiefmutter."

„Auf Wiedersehen", sagte Fúsi ernsthaft und lenkte das Pferd zum Fluss.

Gunna sah ihn hochmütig an. Aber dann war sie wieder den Tränen nahe.

„Willst du wirklich so eklig sein, Fúsi", sagte sie.

Vigfús blieb stehen und guckte sie spöttisch an.

„Was bekomme ich dafür?"

„Ich will dich küssen – ganz schön", sagte Gunna ein wenig schüchtern.

„Das ist besser als gar nichts."

„Hilfst du mir dann?"

„Setz dich mit aufs Pferd."

Gunna hüpfte wie ein Vogel zu ihm ans Ufer.

„Soll ich mich hinter dich setzen?"

„Nein, da ist ein Sack mit einigen Sachen. Setz dich vor mich."

Gunna stieg mit einem Bein auf Vigfús' Fußrücken und .schwang sich in seine Arme.

„Das war nicht besonders geschickt", sagte Vigfús. „Du sollst nicht so herum sitzen. Dreh dich nach vorne und sitz wie ein Mann im Sattel!"

Das war nicht ganz einfach, Gunna im Sattel umzudrehen. Aber das Pferd war geduldig und stand still, und so klappte alles reibungslos.

„So. Sitzt du jetzt bequem?" fragte Vigfús.

„Ja, ausgezeichnet."

„Dann können wir losreiten. Ich bin sicher, dass das Pferd uns beide tragen kann."

Vigfús kannte Gudrun Alexandersdottir aus Skál sehr gut. All die Jahre, die er in Holt gelebt hatte, war sie auf dem nächsten Hof gewesen, und sie hatten sich oft gesehen und zusammen gespielt, zu zweit und mit anderen Kindern.

Sie war das jüngste der Kinder des seligen Alexander, des Erbbauern in Skál und Valgerður Eyjolfsdottirs und nur ein Jahr jünger als Vigfús. Sie war sehr verwöhnt worden, und das zeigte sich in ihrer munteren und fröhlichen Art. Als Vigfús sie das letzte Mal gesehen hatte, war sie noch nicht aus dem Alter heraus, in dem man Katzenschwänze in der Tür einklemmt oder Seife in die Grütze mischt. Und wenn man sie wegen irgendetwas vom Hof losschickte, war es so gut wie sicher, dass sie ihre eigenen Wege ging. Das Schönste für sie war es, auf ungezäumte wilde Pferde zu steigen und irgendwohin zu reiten, am liebsten auf die Sandbänke an der Skaftá. Für sie war das kein großes Verbrechen, sich hinüber nach Brandaland zu stehlen, weg von den Mutterschafen, die sie auf der anderen Seite des Flusses hüten sollte.

Sie war eine Wildrose in diesem schönen und fruchtbaren Land und passte dazu. Alle mochten sie gerne. Aber obwohl sie schön und lieblich war, wussten alle, dass sie auch stechen konnte.

Noch war sie ganz sie selber. Sie schlug mit bloßen Händen auf die Schultern der Pferde, um sie anzutreiben, und trieb sie in das kalte Gletscherwasser, bis es so tief war, dass es sie erreichte. Sie machte sich nichts daraus, dass ihre Kleider über das Knie oder sogar über die Mitte des Oberschenkels rutschten, und benutze ihr Kopftuch oder ihre Strümpfe als Peitsche, wenn sie meinte, dass das Pferd nicht schnell genug watete.

Aber etwas an ihr war verändert, was Vigfús nicht kannte und was ihn etwas ängstlich machte. Er wusste nicht, was es war, aber es nahm ihn mit süßem Zauber gefangen. Als er die Arme um sie legte, um sie im Sitz zu halten, spürte er ihre weiche und reife Brust. Bei jeder ihrer Bewegungen fühlte er die federnde Kraft in diesen weichen Brustmuskeln.

Nachdem sie das Kopftuch abgenommen hatte, fiel das Haar, das sich aus den Zöpfen gelöst hatte, über ihre Schultern und auf seine Brust. Es war dunkelbraun. seidenweich und flatterte lustig im Wind. Ihre Füße waren klein und muskulös, die Unterschenkel rund und fleischig mit kleinen Kuhlen über den Gelenken, und ihre Haut war hellrosa, weich und fein wie die eines Kindes. Das alles wirkte auf Vigfús wie ein starkes Getränk. Es stieg ihm zu Kopfe.

Das war kein Kind mehr, das er im Arm hielt, sondern eine heiratsfähige Jungfrau, die selbst nicht wusste, wie alt sie war.

Das Pferd watete langsam und vorsichtig durch den Bach mit den beiden auf dem Rücken. Es kümmerte sich nicht einen Deut darum, dass es angetrieben wurde, und war beständig wie ein Felsblock, obwohl das Wasser ihm um den Leib strömte. Am östlichen Ufer rutschte Gunna geschickt vom Pferd herunter. Dabei drehte sie sich zu Vigfús herum, schlang die Arme um seinen Hals und küsste ihn. Der Kuss war heiß, weich und nass wie ein Kinderkuss, und seine Süßigkeit ging ihm zu Herzen. Vigfús stieg ebenfalls vom Pferd. Er wankte wie ein Betrunkener und bekam kein Wort heraus.

Gunna setzte sich ins Gras und zog sich die Strümpfe und Schuhe an. Sie war dunkelrot im Gesicht und etwas fahrig in ihren Bewegungen. Vigfús schaute sie an wie in himmlischer Verzückung. Dann fiel ihm ein, dass es sich nicht schickte, ihr bei dieser Beschäftigung zuzuschauen. Er drehte sich von ihr weg und schämte sich wie ein kleiner Junge, der getadelt worden war.

Das Pferd benutzte diesen glücklichen Augenblick, um Gras zu rupfen. Es hatte nun einmal nichts anderes im Kopf.

„Soll ich dir nicht helfen, das Fohlen einzufangen?“ sagte Vigfús wie ins Blaue.

„Vielen Dank. Du wärst unheimlich lieb, wenn du das tätest“, sagte Gunna.

Ihre Worte kamen merkwürdig schnell. Dann gingen sie beide los, um das Fohlen einzufangen. Es war sehr scheu und schwierig zu behandeln, weil es immer noch das Strumpfband im Maul hatte. Diese Neuheit gefiel ihm gar nicht, und es kaute und knabberte auf dem Strumpfband herum. Bei dieser Lauferei kamen beide wieder ins Gleichgewicht.

Als sie endlich das Fohlen eingefangen hatten, waren sie beide rot und verschwitzt, und alle Schüchternheit war verflogen. Nicht einmal in den Augen war etwas von ihr übrig geblieben.

„Nimm bitte nicht das Band heraus, – nicht gleich“, keuchte Gunna. „Ich will mich nur noch ein wenig für diesen verdammten Ungehorsam rächen.“

Im gleichen Augenblick war sie schon auf dem Rücken des Tieres. Das Fohlen schüttelte den Hals und nahm den Kopf zwischen die Beine. Dann machte es einen feurigen Sprung und stand kerzengerade auf den Hinterbeinen. Als es ihm nicht gelang, Gunna auf diese Weise abzuschütteln, fing es an zu buckeln. Als auch das keinen Erfolg hatte, rannte es los und ließ sich kaum lenken.

Vigfús nahm sein Pferd und ritt hinterher. Gunna war weit voraus, drehte dann aber um und kam ihm entgegen. Das Fohlen war folgsamer geworden.

Sie ritten im Süden der Lavahöhen, damit sie nicht von Skál aus gesehen werden konnten.

Als Gunna das Fohlen genug herumgejagt und sich ausgetobt hatte, stieg sie vom Pferd, löste das Band aus dem Maul und ließ es laufen. Vigfús stieg ebenfalls vom Pferd, um sich von ihr zu verabschieden.

„Steinka und ich hüten abwechselnd die Mutterschafe“, sagte sie und schlug die Augen nieder. „Ich werde wieder hier sein, nicht morgen, sondern übermorgen.“

Vigfús verstand, was sie meinte und wurde mutiger. Er fasste sie kräftig um die Taille und küsste sie viele Male zum Abschied.

Dann stieg er aufs Pferd und ritt heim nach Holt.

2. Ankunft in Holt

Holt lag in jenen Tagen auf einer hübschen Ebene im Osten des Talbodens im Holtsdalur. Oberhalb des Hofes waren sanft ansteigende Hänge, und im Süden und Westen lagen die so genannten Holtstälchen. Dort hatte die Holtsá im Laufe der Zeit Erde zwischen die schon erwähnten Lavahügel getragen. Jetzt war dort eine grasbewachsene Fläche, und nur die Hügelspitzen schauten noch hier und da heraus. Diese Grasfläche wurde zum Teil als Wiese von den Holtsbauem genutzt, zum Teil als Weide für die Pferde der Reisenden. Zwischen Hof und Holtstälchen floss die Holtsá – ein kleiner, klarer Bergbach. Unterhalb der Mähwiesen bog er nach Süden um und behielt diese Richtung bei, bis er in die Skaftá mündete.

Holt war seit jeher einer der besten Hofe in Síða gewesen. Das Land hatte 24 Hunderte nach altem Maß.[11] Oft hatten drei Familien dort gelebt, aber 1783 waren es nur zwei und eine Hausfrau, die zu der Familie des einen Bauern zählte. Auf dem einen Hof lebte Olaf Jónsson, zu der Zeit schon ein alter Mann. Auf dem anderen wohnte die Witwe Rannveig Sigurðardóttir mit ihren Kindern, die alle schon erwachsen waren. Ihr Mann hieß Sigurður Eyjolfsson und war der Bruder von Valgerður und Þóra, der beiden Hausfrauen in Skál. Er war vor einigen Jahren gestorben.

Der Hof war prächtig und bestand aus vielen Gebäuden. Acht Häuser zeigten mit ihren Giebeln auf den Hofplatz, und die Holzwände waren aus Treibholz. Dahinter standen andere Wohnhäuser und schließlich die Ställe und Scheunen.

Als Vigfús Holt sehen konnte, überkam ihn wieder ein ungutes Gefühl. Er hatte Angst, nach Hause zu seiner Stiefmutter zu kommen. Dort gefiel es ihm am wenigsten.

Auf dem Weg über die Wiese nach Hause traf er Jón und Einar, die Söhne von Rannveig. Sie arbeiteten draußen. Sie grüßten ihn freundschaftlich, hießen ihn willkommen und fragten nach Neuigkeiten. Sie strahlten solche Fröhlichkeit aus, dass etwas von dem dumpfen Gefühl aus Vigfús' Brust verschwand. Sie waren beide in Vigfús' Alter und hatten ihn oft geneckt und sich mit ihm gestritten. Jetzt kam es ihm so vor, als ob das alles vergessen wäre.

Auf dem Hofplatz war der alte Olaf gerade damit fertig geworden, die Holzwände seines Hauses zu teeren. Rannveigs Söhne hatten das schon im letzten Jahr an ihrem Teil der Holzwände gemacht. Olaf hatte das so verstanden, dass sie ihn damit ärgern wollten, da seine Wand nun viel hässlicher aussah als die ihren. Aber so blieben die Wände das ganze Jahr über. Jetzt war dieser Makel ausgebessert worden, und nun waren die Häuser Olafs viel schöner als die anderen. Außerdem war da noch mehr, was seine Wand schmückte und das der andere Hof nicht hatte.

Eins der Häuser, das mit dem Giebel zum Hofplatz zeigte, war die Gästestube und sie besaß zwei Glasfenster mit sechs Scheiben. Solche Prachtstuben gab es nicht noch einmal in West-Síða, außer in Prestsbakki und Kirkjubæjarklaustur, aber da wohnten ja auch Beamte. Die Stube in Skál konnte sich damit nicht messen, dort war nicht mehr als ein Fenster mit fünf Glasscheiben, von denen nur eine heil war. Die sechste war aus Holz. Diese Glasfenster waren der Stolz Olafs und bereiteten ihm viel Vergnügen.

Olaf war ein schöner und stattlicher Mann gewesen, was man ihm immer noch ansehen konnte, obwohl er nun vom Alter gebeugt und sorgenvoll war. Jetzt war er zusammengesunken, und seine Haare und sein Bart waren ergraut. Aber vor allem durch den Tod seines Sohnes vor einem Jahr war er stark gealtert. Trotzdem hielt er sich gut und war ruhig und höflich in seinem Auftreten.

Vigfús sprang vom Pferd und küsste Olaf zum Gruß.

„Sei gegrüßt, Fúsi", sagte Olaf. „Und willkommen daheim. Komm mir nicht zu nahe, ich bin ganz voll Teer."

„Teer ist des Bootsmannes Ehre", sagte Vigfús so in die Luft hinein.

„Oh, jaja, des Bootsmannes, aber nicht einer Landratte, wie ich es bin. Es hat einmal eine Zeit gegeben, lieber Fúsi, da ich Boote geteert habe. Jetzt wird nicht mehr davon geredet. Meinst du, dass meine Giebel den anderen nachstehen, wenn sie fertig sind?"

Das meinte Vigfús natürlich nicht.

„Hast du die Jungs auf dem Weg hierher gesehen?"

„Ja, ich traf sie am Markarfljót. Sie waren auf dem Weg nach Westen."

„Was sind das für Schnecken! Die kommen auch gar nicht vorwärts!"

Die „Jungs", nach denen er gefragt hatte, waren Eyjolfur und Sigurður, seine Knechte, und Sigurður, der älteste Sohn Rannveigs, war mit ihnen. Dann fragte Vigfús, ob die Heiðar- und die Hunkubakkamänner schon angekommen seien. Das waren die Leute, mit denen er gezogen war und von denen er sich auf dem Mýrdalssand getrennt hatte. Olaf erzählte, dass sie gestern nach Hause gekommen wären.

Während Vigfús das Pferd absattelte, fragte Olaf ihn nach Neuigkeiten aus der Fangzeit und dergleichen mehr. Aber es war deutlich zu merken, dass er über etwas anderes nachdachte.

„Die Magd soll das Pferd für dich auf die Weide bringen, lieber Fúsi. Du bist erschöpft von der Reise und musst dich ausruhen."

Vigfús nahm das mit Dank an. Aber er hatte den Verdacht, dass sich etwas hinter dieser Hilfsbereitschaft verbarg.

Es dauerte auch nicht lange, bis es herauskam.

Olaf trat naher an ihn heran und fragte ganz leise: „Hast du nicht einen Schluck?"

Vigfús lächelte und reichte ihm die Flasche, die er bei sich trug. Sie war noch ganz voll.

„Die kommen doch nie heim, diese Jungs, diese verdammten Schlappschwänze. Ich hoffte nämlich, sie würden ein bisschen mitbringen", sagte Olaf, während er den Korken aus der Flasche zog. Dann trank er alles, was in der Flasche war, in einem Zuge aus.

Olaf lehnte sich an die Wand zwischen den Hausgiebeln, während ihm das Wohlgefühl durch die Glieder strömte. Vigfús stand neben ihm und wartete darauf, dass er zumindest die leere Flasche wieder zurückgab. In diesem Augenblick ging eine Frau an ihnen vorbei in Richtung auf das Haus. Sie war noch jung, gut gewachsen und tüchtig, aber sorgenvoll und müde und hatte ein hartes Gesicht. Das war Hallbera Alexandersdóttir, die Schwester Gudruns aus Skál und ihrer Geschwister. Sie war mit dem einzigen Sohn des alten Olaf, der Eirikur hieß, verheiratet gewesen und hatte ihn vor einem Jahr bei den Westmänner-Inseln im Meer verloren.

Vigfús grüßte sie freundschaftlich. Sie antwortete ihm gramvoll und ging an ihnen vorbei durch die Haustür. Dort verschwand sie.

Sie sahen ihr beide nach.

„Sie wird nie wieder fröhlich“, sagte Olaf leise.

„So, meinst du?“

Olaf setzte das leere Glas an seine Lippen und sog daran. Darm reichte er es Vigfús.

„Vielen, herzlichen Dank, lieber Fúsi. Irgendwann werde ich mich mal revanchieren. – Nein, sie wird sich nie wieder erholen. Sie sind stolz, die Leute von Skál, aber treu. So ist unser ganzes Geschlecht, das so genannte Holtsgeschlecht. Nichts als Gold und Steine.“

Vigfús sah auf den Boden und sagte nichts. Die letzten Worte Olafs drangen tief in ihn ein.

„Sie ist stolz, aber treu. So ist das ganze Geschlecht, nichts als Gold und Steine.“

So musste Gudrun aus Skál auch sein.

3. Die Stiefmutter

Die Badestube Olafs in Holt war neu errichtet, und dort wohnte er mit seinen Leuten. Aber die alte Badestube stand immer noch. Die meisten Holzwände waren schon herausgerissen worden. Aber ein Zimmer am anderen Ende hatte noch alle Wände, und da wohnten die Hausfrau und ihr Stiefsohn.

Dort war alles ärmlich und hatte wenig von dem, was einem Großbauernhof zur Zierde gereichen wurde. Die schrägen Wände waren schwarz von altem Rauch und hingen zwischen den Sparren durch. Die Wandbretter waren nicht mehr dicht, und hier und da fehlten sie ganz. Durch diese Lücken konnte man die verschimmelte Torfwand sehen. Beide Schrägen hatten ein mit Haut bespanntes Fenster. Die Haut war um einen Fassreifen gespannt, und es pfiff laut darin, wenn es draußen stürmte. Der andere Teil der Badestube wurde nur noch als Abstellraum benutzt. Dort war es dunkel und gespenstisch, so dass man kaum die

Hand vor Augen sehen konnte, denn man hatte Tücher vor die Löcher gebunden, in denen sich früher die Hautfenster befanden. Vorn am Giebel stand die Mühle der Hausfrau und wurde von dämmerigem Licht beschienen, das durch eine Ritze des Fensters fiel, die aber fast wieder von Schmutz und Staub verdeckt wurde. In diesem Teil der Badestube hatten Mäuse und Maulwürfe[12] ihren festen Stammplatz.

Obwohl es da drinnen, wo Guðfinna lebte, ärmlich war, war es doch sauber und ordentlich. An jeder Seite stand ein Bett, und über jedes war eine isländische gewebte Decke gebreitet. Ein drittes Bett war auch dort drinnen, aber ohne Bettzeug. Der Fußboden war sauber und die Wände ebenfalls, nirgends hingen Spinnweben in den Ecken oder Winkeln. Alles zeugte von Reinlichkeit und sorgsamer Behandlung.

In diesem Zimmer traf Vigfús seine Stiefmutter. Er grüßte sie und wollte das genug sein lassen. Der Gruß war kalt und barsch, als ob er schlecht gelaunt von tagelangem Schaftreiben nach Hause käme und nicht nach vier Monaten auf See.

Aber Guðfinna stand auf, grüßte ihn freundlich und strich ihm sanft über die Wangen, während sie ihn willkommen hieß. Vigfús kümmerte sich nicht um diese Liebkosung, sondern warf sich auf sein Bett und atmete erschöpft. Guðfinna war gut vierzig Jahre alt und immer noch eine hübsche Frau. Sie war dunkelhaarig mit heller Haut, rundlich und hatte dicke Lippen, war aber keineswegs hässlich. Ihr Gesicht war von einer merkwürdigen Mischung aus Leidenschaft und Genusssucht, Unruhe und Falschheit gezeichnet, ihre Augen waren dunkelbraun und unstet. Sie war immer sauber gekleidet, und das auch bei ihrer täglichen Arbeit. Ihre Hände waren weiß und weich, und ihr ganzer Körper zeugte von guten Tagen und Wohlergehen, aber ebenfalls von vielem Stillsitzen. Auf den ersten Blick machte sie einen guten Eindruck, aber bei näherer Betrachtung war etwas Falsches und Gefährliches in ihrem Wesen.

Guðfinna war eine gute Hebamme, und manchmal wurde sie zu dieser Aufgabe geholt. Doch nicht oft. Ihre Nachbarn mochten sie nicht und wollten nicht, dass sie ihre Kinder entgegennahm. An sich hatte sie viele gute Eigenschaften. Ihre Arbeit machte sie ordentlich und hielt ihren Besitz zusammen, und alles, was in ihren Händen lag, war sauber und rein, wenn sie auch nicht viel leistete. Sie wusste eine Menge und besaß einige wenige Bücher, was zu jener Zeit eine Seltenheit war. Aber alle ihre guten Eigenschaften nützten ihr nicht viel. Die Leute hatten Angst vor ihr, und manche verabscheuten sie. Es gab sogar einige, die glaubten, dass sie hexen und zaubern könne, und sie sollte sogar einen „Zuträger“[13] besitzen.

Zumindest hatte sie das zweite Gesicht, konnte Wesen sehen, die den Menschen folgten, und vieles mehr, was sich regte, sie konnte Träume deuten und wusste um Dinge, die man nicht nennen konnte.

„Warum hast du mir nicht die Stute geschickt?“ fragte Vigfús.

„Sie fohlte, das arme Tier, kurz bevor sie losgehen sollte. Niemand schickt eine Stute mit einem zwei Tage alten Fohlen auf eine weite Reise.“

„Konntest du nicht irgendein Pferd geliehen bekommen?“

„Du weißt, lieber Fúsi, was für Antworten ich bekomme, wenn ich unsere Nachbarn um etwas bitte. Gute Worte, ja, aber immer irgendwelche Ausreden.

Ich habe bei zweien oder dreien gefragt. Sie konnten nicht, und dann habe ich aufgegeben.“

Vigfús schwieg.

„Und jetzt hat die Stute das Fohlen verloren“, sagte Guðfinna.

„Wie das?“ fragte Vigfús barsch und schaute sie scharf an.

„Das weiß keiner. Sie war hier oben auf der Heide mit den anderen Pferden. Sie läuft immer wiehernd um den Hof in Geirlandssel.“

„Geirlandssel? Ist der nicht verlassen?“

„Oh nein“, sagte Guðfinna mit zweideutigem Lächeln. Da sind die beiden Sigurður hingezogen, die vorher in Meðalland gewohnt haben. Die kennst du sicher noch.“

„So – so ist das!“

Dann kam langes Schweigen. Vigfús dachte an diese beiden Männer, Sigurður Sigurðsson und Sigurður Þórgeirsson, die jetzt in Geirlandssel mitsamt ihrer ganzen Familie wohnten. Das waren die, die seinen Vater ins Unglück gestürzt hatten.

Er hatte keinen Zweifel mehr, was aus dem Fohlen geworden war.

„Hast du gehört, dass der Vater gestorben ist?“ fragte er, ohne seine Stiefmutter anzusehen.

Guðfinna ließ sich bei dieser Frage nichts anmerken und zeigte auch keine Trauer. Sie antwortete geradeheraus: „Die Heiðarmänner kamen gestern hier vorbei und erzählten es.“

Und nach einer Weile fügte sie hinzu: „Es war gut, das zu hören. Es war das beste für ihn, da es nun einmal so weit gekommen war.“

Vigfús presste die Lippen zusammen und fasste sich. Er hätte sie am liebsten mit Beschuldigungen wegen des Unglücks seines Vaters überschüttet, tat es aber dann doch nicht.

Guðfinna schwieg ebenfalls eine Weile und atmete ruhig. Vigfús spürte, dass ihre Augen ständig auf ihm ruhten, und fühlte sich unbehaglich unter ihrem merkwürdigen Blick.

Dann nahm Guðfinna seine Hand, die auf dem Bettpfosten lag, streichelte sie sanft mit beiden Händen und sagte: „Ich verstehe das gut, dass du um deinen Vater trauerst. Das ist ganz natürlich. Aber deswegen brauchst du nicht so mürrisch und unfreundlich zu deiner Stiefmutter zu sein. Das ist nicht nett von dir. Vor allem, wenn du nach so langer Zeit wieder nach Hause kommst."

Vigfús schwieg und rührte sich nicht.

„Denk daran, dass der, der schlecht zu seiner Stiefmutter ist, auch schlecht zu seiner Frau sein wird. Vielleicht gibt Gott dir einmal eine gute und liebe Frau, die für dich sorgt, wenn du zu Hause bist, und sich nach dir sehnt, wenn du fort bist. Meinst du nicht, dass du ihr Kummer bereitest, wenn du so mürrisch und grob bist, sobald du nach Hause kommst?"

Vigfús fand, dass sie recht hatte, und seine Stimmung wurde etwas nachgiebiger. Wenn nun zum Beispiel Gudrun aus Skál seine Frau würde, wäre es da nicht schlecht von ihm, sie durch Kälte und schlechte Laune zu verletzen? Vielleicht war es auch schlecht seiner Stiefmutter gegenüber. Wie sie auch war, konnte es wohl sein, dass sie es gut mit ihm meinte.

Guðfinna sprach weiter: „Ich habe hier einsam gesessen und die Tage gezählt, bis du wieder heimkamst. Ich habe Tag und Nacht darüber nachgedacht, ob nun alles sauber und ordentlich sei, damit es dir gefällt, wenn du nach Hause kommst. Ich habe mich um deine toten und lebendigen Besitztümer gekümmert, so gut ich konnte, und dafür gesorgt, dass alles seinen rechten Weg geht. Und du dankst mir nicht einmal dafür. Aber das macht auch nichts. Ich erwarte keinen Dank. Aber traurig sind die Tage gewesen. Ich höre nichts von dem, was die Leute in der anderen Badestube erzählen oder wie sie sich vergnügen. Ich komme selten dorthin und sie noch seltener zu mir. In solchen langen, einsamen Stunden denkt man über vieles Seltsame nach. Ich hatte Angst, dass ein Unglück über dich kommen könne, dass irgendwelche unehrlichen Menschen dich mit in irgendeine Sache hineinzögen und dich um eine gute Zukunft bringen würden. Ich wusste, dass du jung und unerfahren warst. Ich habe mich um dich gesorgt, wenn du bei schlechtem Wetter auf See warst. Ich habe oft von dir geträumt. Ich sah dich als Schiffbrüchigen im Meer und wusste, du würdest ertrinken. Aber ich konnte dich nicht retten. Dann fing ich im Schlaf an zu weinen und wachte davon auf – ich habe sowieso viel geweint diesen Winter und Frühling, weil ich oft so merkwürdig geträumt habe."

Vigfús hörte schweigend zu, erwiderte nichts und achtete nicht auf ihre Worte. Er sah seine Stiefmutter auch nicht an, ließ aber seine Hand in den ihren. Merkwürdiger Abscheu mischte sich in seine Gedanken und Gefühle. Es kam ihm so vor, als ob eine Schlange ganz langsam und weich an ihm entlangkröche und sich darauf vorbereite, ihn zu umschlingen.

Guðfinna schwieg eine Weile und sah ihn so fest an wie vorher. Es war, als versuche sie, seine Gedanken zu lesen. Dann rückte sie näher an ihn heran und sagte leise, wie zum Spaß: „Darf ich deine Handfläche sehen?"

Vigfús antwortete darauf nur, indem er ihr die Hand zudrehte. Sie war stark und muskulös und die Haut an der Innenfläche hart vom vielen Rudern im Winter. Trotzdem waren die Linien tief und gut zu sehen.

Guðfinna blickte eine Weile auf die Hand und folgte den Linien von Anfang bis Ende. Von ihnen aus versuchte sie, andere, kleinere Linien und Kreuzlinien zu finden. Nach und nach wurden die Linien in der Handfläche zu einem komplizierten Netz, das schwer zu entwirren war. „Deine Hand ist so müde, dass es schwer ist, aus ihr zu lesen. Doch etwas sehe ich". sagte Guðfinna.

„Was siehst du?" fragte Vigfús trocken.

„Du wirst lange leben – und – " Guðfinna stockte in der Mitte des Satzes.

„Und was?"

„Du heiratest sicher bald und bekommst eine gute Frau."

„Unsinn", sagte Vigfús und drehte die Hand um.

„Kann schon sein. Lass mich besser lesen."

„Nein."

Vigfús meinte jetzt zu wissen, dass seine Stiefmutter versuchte, irgendetwas aus seiner Hand herauszulesen, was sie gerne wissen wollte. Er wusste, dass sie sich viel damit und mit anderen, ähnlichen Wissenschaften beschäftigt hatte und daran glaubte. Er selber glaubte an nichts dergleichen.

„Ich habe noch etwas gesehen, was mir nicht unerwartet kam", sagte Guðfinna. „Ich könnte mir gut vorstellen, dass du einmal ein vermögender Mann wirst."

„Geh jetzt und hol mir was zu essen", sagte Vigfús, als ob er das Thema beenden wollte. „Ich geh gleich", sagte Guðfinna, ging aber vorerst nirgendwohin.

Nach einer Weile fing sie wieder leise und einschmeichelnd wie vorher an zu sprechen: „Hast du nie darüber nachgedacht, wie gut es ist, reich zu sein – Geld zu haben und viel Vieh. Wie schön ist es zum Beispiel, viel Land und Häuser zu besitzen – alle sich vor einem verbeugen und kriechen zu lassen, Priester, Gemeindevorsteher und der Freund der Großen im Lande und ein wichtiger Mann auf Zusammenkünften und Thingtreffen zu sein! Dazu braucht man keine geistigen Gaben oder Gelehrtheit, nichts anderes als Geld verdienen zu können."

Vigfús schwieg und Guðfinna sprach weiter.

„Der selige Eirikur, der hier in Holt lebte, das war ein Mann, der Geld verdienen konnte. Man nimmt an, er habe Zauberhosen angehabt. Seitdem folgt der Reichtum dem Holtsgeschlecht. Wenn ich ein Mann wäre, hätte ich schon lange Zauberhosen an. Dabei ist keine Gefahr. Das ist nicht schwer, rechtzeitig wieder aus ihnen herauszukommen, bevor man stirbt. Denkst du nie darüber nach, wie weh die Armut tut? Dieser ewige Kampf um das tägliche Brot, diese unendliche Erniedrigung und Verachtung, der Argwohn und die Schadenfreude, die alle verfolgt, die arm sind. Und ununterbrochen Erbitterung, Kummer und Hoffnungslosigkeit – all dieses Unglück, das der Armut folgt. Ich kann es gut verstehen, dass manche ihre Seele für Reichtum und Überfluss verwettet haben. Außerdem bin ich davon überzeugt, dass das mehr getan haben, als bekannt ist."

Guðfinna schwieg einen Augenblick. Dann sprach sie wieder, und es war nicht auszumachen, ob sie es ernst meinte oder nicht: „Hör mal, Fúsi. Erinnerst du dich an das, was ich dir gesagt habe, einmal, bevor du zur See fuhrst? Erinnerst du dich?"

„Was war das?"

„Eine Seemaus zu fangen versuchen."

Vigfús sah sie kurz an. Dann blickte er wieder weg und lachte verächtlich.

„Man soll sie in einem Netz aus Jungfrauenhaaren fangen und sie dorthin legen, wo Gold oder Silber im Meer versunken sind. Dann soll man ihr ein Nest aus Jungfrauenhaaren machen und ein Stuck Geld hineinlegen, so groß, wie man später dann jeden Tag eins von ihr bekommen möchte. Das ist kein Zauber, keine Gefahr für die Seelen der Menschen. Und es hat schon manchen reich gemacht. Die Leute sagen, dass der selige Alexander in Skál eine Seemaus gehabt hätte."

Vigfús schrak bei diesem Namen auf und schaute auf seine Stiefmutter, die sich jetzt über ihn beugte und ihm die Worte zuflüsterte.

„Das wird erzählt", sagte Guðfinna.

Hier an der Skaftámündung sind oft Schiffe mit voller Ladung gesunken. Hier gibt es sicherlich auch Seemäuse, und hier hat er sie bestimmt gefangen. Der gab sich nicht mit Kleinigkeiten ab. Der hatte Unmengen von Geld. Merkwürdig ist es, dass man so gut wie nichts nach seinem Tode gefunden hat. Aber die Leute meinen, dass die Seemaus an seinem

Todestage entwischt sei. Erinnerst du dich nicht an das Unwetter, das zu der Zeit aufzog, als der selige Eirikur bei den Westmännerinseln ertrank? Es ist immer Sturmflut oder Unwetter, wenn die Seemaus wieder in das Meer kommt. Und das ist nicht unwahrscheinlich, dass sie sich dem Schwiegersohn des seligen Alexander genähert hat. So lange hat er sie sicher noch gefangengehalten."

Vigfús hörte all dem zu wie im Traume. Das einzige, was Aufmerksamkeit weckte, war das, was sie über den seligen Alexander in und das Holtsgeschlecht sagte. Guðfinna erzählte noch lange von geheimnisvollen Wegen zum Glück, von Prophezeiungen und Erscheinungen, an die sie selbst glaubte und über die sie immer nachdachte, wenn sie allein war. Vigfús war ehrlich erleichtert, als sie endlich sein Essen holte.

4. Luftschlösser

Gudrun Alexandersdóttirs Küsse hatten in Vigfús ein loderndes Feuer entfacht. Seit er sie an den Ufern der Skaftá verlassen hatte, sah er vor süßen Gedanken und Tagträumen kaum etwas von dem, was um ihn herum vorging. Zuerst schwankte er noch zwischen Hoffnung und Furcht. Er wagte nicht zu glauben, dass sie ihn wirklich lieb hatte. Er konnte sich ein solches Glück kaum vorstellen. Er hatte Angst, dass es nur eine ihrer übermütigen Kinderlaunen war, und dann würde sie zurückhaltend und abweisend werden und nichts mehr von ihm hören oder sehen wollen. An diesem einen Tag, den er warten musste, war er unruhig und voller Zweifel.

Aber der nächste Tag verscheuchte alle Zweifel.

Er war schon vor Gudrun an dem Platz angekommen, an dem sie ihn treffen wollte. Sie kam allein, wie sie es geplant hatte, und sobald sie ihn gesehen hatte, lief sie auf ihn zu und warf sich in seine Arme.

Diesen Tag waren sie bis zum Abend zusammen.

Danach hatte Vigfús keine Zweifel mehr, dass sie ihm ganz gehörte. Und keine Worte hätten seine Freude beschreiben können.

Noch nie war er von der Liebe zu einem Mädchen berührt worden. Nie hatte er geglaubt, dass ein Mädchen ihn lieben könnte. Und jetzt stand er in hellen Flammen vor Liebe – reiner, unschuldiger und tiefer Liebe. Und es war nicht mehr und nicht weniger als eines der reichsten und schönsten Mädchen im ganzen Bezirk, ein Mädchen aus gutem Bauerngeschlecht und gut erzogen, die ihm ihre Liebe geschenkt hatte.

Solches Glück wurde nicht vielen zuteil.

Er ging jeden Schritt wie im Traume und hörte kaum, wenn er angesprochen wurde. Wenn er zu Hause war, lag er oft stundenlang schweigend auf seinem Bett und hörte seine Stiefmutter wie aus weiter Feme, die ihm von Wegen zu Reichtum, Macht und Ehre und vom Einfluss geheimnisvoller Mächte auf das Schicksal der Menschen erzählte.

Aber jeden zweiten Tag verschwand er vom Hof, und keiner wusste, wohin er ging.

Er nahm nämlich nicht jeden Tag den gleichen Weg. Im Gegenteil, er benutzte verschiedene Umwege, um die Leute zu verwirren. Manchmal nahm er den Weg, der nach Skál führte, und verließ ihn wieder an der Stelle, von der er aus Holt nicht mehr zu sehen war und bevor er von Skál aus gesehen werden konnte. Manchmal ging er vom Hof aus aufwärts, den ganzen Weg hoch zur Holtsborg und verschwand hinter ihr. Darm schlich er auf versteckten Pfaden im Rücken der Hügel an die Skaftá und westlich an ihr entlang auf den Hauptweg. Dort konnte man ihn zwar von Holt aus sehen, aber hier gingen jeden Tag Leute, und keiner erwartete ihn hier zu sehen. Und wenn er an die Lavahügel kam, war er gerettet.

Manchmal lief er auch erst in das Holtsdal, dann quer über den Skálarfjall und an der Westseite entlang, wo er von Skál aus nicht gesehen werden konnte. Dann ging er an der Skaftá entlang bis zu der Stelle, an der er Gudrun erwartete.

Das war zwar ein langer und umständlicher Umweg, aber er machte sich nichts daraus. Da konnte er oben von der Bergkante aus das ganze Land von Skál übersehen – den Hof und die Hauswiese, Wiesen, Weiden und Wälder, all das schöne und liebliche Land, das vielleicht zum Teil einmal ihm gehören würde. Hier konnte er es in Ruhe betrachten, ohne dass die Leute in Skál ihn hier oben vermuteten.

Auf diesen Wanderungen schufen seine Gedanken ganze Welten voll Süße und Liebe und Vollkommenheit.

Er überlegte, was man im Bezirk sagen würde, wenn es bekannt würde, dass er mit Gudrun Alexandersdóttir im Einverständnis mit ihren Angehörigen verlobt wäre. Einen größeren Schlag konnte er jenen, die ihn wegen seines Vaters und seiner Stiefmutter verachteten, nicht versetzen. Er malte sich alle die Glückwünsche aus, die sich jetzt über sie ergießen würden, all die Freudensgrüße derer, die jetzt seine Freunde sein wollten. Vielleicht waren die Menschen nicht so schlecht, wie er oft gedacht hatte. Vielleicht waren ihre Glückwünsche herzlich und ehrlich gemeint. Selbstverständlich würden viele meinen, dass er dieses Glück wegen seiner körperlichen und geistigen Eigenschaften verdient hätte und nicht zuletzt wegen des Unglücks, das er geerbt hatte und seit seiner Kindheit tragen musste. Er hatte sich nie etwas zuschulden kommen lassen, und niemand konnte anderes als Gutes über ihn sagen. Vielleicht meinten die Leute, dass er Gudrun und jedem anderen Mädchen gleichstünde und gut einmal viel Geld verdienen und ein ausgezeichneter Bauer werden könnte und die Stütze und der Stolz des Bezirks. Dieser Makel, der an seinem Geschlecht haftete, konnte ihm in den Augen vernünftiger Leute gewiss nichts schaden. Was konnte er dafür, dass sein Vater ins Unglück gestürzt war und gebrandmarkt wurde? Es wurde auch vieles über den seligen Alexander, den Vater Gudruns, erzählt und über seine Methoden, zu Reichtum zu kommen, unter anderem, dass er eine Seemaus gehabt hätte und sie Geld herantragen ließe von Reichen wie von Armen, mit der Macht und Kraft des – Teufels. In seinen letzten Lebensjahren soll er in Not geratenen Leuten aus dem Skagafjord und vom Húnavatn Schafe zu blutigen Preisen verkauft und dann das Geld vergraben haben.

Die Diebe, die gebrandmarkt wurden, waren bei weitem nicht die Besten in ihrer Kunst. Nein – die Väter liegen nun eimnal in ihren Gräbern, und Lebende kommen allein zu ihrer Ansicht in dieser Sache, und dort ist Gleichberechtigung.

Dann malte er sich die große Hochzeitsfeier in Skál aus. Die Gäste kommen auf prächtigen Pferden herangestürmt, einer schneller als der andere, von Osten aus Síða, aus Meðalland, aus Skaftártunga und oben aus dem Skaftárdalur – aus allen Richtungen. Alle tragen ihr Festtagsgewand, die Männer kurze Jacken mit silbernen Knöpfen, die Frauen Schnallen und Spangen, Gürtel und Spitzen aus reinem Gold und Silber. Zelte werden um den ganzen Hofplatz herum aufgestellt. In einem großen Zelt auf dem Hofplatz wird ausgeschenkt. Draußen auf dem Friedhof wird zum Wohle des

Bräutigams getrunken, und jeder, der trinkt, muss eine Rede halten. Im Zelt wird mit tönenden Rufen, wohlklingendem Gesang und Geigenklang auf das Wohl der Braut getrunken. Gudrun glänzt wie ein Stern in ihrem Brautgewand, sittsam und schüchtern in all ihrer jungfräulichen Schönheit und Lieblichkeit, wie eine Göttin der Schönheit, Jugend und Liebe.

Dann kommt das Oberhaupt des Geschlechts, die Hausfrau Valgerður, würdig und vornehm wie eine Königin, die ihre Macht abgibt, in ihrem besten Schmuck, knisternd vor Silber und Seide, und gibt ihm hoheitsvoll, vor den Augen aller Gäste, die Dokumente und Aufzeichnungen über die Besitztümer der Braut.

Bei diesen Gedanken wurde ihm heiß und leicht, und er sah kaum, wohin er ging. Bei solchen Überlegungen verschwanden alle Hindernisse. Er kletterte auf den Skálarfjall, wenn er diesen Weg nahm, wie ein leichtfüßiges Reh. Er war gewandt und männlich in allen Bewegungen, sein Gang war federnd und aufrecht und leicht, als ob er unsichtbare Flügel hätte. All diese Schwere, die auf ihm gelastet hatte, seit er ein kleiner Junge war, war in kürzester Zeit verschwunden. Freude und Glückseligkeit legten sich um jede Sehne und jeden Muskel seines Körpers und entzündeten Flammen des Übermuts und der Jugend. Er verlangte sogar nach Anstrengungen und Schwierigkeiten. Es machte Spaß, Gudrun davon beim nächsten Treffen zu erzählen, und jede Mühe wurde durch ihr Lächeln und ihre Küsse belohnt.

Aber Guðfinna ging wie auf Kohlen wegen dieser wunderlichen Gewohnheiten, die ihr Stiefsohn angenommen hatte. Sie konnte nicht verstehen, was mit ihm los war, und bekam kein einziges Wort über seine Wege aus ihm heraus. Einmal, als er sich von zu Hause wegstahl, hatte sie gesehen, wie er hinter der Holtsborg verschwand. Seitdem glaubte sie fest daran, dass er von Elfen verzaubert sei.

Eines Tages – am Mittwoch vor Himmelfahrt – kam Gudrun nicht auf die Weide, um die Mutterschafe zu hüten, wie sie es vorgehabt hatte. Vigfús wusste nicht, was das zu bedeuten hatte.

Er kam kurz vor Mittag an die Stelle, an der sie sich zu treffen pflegten. Die Schafe hatten sich auf der Weide zerstreut, aber Gudrun war nicht zu sehen. Den ganzen Tag bis zum Abend lag er versteckt und wartete auf sie. Aber am Abend kam ein Mann und trieb die Schafe zusammen. Gudrun ließ sich nicht blicken. Vigfús machte sich nicht bemerkbar, und der Mann wurde seiner auch nicht gewahr.

Gudrun musste krank sein.

Um Mitternacht ging Vigfús traurig und enttäuscht nach Hause und überlegte auf dem ganzen Weg, weshalb sie fortgeblieben sein könnte.

5. Skál

Skál war einer der besten, größten und schönsten Bauernhöfe im Land und maß 90 Hundert nach altem Maß. Seine Grenzen lagen weit südlich der Skaftá bis halben Wegs nach Meðalland. Von dort aus zog sich das Land nach Norden bis zum Leiðólfsfell auf der Hochweide, weit nördlich aller bewohnten Gebiete.

All dieses Land war eine fast ununterbrochene Decke von Gras und Gebüsch und an vielen Stellen mit Wäldern bedeckt. Das einzige Unfruchtbare waren die Felskanten des Berges selber. Sie lagen so hoch, dass man keinen richtigen Bewuchs mehr erwarten konnte.

Der Mittelpunkt dieses reichen und weiten Landes, der Hof Skál, lag in einer hübschen Mulde an der Südseite des Berges. Östlich und westlich von ihm ragten Felsvorsprünge aus dem Berg hervor. Der Berg hielt den Hof in seinen Armen. Zwei Bäche plätscherten an seinen Seiten den Berg hinunter.

Der Hof stand auf hügeligem Unterland direkt am Fuße des Berges. Die Mähwiese reichte ein Stück den Berg hinauf. Dahinter zogen sich die Hänge mit kleinen Felsabbrüchen allmählich bergan, aber je weiter man nach oben kam, umso steiler wurde es. Es war vorgekommen, dass sich eine Schneelawine aus dem Berg gelöst hatte und Schaden am Hof oder in seiner Nahe angerichtet hatte, aber das war so selten, dass es niemanden davon abhielt, dort zu wohnen.

Die Häuser in Skál waren ausgezeichnet im Vergleich zu dem, was damals in diesen Gemeinden üblich war, aber schmucklos. Alles Holz in den Wänden war von der See angetrieben und das meiste davon von den Sandstränden des eigenen Landes heraufgezogen worden. Es war nicht gespart worden, damit auch alles fest stünde. Viele Balken und Pfosten bestanden aus dicken Kiefernstämmen und manche Holzwände aus zersägten Schiffsmasten. Manche der Sparren und Querbalken waren Schiffsplanken aus Eiche. Alles andere war weniger gut. Dächer und Wände waren schon etwas zusammengesunken und fingen an zu verfallen, aber das Gerüst war noch wie neu.

Zwei Familien wohnten da, und so war es schon lange gewesen. Den älteren Hof hatte der selige Alexander in den ersten Jahren seiner Hofwirtschaft errichtet. Den anderen hatte Þórarinn Isleiksson jetzt fast völlig neu aufgebaut.

Obwohl das Land zwischen zwei Bauern aufgeteilt war, gab es keinen Grund, sich über Eingeschränktheit zu beklagen, und jeder hatte bisher gut wirtschaften können. Die Schafe waren sommers wie winters sich selbst überlassen. Es waren so viele, dass die Skálbauern selber nicht wussten, wieviele sie besaßen. Und den Andeutungen der Priester und Gemeindevorsteher war zu entnehmen, dass sie fürchteten, der Zehnt der Skálbauem könne aufs Geratewohl abgemessen sein.

Auf dem Hof stand eine Kirche, und sie gehörte mit allem Besitz den Landeigentümern. Das war eine turmlose Torfkirche mit hölzernen Giebeln an beiden Enden und Glocken über der Tür an der Westseite. Sie war gut und stabil gebaut und stand auf einer ebenen Grasfläche südöstlich des Hofplatzes. Um sie herum war ein Friedhof angelegt, der nach Süden hin in die Mähwiese überging. Die Kirche gehörte zur Pfarrei Ás in Skaftártunga mit vier Höfen: Holt, Skál, Ás und Skaftárdalur. Aber oft gingen die Leute von diesen Höfen in die Kirche in Ás oder nach Kirkjubæjarklaustur.

6. Beratung in Skál

Inzwischen herrschte große Aufregung in Skál, wenn es auch nicht gezeigt wurde. Es war herausgekommen, was für Besuche Gudrun auf der Weide bekommen hatte und wer das war, der sie besuchte.

Erst war aufgefallen, dass die „kleine" Gudrun die Mutterschafe schlecht hütete. Am Abend fehlten immer einige, obwohl es gutes Wetter gewesen war und die Sonne den ganzen Tag geschienen hatte. Das war umso merkwürdiger, weil so etwas bei Steinka nie vorkam, die doch viel junger war.

Dann wurde Gudrun gefragt, was es damit auf sich habe, und sie versuchte, sich herauszureden, und leugnete, dass etwas sie beim Hüten abgelenkt habe. Sie verneinte auch, dass irgendein lebender Mensch zu ihr auf die Weide gekommen sei oder dass sie einen Wanderer getroffen habe.

Als sich das Geheimnis auf diese Weise nicht lösen ließ, schickte Valgerður, Gudruns Mutter, ihren Sohn Eyjolfur hinter ihr her auf die Weide, ohne dass sie seiner gewahr wurde. Er fand heraus, was Gudrun beim Hüten ablenkte und wer es war, der sie besuchte.

Das dünkte denen in Skál schlechte Nachrichten. Aber sie wurden erst einmal verheimlicht. Valgerður nahm sie sich so zu Herzen, dass sie die nächste Nacht nicht schlafen konnte. Es war ihr aber klar, dass es nicht gut wäre, die Angelegenheit mit Gewalt und Schimpfen ans Licht zu zerren. Hier war ein schneller und guter Ausweg nötig, Handlung eher, als viele Worte. Außerdem konnte nichts Schlimmeres geschehen, als dass diese Geschichte bekannt wurde.

Natürlich war es Gudrun verboten, an ihrem nächsten Hütetag mit den Schafen zum Fluss zu ziehen. Ihr wurde keine Begründung genannt, aber es wurde sorgfältig darüber gewacht, dass sie nicht vom Hof weglief. Sie bekam kein einziges tadelndes Wort wegen ihres Betragens zu hören. Trotzdem merkte sie an allen Anzeichen, dass etwas Drohendes bevorstand, irgendein Unwetter im Kommen war. Sie sah es in der Miene ihrer Mutter und hatte Angst davor wie vor dem Tod selbst.

Das Schmerzlichste an allem aber war, dass sie Vigfús nicht Bescheid geben konnte.

Den ganzen Tag ging Valgerður schweigend und besorgt im Hause hin und her. Sie besorgte den Haushalt, wie sie es gewohnt war, die Arbeitsleute bemerkten keine Veränderung und der Verwalter auch nicht. Ihre Kinder aber kannten sie besser und fürchteten das, was geschehen könnte. Gegen Abend kam Hallbera Alexandersdóttir von Holt. Valgerður hatte nach ihr gesandt und sie gebeten zu kommen.

Dann setzte man sich zur Beratung in Valgerðurs Zimmer am anderen Ende der Badestube und schloss sorgfältig die Tür.

Dort waren Valgerður selber und ihre beiden Söhne, Sveinn und Eyjolfur, ihre Tochter Hallbera, ihre Schwester Þóra und deren Mann, Þórarinn Isleiksson, versammelt.

Gudrun war nicht gebeten worden. Der Verwalter, der Bjarni hieß, sollte ein Auge auf sie haben und der Hausfrau sofort Bescheid geben, wenn sie sich vom Hof fortschleichen sollte.

Als nun die Tür geschlossen war und man nicht zu fürchten brauchte, dass draußen jemand lauschte, begann Valgerður zu sprechen: „Wie ihr euch sicher schon gedacht habt, ist es eine ernste Angelegenheit, die euch hierherruft. Und wie es auch ausgehen mag: Ich bitte euch alle, sie so geheim zu halten, wie es nur irgend möglich ist. Das ist entscheidend für uns alle."

Weiter kam sie vorerst nicht. Das Herz war ihr so schwer, dass sie kaum sprechen konnte. Die Anwesenden saßen schweigend und warteten mit Ungeduld darauf, mehr zu hören. Nach einer Weile sprach Valgerður weiter: „Es scheint der Fall zu sein, dass meine Tochter Gudrun – mein jüngstes Kind – sich einen Mann gewählt hat – aus einem gebrandmarkten Geschlecht."

Valgerður konnte das kaum heim richtigen Namen nennen, so sehr traf es sie. Sie brauchte auch nicht deutlicher zu werden. Alle wussten, wen sie meinte. Die Auswahl war nicht so groß. Valgerður erklärte nun kurz, wie sie das herausgefunden hatte, und fügte nach einer kurzen Pause hinzu: „Ich habe den Entschluss gefasst, ihr nicht zu erzählen, dass wir oder irgendein anderer es herausgefunden haben. Sie könnte widerspenstig werden und selbst zu entscheiden verlangen, und dann würde sie es uns allen noch schwerer machen. Deswegen meine ich, dass es das beste ist, mit Geschick vorzugehen. Und das ist genau das, was ich mit euch beraten will."

Alle saßen schweigend und warteten auf das, was die Hausfrau zu sagen hatte. Als sie sah, dass niemand sprechen wollte, fuhr sie fort: „Ich bin vollkommen sicher, dass meine Gunna immer noch unschuldig und unverdorben ist. Ich meine zu wissen, dass diese Freundschaft – oder diese Tändelei mit dem Jungen, ich weiß nicht, wie ich es nennen soll –

keine tiefen Wurzeln in ihr geschlagen hat. Vermutlich war es reine Unbekümmertheit, Gedankenlosigkeit und Spielerei, ohne dass sie wusste, was sie tat. Aber was es auch immer gewesen sein sollte – das Problem muss gelöst werden, und ich sehe nicht, dass eine glückliche Lösung gefunden werden kann außer einer."

„Und welche?" fragte einer, den es langweilte, dass die Hausfrau die Geschichte so hinzog.

„Sie muss heiraten", sagte Valgerður fest und entschlossen. „Ihr Vergehen entspringt dem unklaren Bewusstsein, dass sie kein Kind mehr ist, sondern ein heiratsfähiges Mädchen. Das ist ein Zeitabschnitt im Leben aller Mädchen dieses Alters", fügte die Hausfrau hinzu. „Woran sie früher noch Vergnügen gehabt haben, langweilt sie nun, und sie sehnen sich nach etwas Neuem. Und dann ist der Verführer nie in weiter Ferne."

Wieder hatte keiner etwas zu sagen. Alle saßen schweigend wie bei der Bibellesung. Aber manchen konnte man ansehen, dass ihnen diese Angelegenheit nicht so sehr zu Herzen ging. Die Frauen waren zwar sehr ernst. Aber Sveinn betrachtete mit großer Aufmerksamkeit das beispiellos schöne Bettbrett, das seine Mutter besaß. Es war, als ob er es noch nie vorher gesehen hätte. Þórarinn benutzte die Zeit, um ein Messer hervorzuziehen und sich damit die Nägel zu schneiden, und Eyjólfur gähnte.

„Ist sie mit Fúsi verlobt?" fragte Þórarinn kalt.

Valgerður sah ihn scharf an. Er hatte sich zwei Vergehen geleistet, erstens, so dumm zu fragen, und zweitens, zu laut zu fragen, da ja jemand hinter der Tür lauschen könnte.

„Ich hoffe nicht", sagte sie beherrscht und ganz leise. Nach kurzem Schweigen fügte sie hinzu: „Aber eigentlich ist sie seit ihrer Kindheit verlobt."

„Mit wem?" wurde gefragt.

„Mit ihrem Vetter Sigurður in Holt."

Wieder langes und tiefes Schweigen.

„Darüber wollte ich mich mit euch beraten", sagte Valgerður.

Jetzt kamen ihr die Worte leichter, und die Schwere war aus ihrer Brust gewichen.

„Als mein Bruder Sigurður auf dem Sterbebett lag, sandte er dem seligen Alexander einige Worte und wünschte, dass seine Kinder heirateten, wenn sie erwachsen wären. Alexander hat mir davon berichtet, und es war unser beider Wille, was unsere Kinder betraf."

„Und warum lässt du sie nicht Fúsi heiraten, wenn sie das selber will?" fragte Sveinn, der jetzt zum ersten Mal auf dieser Versammlung den Mund öffnete.

Seine Mutter sah ihn böse an. Das war nicht das erste Mal, dass Sveinn eine andere Meinung hatte als sie. Aber es war ratsam, vorsichtig vorzugehen. Denn Sveinn war streitsüchtig und konnte heftig werden, wenn man ihn reizte.

„Meinst du etwa, er sei ihr gleichwertig?"

„Warum sollte er nicht gleichwertig sein? Fúsi ist ein vielversprechender Junge. Er ist tüchtig, wenn er etwas in die Hand nimmt, und kann gut einmal ein wichtiger Mann werden."

„Du vergisst seine Abstammung und Erziehung. Sein Vater wurde gebrandmarkt und verschickt. Er selbst wurde in einer Räuberhöhle aufgezogen. Würdest du die Tochter eines Diebes heiraten wollen?"

„Das könnte gut sein, wenn kein Makel an ihr selber ist."

„Und gestohlene Güter als ihre Mitgift in dein Haus nehmen?"

Sveinn lachte verächtlich.

„Wer weiß etwas davon, welche Besitztümer der Familien gestohlen sind und welche nicht? Wenn man ein genaues Verzeichnis der Güter anlegen würde, die in manchen Geschlechtern als Erbgüter weitergegeben werden, dann bestünde Gefahr, dass ein Schatten auf ihren Namen fallen könnte. Und weil Fúsi nichts von seinem Vater geerbt hat, weder Gestohlenes noch Rechtmäßiges, meine ich, dass er ganz in Ordnung sein kann."

„Deine Vorschläge sind immer gleich", sagte Valgerður. „Gleich klug und gerecht!"

„Warum fragst du mich dann um Rat", sagte Sveinn, und warf das Bettbrett, das er noch immer in den Händen hielt, auf die mit Rosenmuster gewebte Decke, die über das Bett gebreitet war.

„Da über diese Sache nur von einer Seite aus gesprochen werden darf, solltest du nicht nach meinen Vorschlägen fragen. Deshalb werde ich gehen, da ich hier ja nichts mehr zu tun habe."

„Geh, wohin du willst. Ich hätte das wissen sollen, dass du mich nicht unterstützen würdest."

„Aber eines wollte ich dich noch fragen, bevor ich gehe", sagte Sveinn.

„Willst du Gudrun Siggi in Holt anbieten? Oder wie willst du es anfangen, sie zusammenzubringen?"

„Kümmer du dich nicht darum, ich werde es auf die Weise anfangen, die mir am besten gefällt."

„Jaja, gut, gut. Aber wenn Gudrun Fúsi heiraten will und nicht Siggi, dann lasse ich dich wissen, dass ich auf ihrer Seite stehe. Meine Schwester soll nicht unter Zwang heiraten, solange ich etwas zu sagen habe."

In Valgerðurs Augen blitzte es. Aber sie beherrschte sich und entgegnete nichts. Sveinn öffnete die Tür und ging aus dem Zimmer.

Valgerður saß eine Weile schweigend und nachdenklich da. Das sah ihrem Sveinn ähnlich, anderer Meinung zu sein, zu widersprechen, Unruhe zu stiften, zu ärgern und herauszufordern, das war seine Lieblingsbeschäftigung. Trotzdem war sie ihm nicht böse. Er war der beste unter ihren Kindern, selbständig, klug und unternehmend.

Nachdem Sveinn gegangen war, wurde die Angelegenheit weiter besprochen, und jetzt beteiligten sich mehr als vorher.

Und jetzt hatte Vigfús nur wenige Fürsprecher. Doch Þórarinn Isleiksson unterstützte ihn. Er meinte, dass vieles wahr sei von dem, was Sveinn gesagt hatte. Man soll den Mann sehen und nicht sein Geschlecht, und Vigfús' Fähigkeiten seien denen der Holtsjungen weit überlegen. Sigurður sei zwar ein hübscher Junge, aber nicht sehr männlich und kränklich, und es sei unwahrscheinlich, dass er einmal ein großer Bauer werden würde. Nachteilig sei allerdings, dass Fúsi ein wenig träge und arm sei. Aber sonst wollte Þórarinn diese Angelegenheit überdenken, so gut er es vermochte. Ihm kam es so vor, als ob seine Meinung weder seiner Frau noch seiner Schwägerin gefiele. Alle anderen, die etwas dazu sagten, waren mit Valgerður völlig einer Meinung.

Nun war es am meisten zu fürchten, dass die Nachricht von Gudruns und Vigfús' Zusammenkünften nach Holt gelangt sein könnte oder dort bekannt würde, bevor dieser Plan durchgeführt werden konnte und damit alles zunichte gemacht würde.

Hallbera meinte, dass dem nicht so sei, soweit sie es beurteilen könne. Fúsi sei zwar seit seiner Rückkehr von den Fanggründen selten zu Hause gewesen, aber daran seien die Leute gewöhnt, und niemand kümmere sich darum. Niemand, außer vielleicht seine Stiefmutter, wisse über seine Wege Bescheid. Und das war leicht von ihr zu hören gewesen, dass sie es auch nicht wisse.

Nachdem die Beratung abgeschlossen war, ließ Valgerður Pferd und Sattel kommen und ritt mit ihrer Tochter Hallbera nach Holt.

Dort sprach sie lange mit Rannveig, der Mutter von Sigurður. Und es wurde zwischen ihnen abgemacht, dass Rannveig am nächsten Tag, dem Himmelfahrtstag, nach Skál kommen und ihren Sohn Sigurður mitbringen sollte.

7. Die Verlobung

Gudrun lebte in ruheloser Angst vor dem, was nun über sie kommen sollte. Es konnte ihr nicht verborgen bleiben, dass etwas in der Luft lag.

Sie meinte zu wissen, dass ihre Mutter von ihren Treffen mit Fúsi erfahren hatte und ihr nun sehr böse war. Sie erwartete das Schlimmste. Vielleicht würde man sie in ein abgelegenes Haus bringen, von wo aus sie nicht zu hören war, und dort würde sie geschlagen werden, und ein Mann würde sie währenddessen festhalten. Oder sie würde tagelang in den Pferdestall gesperrt werden und dort in der Dunkelheit hungern müssen. So etwas Ähnliches hatte sie schon für geringere Vergehen ertragen, und dieses Mal zählte es sicher schwer.

Am Nachmittag des Himmelfahrtstags wurde sie in das Zimmer ihrer Mutter gerufen. Sie ging mit zitternden Knien dorthin. Dort saßen ihre Mutter, Rannveig aus Holt und ihr Sohn Sigurður. Sigurður war ein etwa zwanzigjähriger Junge. Er war blond, schmal und bleich im Antlitz, hoch und geschmeidig gewachsen, mit klugen und gutmütigen Augen. Er war bei Séra Jón Steingrimsson in Prestsbakki zur Schule gegangen und hatte vorgehabt, Priester zu werden, hatte aber den Plan aufgegeben.

Gudrun blickte alle an und verstand gar nichts.

Valgerður machte die Tür sorgfältig wieder zu. Sie war nicht böse, sondern wohlwollend und ernst. Sie erklärte ihrer Tochter die Angelegenheit.

„Dein Vetter Sigurður ist gekommen, um dich zu bitten, seine Frau zu werden“, sagte sie. „Und wenn du dem Willen deiner Mutter folgen willst, nimmst du seinen Antrag an.“

Gudrun starrte verwundert auf ihre Mutter. Das kam ihr sehr überraschend.

Dieser Antrag ließ sie glauben, dass ihre Mutter nichts von ihrem Abenteuer wisse, und darüber freute sie sich dermaßen, dass sie an nichts anderes dachte.

„Er hat sich mit seiner Mutter beraten“, fuhr Valgerður fort. „Er handelt nicht unüberlegt.“

Ihre Stimme war fest und bestimmt, und ihre Miene war ernst.

Und nun begann Gudrun selbst über diese Sache nachzudenken. Sie blickte zu Boden und erbleichte.

„Ich bin doch noch so jung, Mama“, stammelte sie, „muss ich gleich heiraten?“

„Ja, du musst sofort heiraten.“ Valgerður war noch entschiedener als vorher.

„Tausend Schlingen und Versuchungen liegen vor einem Mädchen in deinem Alter.“

Gudrun biss sich auf die Lippen. Das Herz schlug wild in ihrer Brust. In dem letzten Satz meinte sie, das Messer unter den Rosen zu fühlen. Sie dachte an ihren Freund, traute sich aber nicht, etwas zu sagen.

„Es ist gut, mein Kind, jung zu heiraten", sagte Valgerður ein wenig milder.

„Dann sind die Geburten für die Frauen leichter, und ihre Kinder sind erwachsen, wenn sie selber älter und müder werden."

Tranen standen in Gudruns Augen.

Sigurður ging zu ihr und legte den Arm um ihre Schultern. Gudrun zuckte zusammen, beherrschte sich aber dann.

„Sag, meine Liebe", sprach er, „ob du mir deine Liebe schenken kannst oder nicht. Zwingen will ich dich nicht."

„Richte dich nach dem Rat deiner Mutter", sagte Valgerður. „Ich habe dich geboren, mein Kind, dich erzogen, und ich liebe dich. Ich will nichts anderes, als das Beste für dich."

Gudrun war ganz weiß im Gesicht geworden und zitterte wie ein Espenblatt.

„Mama soll es bestimmen", sagte sie so leise, dass es kaum zu hören war.

Danach erlaubte sie Sigurður, sie in die Arme zu nehmen. Sigurður beugte sich über sie, um sie zu küssen. Die Tränen liefen ihr die bleichen Wangen hinab, und der Kuss war dumpf und geschmacklos, als ob er eine Leiche küsste.

Bevor Sigurður und Rannveig wieder weggingen, wurde beschlossen, dass alle in Holt und Skál, die ein Pferd besaßen, am nächsten Sonntag zusammen mit dem Paar zur Klausturkirche reiten sollten.

Die Verlobung wurde sofort in beiden Skálhöfen bekannt. Sveinn lächelte verächtlich, als ihm die Geschichte hinterbracht wurde. Er hatte anderes von Gudrun erwartet.

Am nächsten Morgen kam Valgerður an Gudruns Bett und weckte sie. Es war zwar schon heller Tag, aber Gudrun war es gewöhnt, morgens lange zu schlafen, und das war eine ungewöhnliche Störung.

„Steh schnell auf", sagte Valgerður. „Und komm auf den Hofplatz, um zu sehen, was dein Liebster dir gesandt hat."

Gudrun sprang mit verschlafenen Augen aus dem Bett und lief barfuß und im Nachtzeug auf den Hofplatz.

Sie konnte kaum glauben, dass sie wach war. Das, was dort stand, kam ihr vor wie ein Traum.

Auf dem Hof stand ein Pferd, ein Falbe, mit erhobenem Kopf. Schönen Augen und feurig, mit Sattel und allem Drum und Dran. Das Pferd und der Sattel waren reine Kostbarkeiten.

Gudrun kannte den Holts-Bleikur.[14] Rannveigs Söhne hatten ihn aufgezogen und schätzten ihn sehr. Er war schneller und munterer als alle anderen Pferde, dabei aber gut gezähmt und zu lenken. Der alte Olaf in Holt hatte ihn gezähmt. Er war ein bekannter Einreiter.

„Dieses Pferd sollst du besitzen und auf ihm am nächsten Sonntag zur Kirche reiten", sagte Valgerður. „Der Sattel gehört dir ebenfalls. Dazu sollst du dir selber einen Bezug zu deinem Hochzeitstag weben. Es ist das schönste Stück in ganz Síða. Meinst du nicht, dass Siggi dich lieb hat?"

Gudrun rieb sich noch immer den Schlaf aus den Augen. Dann ging sie zu Bleikur. umarmte und streichelte ihn und kraulte ihn hinter den Ohren. Bleikur beroch sie freundschaftlich und suchte in ihren Händen. Mit dieser unerwarteten Freude war es um sie geschehen.

III. Teil

1. Schlechte Vorzeichen

Der Glaube an Vorzeichen beherrschte das geistige Leben im 17. und 18. Jahrhundert. Kein einziges Jahr verging, in dem nicht irgendwelche Vorzeichen oder Vorboten gesehen wurden, und oft waren es sogar mehrere in ein und demselben Jahr.

Diese Vorzeichen erschienen meistens in der Luft, dann in den Flüssen und Seen, manchmal im Meer, aber sehr selten auf der Erde selbst. Berichte von diesen Vorboten breiteten sich im ganzen Land aus, veränderten sich und waren natürlich nicht mehr zu erkennen. Denn inzwischen war etwas zu der Erzählung hinzugedichtet worden, sie war verbessert und verschönt worden und unterschied sich sehr von dem, was sie ursprünglich gewesen war.

Meist war es der Wurm im Lagerfljót,[15] der seinen Buckel aus dem Wasser hob. Das war ein Zeichen für schlechte Zeiten: Vulkanausbrüche, schlimme Winter, Seuchen und dergleichen mehr.

Aber es konnte nicht angehen, dass nur die Fljótsdalleute solch einen Schatz zum Vorhersagen besaßen. Und so kam es, dass jeder Bezirk im Lande zumindest ein Gewässer hatte, wo dergleichen übernatürliche Wesen wohnten.

Der Gullbringjubezirk z.B. hatte den Kleifarvatn, der Borgarfjörðurbezirk den Skorradalsvatn, der Árnesbezirk die heiße Quelle bei Reykir in Ölfus usw. Und der Vestur-Skaftafellbezirk hatte wenigstens die Hólmsá. Aber nicht nur die Wasserwesen wollten beachtet sein. Alle Himmelserscheinungen sprachen eine Zeichensprache mit den Menschen. Sonnenfinsternisse, Mondfinsternisse, Kometen, Meteore, Irrlichter, Schneelichter, Gewitterblitze und Goldwolken – all das waren ernsthafte Erscheinungen, entweder von Gott gesandt, um den Menschen seinen Zorn kundzutun, und dann war sicher, was geschehen wurde, oder vom Teufel, um die Menschen zu verwirren und ihnen einen Schrecken einzujagen. Noch hatte er viel in den Lüften und Gewässern zu sagen. Wenn das der Fall war, brauchte man die Vorzeichen nicht ernst zu nehmen. Doch es war besser, auf alles gefasst zu sein. Aber die Vorsorgemaßnahmen bestanden selten darin, Heu und Essensvorräte zu speichern, sondern im Gebet. Gebete gab es gegen jede Art von Unglück, und die meisten Leute ließen es dabei bewenden.

Zu den vielen Vorzeichen kamen die Träume hinzu. Sie wurden mündlich oder sogar in Briefen von Gemeinde zu Gemeinde getragen, so wichtig nahm man sie. Manchmal erschienen Engel den Menschen im Schlaf und eröffneten ihnen die ganze Wahrheit. Manchmal sahen die Leute mächtige Erscheinungen, ähnlich jenen, von denen im Buch der Offenbarung erzählt wird. Manche Träume waren so kompliziert und merkwürdig, dass es schwer zu erkennen war, aus welcher Welt sie stammten. Aber sie alle wurden erzählt und weitergegeben. Viele Träume waren durch ihre Wanderung von einer Gemeinde zur anderen schon so sehr verändert, dass kein Sinn mehr in ihnen zu finden war. Die Hälfte davon hatte nie jemand geträumt, und es war viel von der ursprünglichen Fassung verlorengegangen. Aber je verrückter der Traum wurde, umso schwieriger war er zu deuten, und umso größer war die Angst der Menschen.

Alle Menschen im Lande glaubten an diese Vorzeichen und dieses Traumdurcheinander. Jene, die sich öffentlich darüber lustig machten und so taten, als ob sie es nicht ernst nahmen, waren keine Ausnahmen. Sie glaubten auch daran, die meisten jedenfalls, wenn sie es auch aus Trotz oder Eigensinn nicht zugeben wollten. Sie wollten klüger erscheinen als die anderen. Die so genannten „gelehrten" Männer folgten dem gemeinen Volk in diesem Glauben. Die größte Anzahl der „bemerkenswerten" Träume kam von den Priestern und Gemeindevorstehern. Die Zahl der Priester übertraf die aller anderen gelehrten Männer um ein Vielfaches, und ihre Ansichten in dieser Angelegenheit wie in anderen bestimmten die Meinung der Menge. Aber die Priester waren der Teil der schulgebildeten Männer, der am dümmsten und am abergläubischsten und deswegen nicht gerade als Anführer geeignet war. Ihre Gelehrtheit bestand hauptsächlich aus Lateinkenntnissen und Bibellesungen. Auf den meisten anderen Gebieten standen sie auf gleicher Stufe mit dem Volke, unfähig zu erwägen und zu ermessen, was und was nicht in den Geschichten, die der Volksglaube geschaffen hatte, auf Wahrheit beruhte. Sicherlich hat es Ausnahmen gegeben. Aber von wichtigen Sprechern der Priesterzunft jener Jahre weiß man mit Sicherheit, dass sie selbst voller Aberglauben waren. In Síða gab es zu dieser Zeit viele Vorzeichengeschichten. In den vergangenen Jahren hatten sich merkwürdige Wasserwesen in den Feðgakvísl in Meðalland eingenistet. Jetzt gingen kraftvolle Geschichten über das Ungeheuer in der Hólmsá um. Es wurde von blutrotem Meer bei den Westmännerinseln erzählt. Eine Geschichte handelte von der Meergalle, die sich irgendwo im Norden niedergelassen hatte, das war ein Regenbogenende, das bei klarem Wetter aus der See herausragte. Alle Seeleute beschwerten sich über Raubwale in den Fanggründen. Große, merkwürdige Fliegen, die versuchten, in die Menschen hineinzugelangen, wurden in vielen Gemeinden gesehen. Die Pferde fraßen sich gegenseitig die Schweife ab und wühlten in Abfallhaufen und ähnlichem Dreck. Das war alles sehr interessant, und wenn man es mit den Träumen verglich, musste es etwas prophezeien! Und dann wurden die Zeichen für die Síðaleute noch deutlicher. Ein Gewitterblitz fuhr in das Lämmerhaus in Oddar in Meðalland. Er spaltete einen Stutzbalken, und sein Mark war verkohlt wie von glühendem Eisen. Und jetzt endlich wurde die schreckenerregende Geschichte bekannt, dass in Hunkubakkar ein Lamm geboren sei, das statt der Hinterzehen Greifvogelklauen habe. Manche meinten, dass das Lamm Klauen anstelle aller Zehen an allen vier Füßen habe und außerdem einen Raubvogelschnabel statt der Nase, und diesen wurde auch geglaubt. Darüber und über ähnliches mehr wurde viel geredet, und jedesmal kam etwas Neues hinzu. An einem Sonntag im Winter hatte Séra Jón Steingrimsson in der Klausturkirche eine ungewöhnlich scharfe Predigt gehalten und die Leute wegen Gottlosigkeit und schlechten Kirchenbesuchs angeklagt. Neun Messetage hintereinander war der Gottesdienst ausgefallen, weil zu wenige gekommen waren, aber diesen Sonntag war die Kirche voll. Er hatte sich einige Worte aus dem Buche Jesaja, 30. Kap. 30. Vers, als Predigttext gewählt: *...und der Herr wird seine herrliche Stimme schallen lassen, dass man sehe seinen ausgereckten Arm mit zornigem Drohen und mit Flammen des verzehrenden Feuers, mit Wolkenbruch und Hagelschlag.*

Jetzt wurde in der Gemeinde erzählt, dass Séra Jón diesen Text nach einem Traum gewählt habe.

Und zuletzt kam die Geschichte, dass Feuerkugeln auf der Erde bei Steinsmýri gesehen worden waren. Für die Landstreicher in Síða waren alle diese Vorzeichengeschichten ein gefundenes Fressen. Sie gingen nicht mit leeren Händen von Hof zu Hof, wenn sie solche Ware anzubieten hatten. Sie erzählten die Geschichten mit beispielloser Ehrfurcht, als ob sie Gottes Wort verkündigten, wenn sie jemanden trafen, der ihnen glaubte, und verspotteten und verhöhnten die Ungläubigen. Die meisten lebten vom Weitergeben der Erzählungen, und sie legten vor allem Wert darauf, dass die Geschichten gefielen. Es war nicht so tragisch, dass sich die Geschichte auf diese Weise etwas verbesserte.

Der Vorzeichenglaube in Síða dieses Frühjahr hatte zum Teil natürliche Ursachen, wenn sie der Allgemeinheit auch unklar waren. Die Natur war in Umwälzungen begriffen, deren die Menschen gewahr wurden, die sie aber nicht kannten und nicht verstanden. Vieles war anders, als es die Leute gewohnt waren. Die Flüsse, die vom Skaftárjökull kamen, hatten ungewöhnlich hässliche Farben und verbreiteten Gestank. Der Dunst in der Luft erinnerte ein wenig an den Feuerdunst von weit entfernten

Ausbrüchen. Manchmal spürte man ganz leichtes Erdbeben. Und wenn die Erde nicht bebte, konnte man sonderbare Geräusche tief aus der Erde hören, die manchmal an schweres Schnarchen, manchmal an das Brüllen eines Stieres, bei dem die Erde erzitterte, erinnerten. Manchmal waren diese Töne weit zu hören, als ob sie aus der Luft kämen, und glichen dann weit entferntem Schwanengeschrei oder Glockenklang. Selbstverständlich wurde das Luftgeistern und Erdteufeln angedichtet. Aber die, die diese Erklärungen nicht gelten lassen wollten, standen ratlos da. Einige meinten, Erdwärme in den Sprüngen und Lavaspalten gespürt und es aus der Erde dampfen gesehen zu haben. Die Tiere schienen dergleichen auch bemerkt zu haben und waren oft wie abwesend.

All das erfüllte die Menschen mit Angst und Furcht und wurde in ihrer unruhigen Einbildung zu jenen sonderbaren Verzerrungen der Tag- und Nachtträume, von denen hier erzählt wurde.

2. Die Frau in der Schlucht

Vigfús konnte sich nicht erklären, weshalb Gudrun an jenem Tag nicht zu ihm auf die Weide gekommen war, wie sie es versprochen hatte. Den ganzen Tag dachte er darüber nach und beschuldigte und entschuldigte sie abwechselnd. Am Vormittag kam ein Mann von Skál nach Holt. Vigfús sprach ihn draußen an und fragte, ob in Skál jemand krank geworden sei. Der Mann sah ihn verwundert an und verneinte. Wieder hatte Vigfús keine Ahnung davon, dass dieser Mann Hallbera zu der geheimen Beratung bitten sollte. Nachdem Vigfús sich vergewissert hatte, dass Gudrun gesund war, fand er, dass sie keine Entschuldigung mehr habe. Und jetzt entlud sich all seine Enttäuschung gegen sie. Sie war nicht aus Gold und Steinen, wie der alte Olaf von dem Geschlecht gesagt hatte, sondern nur aus Steinen, losem Geröll, das anfing zu rutschen, wenn man es berührte. Sie war leichtfertig und haltlos, spielte mit den heiligsten Gefühlen der Menschen und stieß sie dann von sich.

Doch jetzt fühlte er mehr denn je zuvor, wie sehr er sie liebte. Und alle seine Anschuldigungen wurden kraftlos bei dem Gedanken, dass sie ihm doch noch treu sei und ihn vielleicht aus irgendwelchen Gründen nur nicht erreichen könne.

Guðfinna merkte, dass etwas mit Vigfús nicht stimmte. Er war den ganzen Tag zu Hause, aber völlig abwesend und bemerkte es kaum, wenn man etwas zu ihm sagte. Sie versuchte auf allen möglichen Wegen, ihn zum Sprechen zu bringen und herauszufinden, was er dachte, aber es blieb ohne

Erfolg. Am Abend schlug sie ihm vor, nach Hunkubakkar zu gehen, um das berühmte Lamm mit den Greifvogelklauen zu sehen. Vigfús ging darauf ein. Es war ein langer Weg nach Hunkubakkar, und er bedurfte der Einsamkeit. Auf diesem Weg konnte er mit seinen Gedanken allein sein. Da war keiner, der mit ihm sprechen und ihn stören würde. Er erreichte Hunkubakkar und fragte einen Mann, den er kannte, nach dem Lamm. Der Mann lachte und deutete auf ein Lammfell, das an die Hofwand gespannt war. Das berühmte Lamm war tot, und dort war sein Fell. Die Füße waren verschwunden, vermutlich in die Mäuler der Hunde. Diese Missgestaltung des Lammes sei zum großen Teil bloß ersponnen, sagte der Mann. Die Hinterzehen seien ziemlich lang und schwarz gewesen, das sei alles. Der Hauptanlass zu dieser Geschichte sei der, dass eine der Mägde auf dem Hof halb im Spaß gemeint habe, dass sie aussähen wie Greifvogelklauen. Dann sei einer nach dem anderen gekommen, um nach dem Lamm zu fragen und zuletzt sei sogar der Priester erschienen, aber da sei das Tier bereits tot gewesen. Die Leute auf dem Hof hätten sich köstlich darüber amüsiert.

Vigfús wurde durch diese Erklärung etwas beschämt. Er blieb kurz in Hunkubakkar und kehrte vor dem Schlafengehen nach Hause zurück. Er ging abwesend durch die Stille der Frühlingsnacht und achtete nicht auf den Weg. In seinen Gedanken wälzte er immer noch das Rätsel, ob Gudrun Alexandersdóttir ihn liebte oder nicht. Plötzlich drang ein sonderbares Geräusch an seine Ohren, das ihn aus seinen Gedanken aufschreckte. Es glich Glockenklang aus weiter Ferne und gleichzeitig einem tiefen Pfeifen. Es hatte einen milden und sanften Klang wie das Flüstern weicher Worte. Aber er konnte nicht herausfinden, aus welcher Richtung es kam. Er blickte sich um. Er stand am Tor der Fjaðurárschlucht. Der Fluss rauschte vor seinen Füßen.

Das Geräusch schien aus der Schlucht zu kommen. Deshalb verließ er den Weg und ging an den Rand der Schlucht.

Die Fjaðurá hatte sich ein tiefes Bett den Berg hinunter gegraben. Die Schlucht war viele Mannslängen tief. Die Felsen standen senkrecht in allen möglichen verrückten Gestalten wie eine Gruppe von Trollen. An ihren Füßen lief der Fluss, wenig größer als ein Bach. Als Fúsi an die Schlucht kam, hörte er das Rauschen des Wassers in der Tiefe und außerdem das gleiche Geräusch wie vorher. Er hörte es genauso deutlich wie vorher trotz des Rauschens und wusste genauso wenig wie vorher, was es sein könnte. Es kam nicht aus der Schlucht.

Ganz langsam näherte er sich dem Abbruch und betrachtete diese stummen Felsen, die dort in langen Reihen standen, jeder in seiner eigenen Gestalt, ernst und geheimnisvoll.

Viele sonderbare Geschichten hatte er von dieser Schlucht gehört, denn hier sollten Huldren wohnen. Er glaubte zwar nicht besonders an solche Geschichten, aber trotzdem hatte er eine gewisse Scheu vor der Schlucht.

Als er an den Rand kam, sah er etwas, was ihn sehr überraschte.

Auf einem Grasflecken zwischen den Felsen saß eine Frau. Sie saß schweigend da und kehrte ihm den Rücken zu.

Diese Frau war – seine Stiefmutter.

Einen Augenblick stand er wie vom Blitz getroffen. Dann stürzte er in Panik weg von der Schlucht, und die Frau verschwand hinter der Kante.

Auf den Höhen oberhalb von Holt legte er sich nieder, um sich zu beruhigen. Dieser Anblick hatte ihm einen gewaltigen Schrecken eingejagt. Er überlegte, ob er recht gesehen habe, ob das seine Stiefmutter gewesen sei und was sie wohl dort zu schaffen habe. Aber wenn sie es nicht gewesen war, dann war es sicher eine Huldrenfrau gewesen. Und das dünkte ihn wahrscheinlicher. Und jetzt konnte er sich auch das Geräusch erklären. Die Huldrenfrau hatte ihn zu sich locken wollen. Trotzdem wurde er den Gedanken nicht los, dass es doch seine Stiefmutter gewesen sein könnte. Ihr war alles zuzutrauen. Kein Mensch konnte ihre Pläne und Wege erraten. Und seitdem er nach Hause gekommen war, war sie so merkwürdig gut und sanft zu ihm gewesen, wie nie zuvor. Das beunruhigte ihn ebenfalls. Das konnte etwas bedeuten.

Eine Zeitlang lag er still und dachte darüber nach, während das Herzklopfen, das er an der Schlucht bekommen hatte, verschwand. Dann ging er hinunter zum Hof. Auf dem Hofplatz stand ein angebundenes Pferd, von dem er wusste, dass es aus Skál war. Auf ihm war ein Damensattel. Der Hof von Rannveig stand offen. Da musste der Gast sein. Die Hoftür. die er benutzen musste, war zu, aber nicht verschlossen. Als er in die Badestube kam, lag seine Stiefmutter im Bett und schlief. Er ging an sein Bett und legte sich nieder, konnte aber lange nicht einschlafen.

3. Die Schlinge

Selig sind die Träume verliebter Menschen. Da stellen sich keine Hindernisse vor die Liebe. Da ist alles wie im Märchen. Vigfús wusste nicht, wie lange er geschlafen hatte, aber Träume, einer heller und sanfter als der andere, trugen ihn auf ihren Schwingen. Er war an einem unbekannten Ort, irgendwo, wo es hell und schön war. Da kam Gudrun ihm entgegen, schwebend, lächelnd, mit offenem Haar und nacktem Hals, voller Schalk und Fröhlichkeit.

Wieder stand er an den Stromschnellen. Da sah er Gudrun in der Strömung.

Sie streckte ihm die Hände entgegen und bat um Hilfe.

„Jetzt hat sie wieder ein ungezähmtes Pferd geritten", dachte er bei sich, als er sich in den Fluss stürzte. Es gelang ihm, sie zu ergreifen, und er war sicher, dass er sie retten könne, dabei erwachte er.

Aber er war nicht lange wach. Sofort träumte er wieder.

Er lag irgendwo draußen auf einem schönen, blumenbedeckten Platz und wartete auf Gudrun. Sie kam. Er merkte es, schloss aber die Augen und tat so, als ob er schliefe. Sie kam naher an ihn heran, langsam und leise, bis sie ganz dicht bei ihm war. Da beugte sie sich über ihn und flüsterte: „Vergib mir!"

Dann küsse sie ihn. Er schlang seine Arme um sie und drückte sie fest an sich. Dabei erwachte er.

Aber das war nicht Gudrun, die er in seinen Armen hielt, sondern – seine Stiefmutter. Zuerst erschrak er. Er ließ sie los, als ob er sich verbrannt hätte, drehte sich halb unbewusst an die Wand und versuchte, wieder einzuschlafen. Er wollte nichts von den seligen Träumen missen.

Durch den Schleier des Schlafes sah er einen fetten, weißen Arm auf seiner Brust und einen runden Hals und nackte, fette Brüste an seiner Seite liegen. Er fühlte, wie sich die ungewohnte Körperwärme nackter Haut um ihn legte. Er achtete nicht darauf, sondern versuchte, sich dem zu entziehen. Das war nicht das, wonach er sich sehnte. Das war nicht das, wovon er geträumt hatte. Es weckte nur Ekel in ihm. Er sah nicht, wie jeder Nerv in diesen weißhäutigen, weißen Muskeln vor Lust und Erwartung zitterte. Er bemerkte nicht, wie kurz die Atemzüge waren und brennend heiß, wie bei einem Fieberkranken. Er drehte sich weg und suchte wieder die Gnade des Schlafes.

„Es geht mir so schlecht – ich habe so schlecht geträumt", flüsterte Guðfinna.

Die Stimme zitterte, und die Worte waren zerrissen.

„Ich hatte solche Angst, als ich aufwachte. Fühlst du nicht, dass ich zittere wie Espenlaub? Erlaube mir, bei dir zu liegen, bis ich mich wieder beruhigt habe. Oh, ich wünschte, ich dürfte jede Nacht bei dir schlafen."

Vigfús hörte das durch den Schlaf, antwortete aber nichts.

„Ich träumte, dass ich hier draußen wartete. Da sah ich Pferde, die auf den Hinterbeinen standen, auf allen Hügeln westlich des Flusses. Manche waren braun, andere hell. Sie waren alle aufgeregt und wild. Dann stürzten sie sich die Hänge hinunter und brachen in den Hof, alle in einer Reihe. Ich wachte dabei auf, als sie den Hof über uns zerstampften."

Vigfús atmete langsam und gleichmäßig, als sei er wieder eingeschlafen.

„Aber bei dir habe ich keine Angst. Erinnerst du dich, als du ein kleiner Junge warst? Da schliefest du bei mir. Du schliefst bei mir, bis du elf Jahre alt warst. Hast du je gemerkt, wenn ich mich aus dem Bett von dir zu deinem Vater gestohlen habe? Er erlaubte mir, bei ihm zu schlafen, obwohl wir nicht verheiratet waren. Jetzt kommt er nie wieder heim. Jetzt habe ich niemanden auf der Welt als dich. Sei gut zu mir! Wir können glücklich zusammenleben, auch wenn wir nicht gleich alt sind. Du weißt nicht, wie heiß ich dich begehrt habe. Sieh dich um hier zu Hause. Siehst du nicht, wie sauber alles ist und rein? Das alles habe ich deinetwegen getan. Ihr Männer schätzt das nicht hoch ein, aber was soll ich sonst noch für dich tun? Alles, was ich kann, will ich tun.

Aber sei gut zu mir – sei gut zu mir!“

„Scher dich fort, du teuflische Hexe!“

Vigfús stieß seine Stiefmutter mit aller Kraft aus dem Bett.

Erst hatte er gedacht, dass sie die Wahrheit über ihre Angst gesagt habe und dass ihr Kommen harmlos sei. Jetzt wusste er, was sie wollte.

Guðfinna stieß hart gegen den Bettpfosten und den Tisch, der zwischen den Betten stand. Er sah, wie sie sich an ihren Hals und Arm fasste, als sie in ihr Bett stieg.

Durch dieses Ereignis war aller Schlaf von Vigfús gewichen. Eine Weile lang hörte er, wie seine Stiefmutter schweigend im Bett lag und tief und schnell atmete, als ob sie platzen wollte. Dann erfasste sie ein unbeherrschtes Schluchzen, bitter, krampfartig und enttäuscht, so dass es sie schüttelte.

Er fühlte, dass er in dieser Nacht nicht mehr schlafen würde. Er zog sich deshalb an und verließ den Hof.

Da war es bereits Morgen und bestes Wetter.

4. Die Zurückgestoßene

Guðfinna weinte, bis sie müde und kraftlos war. Sie musste sich eingestehen, dass sie es sich teilweise selbst zuzuschreiben hatte, wie die Sache für sie ausgegangen war. Sie hatte den Bogen zu straff gespannt, und nun war er geborsten. Sie hatte zuviel gewagt, und das konnte nicht gelingen.

Viele Jahre hatte sie darüber nachgedacht, auf welche Weise sie ihren Stiefsohn von sich abhängig machen könnte, wenn er ihr über den Kopf wüchse, so abhängig, dass sie ihn völlig beherrschen könnte, wie vorher seinen Vater. Und immer war sie zu dem gleichen Ergebnis gekommen. Es gab keinen anderen Weg, als ihm seine Unschuld zu rauben – ihn sich mitschuldig zu machen in einer Angelegenheit, die Folgen haben könnte. Ein Jüngling, der dergleichen auf seinem Gewissen hatte, war sicher leicht zu allem zu bewegen, sogar dazu, sie zu heiraten. Aber warum hatte sie nicht eher damit begonnen? Worauf hatte sie gewartet? Jetzt war Vigfús ihr entwachsen. Und nun hatte eine andere seine Gedanken in Besitz genommen, so dass sie nichts mehr durchsetzen konnte. Bis jetzt war ihr Zusammenleben ohne Schwierigkeiten verlaufen, wenn es auch nie gut gewesen war. Sie konnte sich vorstellen, wie es von nun an sein würde.

Jetzt gähnte eine Kluft zwischen ihnen.

Sie hatte ihn zwar vorher nicht geliebt. Sie liebte vor allem sich selbst. Er war nur ihr Auserwählter gewesen.

Jetzt hasste sie ihn.

Im Überschwang ihrer Erbitterung und Erniedrigung schwor sie den brennenden Eid, sich an ihm zu rächen – oder ihn sogar zu töten.

Vigfús stürzte barhäuptig hinaus in die Morgenkühle, und die frische Luft stärkte und erfrischte ihn. Er fühlte eine unaussprechliche Freude darüber, der Versuchung widerstanden zu haben. Es verlangte ihn, den Tälern und Bergen zuzuflüstern: Ich war meiner Liebe treu!

Er hatte seine Stiefmutter nie gemocht. Seit langem hatte er gemerkt, wie sie hinterlistig und falsch mit ihm spielte, und er wusste nicht, wie er das verstehen sollte. Jetzt verabscheute er sie.

Nun wusste er, was sie wollte.

Er wusste auch, dass sie ihm das nicht vergessen und auf Rache sinnen würde. Aber er hatte keine Angst vor ihr.

Und nie wieder würde sie zu ihm in seine Liebesträume schleichen und versuchen, ihm seine Unschuld zu rauben.

Als es Zeit zum Aufstehen war, ging er wieder in die Badestube. Da war seine Stiefmutter immer noch in ihrem Bett. Sie hatte aufgehört zu weinen und lag schweigend da mit zusammengekniffenen Lippen und böser Miene. Er beachtete sie nicht, sondern setzte sich auf sein Bett.

„Jetzt weiß ich, wer das ist, an den du denkst", sagte Guðfinna und ihre Worte waren voll tödlichen Hasses.

„Die reichste Jungfrau – haha! Nicht verwunderlich, dass du so stolz bist!"

„Was hast du gestern in der Schlucht gemacht?" stieß Vigfús verächtlich hervor.

„Das geht dich nichts an. Ich habe vielleicht mehr Freunde, als du denkst.

Aber – pass auf, was du am Sonntag sehen wirst.“

Nachdem sie das gesagt hatte, warf sich Guðfinna ihre Kleider über und ging nach vorn in den Hof an ihre Morgenarbeit. Vigfús sah ihr mit fragenden Augen nach.

5. Der Kirchenritt

Am Sonntag, dem 1. Juni 1753, begannen jene Erdbeben, die die Vorboten der großen Ausbrüche waren, welche dieses Jahr vor allen anderen in der Geschichte des Landes auszeichnen.

Den ganzen Tag bebte es, dazwischen heftige Stöße, so starke, dass es in den Häusern knackte und lose Gegenstände herunterfielen. Steine rutschten von den Bergen, und Bäche flossen über ihre Ufer. Häuser verzogen sich, manche fielen zusammen, aber es entstand kein großer Schaden. Ungefähr um 9 Uhr morgens kam der erste und stärkste Stoß Danach war den ganzen Tag bis in die Nacht hinein keine Ruhe. Und die ganze nächste Woche kamen ab und zu Stöße und Beben.

An diesem Sonntag sollte der gemeinsame Kirchritt von Skál und Holt nach Kirkjubæjarklaustur stattfinden.

Am Vormittag kamen fünf Reiter von Skál und ritten in Richtung Holt. Es war eine Augenweide, die Gruppe im Westen der Holtstäler zu sehen. Den Pferden wurde auf diesen schönen Gründen erlaubt, ordentlich zu laufen. Hinter der Gruppe stiegen Staubwolken von den sandigen, trockenen Pfaden bis zu den Abbrüchen des Skálarfjalls empor. Sie verschwanden hinter den Hügeln und kamen gleich wieder hervor. Manche Pferde galoppierten, die anderen gingen Pass. An der Spitze lief Bleikur von Holt mit Gudrun auf dem Rücken. Er war nun zwei Tage in Skál gewesen und fand, dass das mehr als genug sei. Es war offensichtlich, dass er hier bestimmte und nicht Gudrun.

In Holt waren fast alle auf den Hofplatz gekommen, um diesem prachtvollen Vergnügungsritt zuzusehen. Vigfús war auch dort, aber seine Stiefmutter nicht. Am Pferdestein waren die Pferde der Holtsleute angebunden. Rannveig, ihre zwei Söhne und Hallbera Alexandersdóttir standen dort ebenfalls bereit zum Aufsitzen.

Von Skál kamen Gudrun, ihre Mutter Valgerður, ihr Bruder Sveinn, þórarinn Isleiksson und þóra, seine Frau. Gudrun war heiß und rot nach dem Galopp und ihre Augen leuchteten vor Lust und Freude. Ihr Haar hatte sich aus den Bändern gelöst und flatterte lose unter dem Hut. Sie saß aufrecht im Sattel wie eine Königin und blickte lachend zu der anderen, die zurückgeblieben waren. Bleikur watete langsam durch den Fluss, damit es nicht allzuviel spritzte. Dann sauste er los und galoppierte bis auf den Hofplatz. Dort blieb er stehen, schweißnass und aufgeregt, und schnupperte fröhlich und freundlich an seinen alten Bekannten, als ob er ihnen sagen wollte: Befreit mich jetzt von dem, was ich auf dem Rücken trage, ich habt es doch gut gemacht.

Die Leute von Skál wurden von Rannveig und ihren Söhnen mit größter Herzlichkeit empfangen. Rannveig ging zu Gudrun und grüßte sie mit einem Kuss. Gudrun ließ sich halb in ihre Arme fallen und umarmte sie wie eine liebe Mutter. Dann ging Sigurður zu Gudrun und wollte sie vom Pferd heben. Das wollte sie nicht, umarmte ihn aber wie vorher seine Mutter und dankte ihm für das Geschenk.

Die Verlobung war jetzt kein Geheimnis mehr zwischen Freunden und Verwandten, und Glückwünsche regneten auf das Brautpaar. Gudrun konnte gar nicht all die Hände drucken, die ihr gereicht wurden, und die Frauen wollten sie von oben bis unten abküssen.

Die Leute von Skál sahen, dass die Mitreitenden reisefertig waren, so dass niemand vom Pferd stieg und sich lange aufhalten wollte. Die kurze Zeit, die sie auf dem Hofplatz standen, wurde vor allem über den Erdbebenstoß, der am Morgen gekommen war, gesprochen. Einer fiel dem anderen ins Wort. Und dabei ließen die Männer ihre Flachmänner die Runde machen. Die durften bei keinem Kirchritt fehlen. Und die Satteltaschen zeigten, dass sie wieder aufgefüllt werden konnten, wenn sie sich leeren sollten. Alle waren auch gut mit Essen versehen.

Vigfús stand wie angegossen an der Hofwand, abwechselnd bleich und rot im Gesicht. Niemand achtete auf ihn – außer Gudrun. Sie blickte ab und zu zu ihm hinüber, wenn niemand auf sie achtete.

Dann ritt die ganze Gruppe los, und nach kurzer Zeit war sie im Osten der Hochebene verschwunden.

Um sechs Uhr nachmittags kamen die Leute von der Kirche zurück.

Þórarinn Isleiksson war in so guter Laune, dass er den ganzen Weg nach Osten an den Hängen entlang laut alte Vikivakalieder[16] sang. Er hatte eine kräftige Stimme, und der Gesang war weithin zu hören. Sveinn Alexandersson hielt sich gerade auf dem Pferd, und man merkte kaum, dass er Wein getrunken hatte, nur war er lauter als sonst. Aber Sigurður, dem Frischverlobten, ging es schlechter. Er sagte nicht viel und schwankte auf dem Pferd hin und her. Kurz vor Holt fiel er herunter und erbrach sich dabei. Seine Mutter blieb mit ihm zurück und half ihm. Die Braut war vorausgeritten und hatte nichts gemerkt.

Gudrun war nicht so fröhlich wie am Morgen. Sie ärgerte sich darüber, wie Sigurður sich benahm, obwohl sie nicht einmal das Schlimmste gesehen hatte, und dann war sie mit Þórarinn Isleiksson auf dem Wege zusammengeraten, weil er Sigurður zu trinken gab. Þórarinn hatte sie geneckt und bis zur Weißglut geärgert und Sigurður noch mehr zu trinken gegeben. Aber der Hauptgrund für ihre schlechte Laune war allen Mitreitenden unbekannt. Sie hatte Vigfús gesehen und gemerkt, wie sehr er sich das, was er sehen musste, zu Herzen nahm. Doch sie hatte ihre Gefühle so gut im Zaume gehabt, dass sowohl ihre Mutter als auch deren Schwester davon überzeugt waren, dass ihr nichts mehr an Vigfús liege.

Es waren nicht mehr so viele Leute wie am Morgen auf dem Hof in Holt, als sie dorthin von der Kirche zurückgeritten kamen. Trotzdem wurden sie gut empfangen. Der alte Olaf kam barhäuptig zu ihnen auf den Hofplatz und lud sie zu sich in die Stube ein. Er hatte „Gottes Segen" zuhause bekommen, so dass er guter Laune und ziemlich angeheitert war. Hinter ihm erschien seine Frau, Ragnhildur, und bekräftigte die Einladung. Sie war vom Alter gebeugt und nie hübsch gewesen, aber gutmütig und großherzig. Sie sagte, dass der Tisch in der Stube gedeckt sei, so dass es sie nicht lange aufhalten werde, aber Hunger hätten sie wohl alle nach solch einem Ritt.

„Ja, der Magen wird nicht voller durch diesen so genannten Gottessegen, den man in der Kirche bekommt", fügte Olaf hinzu.

Die Leute nahmen die Einladung dankend an, vor allem, weil Rannveig nichts dergleichen hatte vorbereiten können, da sie mit zur Kirche geritten war.

Die Pferde wurden auf dem Hofplatz angebunden, an einen schönen, fünfeckigen Felsblock aus der Holtsborg. der hierher geschafft worden war, um als Pferdestein zu dienen. Dann gingen alle in die Stube.

„Was hat er heute gesagt, der Gute?" fragte Olaf, als sie eingetreten waren.

„Das war irgendein lächerliches Geschwätz über den Tröster", sagte Þórarinn grob.

„So etwas sagt man doch nicht", meinten die vier alten Frauen gleichzeitig.

„Es war eine ausgezeichnete Rede", sagte Rannveig mit frommer Miene, „wie immer bei Séra Jón Steingrimsson!"

„Das kann gut sein, ich habe nichts behalten", sagte Þórarinn ein bisschen sanfter als vorher.

„Er hat uns also nicht mit Feuer und Schwefel gedroht wie im Winter", sagte Olaf.

„Nein", sagte Sveinn. „Jetzt hat er uns wegen Sauferei beschimpft."

„Uns nicht", warf Þórarinn ein.

„Na siehst du. Du hast also doch etwas von der Rede behalten", sagte Sveinn.

„Er hat uns am wenigsten ausgeschimpft. Eins war gut, was er sagte. Er meinte, es gehe zu weit, dass manche Priester ihr Amt nur vollziehen könnten, wenn sie dabei zwei- bis dreimal einen Schluck Branntwein nehmen müssten. Er nannte keine Namen – aber es wurde verstanden."

Alle wussten, dass Séra Jón Steingrimsson mit diesen Worten seinen Nachbarpriester, Björn Jónsson in Hólmasel in Meðalland, gemeint hatte, der für seine Trunksucht bekannt war. Schon mehrmals hatten die Leute die Worte Séra Jóns als an ihn gerichtet verstanden, ihre Beziehungen waren sehr kühl. Aber man war sich nicht darüber einig, ob Séra Jón als Probst nicht andere Wege gehen könnte, um seinen Nachbarpriester zu maßregeln, als von der Kanzel, wenn es auch versteckt war.

„Er hatte vielleicht eine Eingebung bekommen, so etwas zu sagen", sagte Sveinn spöttisch.

Damit waren die Träume Séra Jóns gemeint, von denen so viel im Lande geflüstert wurde.

„Er bekommt seine Eingebungen von – dem Alten", sagte Þórarinn kühl.

„Þórarinn, wie kannst du nur so unvorsichtig reden", sagte Þóra, seine Frau.

„Warum? Sagen die Priester nicht, dass er sich in die helle Gestalt eines Engels verwandeln könne? Kann es nicht sein, dass Séra Jón ihn in dieser Gestalt kennt?"

„Nein, jetzt ist es aber genug", sagte der alte Olaf ernst. „Der Verführer kommt nicht so zu Séra Jón, darauf kann ich schwören. Séra Jón ist ein frommer Mann, aufrichtig und ehrlich, obwohl er manchmal harte Worte gebraucht und unnötig viel redet. Und er ist ein weitherziger Mann. Das wird sich am besten zeigen, wenn einmal schlechte Zeiten kommen."

Das Gerede über Séra Jón Steingrimsson war damit beendet. Und jetzt neigte sich das Gespräch anderen Dingen zu. Gudrun saß niedergeschlagen und nachdenklich da. Sigurður war in einer Ecke eingenickt und schlief so fest, dass man ihn kaum wecken konnte, um mit den anderen zu essen.

6. Bleikur

Die Melkzeit war schon vorüber, als die Skálleute von Holt aufbrachen. Das zukünftige Schwiegervolk ritt mit ihnen und wollte sie bis nach Skál begleiten. Sigurður war wieder soweit nüchtern, dass er sich aufrecht halten konnte. Und gleichzeitig besserte sich Gudruns Laune.

Aber Bleikur war ungezogen. Er wollte nicht von Holt weg. Er war dickköpfig und launisch, sogar faul und wollte selbst bestimmen, wohin er ging. Aber trotzdem konnte er es nicht vertragen, dass irgendein Pferd an ihm vorbeilief.

Im Westen der Holtstäler ging es in ordentlichem Galopp. Aber als sie unterhalb des Skálarfjalls ritten, kam ein Erdbebenstoß. Er war viel heftiger, als all jene vorher, während die Leute unterwegs waren. Es war gut zu sehen, wie die Wellen von Nord-Osten nach Süd-Westen durch die Erde liefen. Der Skálarfjall bebte, als ob er sich auf die Leute stürzen wollte. Die Lavahügel zitterten, hoben und senkten sich wieder, und aus manchen stieg bläulicher Dampf.

All das ängstigte die Menschen. Ihnen wurde schwindelig, und die Frauen stießen Schreie aus vor Schrecken. Die Pferde liefen langsamer und unsicher in der Spur. Dann blieben sie plötzlich stehen und standen still wie festgewurzelte Felsen. Als das Beben vorbei war und man sie wieder weitertreiben wollte, zitterten sie vor Furcht, schnaubten, und es fehlte nicht viel, dass sie gescheut hätten.

Am meisten traf dieses Ereignis Bleikur. Als das Erdbeben begann, stürzte er auf die Knie, sprang aber ganz schnell wieder auf und stand still wie die anderen Pferde. Als es sich beruhigte, schlug Gudrun ihm die Gerte in die Lende. Bleikur stieg halb hoch auf die Hinterbeine und schnaubte. Dann lief er los quer über den Weg, lief, so schnell ihn seine Beine trugen und war nicht zu halten. Die Holtsgärten waren ihm im Wege. Dort wuchsen die Bulte dicht an dicht, und es war kaum möglich, da zu laufen. Bleikur schoss blindlings die Bulte hinauf und sprang über die Spalten zwischen ihnen, rannte die Rinnen hinunter und wieder hinauf auf den nächsten Bult.

Gudrun wäre fast vom Pferd gefallen, als Bleikur zum erstenmal gestürzt war. Danach hielt sie sich fest und war auf alles vorbereitet. Jetzt kam es ihr zugute, dass sie an Pferde gewöhnt war und oft Ungezähmte geritten hatte. Worüber Bleikur auch lief, sie erschrak nicht, und war sicher, dass sie oben bleiben würde, solange er noch auf den Beinen stehen konnte. Sie hatte am meisten Angst, dass er sich die Beine in der Lava brechen und hart niederschlagen oder sich in den Bulten den Hals brechen könnte.

Wie dieser Ritt auch immer enden würde, er war schrecklich, solange er andauerte. Bleikur schien immer scheuer und verrückter zu werden, je weiter er lief. Als er aus den Bulten herauskam, war ihm die Skaftá im Wege. Da blieb er endlich einen Moment stehen. Gudrun nutzte die Gelegenheit und sprang herunter. Bleikur schreckte im gleichen Augenblick zur Seite. Dann galoppierte er, so schnell er konnte, den Fluss hinauf. Gudrun kam stehend hinunter und landete auf hartem Boden. Der Aufprall war so hart, dass sie hinfiel, aber sie sprang gleich wieder auf. Sie stand eine Weile verwundert und verwirrt. Gleich danach ging etwas Seltsames in ihrem Kopf vor. Ihr wurde schwindelig, erst nur ein wenig, und dann war ihr, als ob eine Ader im Kopf laut poche. Sie sah merkwürdige Funken um sich herum, und ihr wurde unwohl. Eigentlich hatte sie keine Schmerzen, doch sie bekam Angst. Sie schrie so laut sie konnte. Dann blickte sie hinunter und verlor das Bewusstsein.

Die anderen waren ihr nachgeritten, so schnell ihre Pferde konnten, und erreichten sie gleich, nachdem sie ohnmächtig geworden war. Einige verfolgten Bleikur, und die anderen kümmerten sich um Gudrun. Kaltes Wasser wurde geholt und über sie gegossen. Und bald kam sie wieder zu sich.

Sie hatte sich nichts gebrochen oder aufgeschrammt, und man sah ihr nichts an, aber trotzdem war sie kraftlos und das Stehen fiel ihr schwer.

Als sie um sich blickte, sah sie, dass sie nun an genau derselben Stelle war, an der Vigfús und sie sich meistens getroffen hatten. Weder von Skál noch von Holt konnte man hierher sehen. da die Gärten die Stelle verdeckten, und sie sagte mit tiefem Seufzer: „Das passt mehr als gut zusammen."

Sie wollte nicht sagen, was sie damit meinte, sondern setzte sich nieder und fing an, bitterlich zu weinen. Ihre Mutter hörte auf, sie zu fragen, denn sie konnte sich ungefähr denken, was sie gemeint hatte. Sigurður war mitsamt den Frauen bei ihr, und auch er begann zu weinen.

Endlich war es Þórarinn und Sveinn gelungen, Bleikur einzufangen. Er war zwar in die Zügel getreten und hatte sie zerrissen, hatte aber den Sattel nicht abgeschüttelt. Er war klatschnass vor Schweiß und zitterte immer noch vor Angst. Gudrun wollte nicht mehr auf ihn steigen. Der Damensattel wurde abgenommen und ein Herrensattel aufgelegt. Ihr Bruder Sveinn tauschte mit ihr das Pferd. Er hatte keine Angst vor Bleikur, wenn er auch unter ihm scheuen würde. Er wünschte sich sogar insgeheim, dass er es täte, denn dann konnte er ihm zeigen, wer von beiden derjenige sei, der zu bestimmen hätte.

Gudrun stieg aufs Pferd, traute sich aber nicht, mehr als Schritt für Schritt zu reiten. Sie war blass wie der Tod und sagte kein Wort. Sie sah immer noch die Funken, wenn sie zur Erde blickte, erzählte es aber niemandem, damit sie nicht ausgelacht würde. Dieses Ereignis hatte alle Fröhlichkeit des Rittes verscheucht. Aber als die Leute merkten, dass nicht mehr passiert war, lebte die gute Laune wieder auf. Es kam so oft vor, dass Männer oder Frauen auf gemeinsamen Ritten vom Pferd fielen, und da man Gudrun nichts ansehen konnte und sie nichts gebrochen hatte und nicht zerschunden war, konnte man nichts anderes sagen, als dass sie bei diesem „Todesritt“ gut davongekommen sei. Bald würde sie sich wieder davon erholt haben.

Als sie nach Skál kamen, war es Zeit zum Schlafengehen. Da waren alle lustig und vergnügt – außer Gudrun.

Von hier aus ritten die Holtsleute wieder nach Hause, nachdem sie sich auf der Wiese verabschiedet hatten. Der Abschied des Brautpaares war eher trocken.

7. Vigfús’ Leid

Wie schon gesagt, stand Vigfús draußen, als die Leute von Skál kamen. Und er stand immer noch dort, als sie auf den Hofplatz kamen und dem Brautpaar Glück wünschten.

Obwohl er sehr getroffen war, konnte er sich nicht von Gudruns Anblick trennen. Nie, nie hatte er sie so schön und lieblich gesehen wie jetzt, da sie in ihren Reitkleidern auf Bleikur saß. Jetzt erst sah er sie als eine heiratsfähige Jungfrau.

Und jetzt war sie für ihn für immer verloren.

Er sah ihr nach, als sie mit den anderen vom Hof ritt. Als sie verschwunden war, ging er zurück ins Haus.

Er stützte sich an der Wand wie ein Kind, das gerade laufen lernt. Vor seinen Augen war alles dunkel. In der Badestube saß seine Stiefmutter. Sie sah ihm mit teuflischem Grinsen entgegen und sagte: „Ja, ja, Fúsi. Bist du zufrieden?“

Er beachtete sie nicht und legte sich schweigend auf sein Bett.

Da lag er den ganzen Tag, sah nichts und kümmerte sich um nichts. Er stand auch nicht auf, als die Leute vom Kirchritt zurückkamen, er traute sich nicht, Gudrun noch einmal zu sehen.

Er lag starr und stumm und starrte ins Blaue. Sein Atem ging schnell und schwer, und seine Augen glänzten wie die eines Fieberkranken. In

Gedanken sah er die Zusammenhänge. Sie hatten Sigurður veranlasst, Gudrun mit Bleikur zu bestechen. Sie war zu sehr ein Kind, um solch einer Versuchung zu widerstehen. Vermutlich war es Bleikur, den sie liebte, und nicht Sigurður.

Und wie hätte es auch anders ausgehen sollen? Er hatte selber Schuld daran. Bei ihren heimlichen Treffen hatten sie nie ein ernstes Wort miteinander gesprochen. Natürlich hatten sie sich immer wieder versichert, wie sehr sie sich liebten. Alles andere war in Küssen und Liebkosungen untergegangen. Er hatte sie nie gebeten, seine Frau zu werden, und sie hatte es deshalb nie versprochen. All ihre Schwüre von unendlicher Treue waren aufs Geratewohl gewesen. Nie war erwähnt worden, ob sie heiraten dürften, nie, wie sie zusammen leben und wovon sie in Zukunft leben würden. Nie hatten sie über mögliche Hindernisse oder Widerstand gesprochen. All dies wäre ihnen unpassend und unangebracht vorgekommen.

In Wirklichkeit hatte sie keinen Treueeid gebrochen. Trotz aller durch Küsse geschworenen Eide war sie frei. Er konnte kein Heiratsversprechen vorweisen.

Und jetzt sah er sie auf Bleikur in eine Ehe mit einem anderen Mann davongehen. Und sein Leid war so schwer, dass er meinte, es nicht tragen zu können.

Er konnte nicht weinen, nicht klagen. Er konnte nur stilliegen und stöhnen, als ob er gefesselt wäre. Und es kam ihm so vor, als ob er anschwellen und zerspringen würde. Seine Kleider klebten ihm am Leibe, als ob sie ihm zu eng wären. So lag er da, wie auf einen glühenden Rost gespannt, mit den Feuerqualen des Leides in seiner Seele, vernichtend und tötend, ohne Hoffnung auf Gnade.

Es war wie vorher: Das Zeichen seines Geschlechts – das verdammte Brandzeichen, das Unglückserbe seines armen Vaters!

Die Menschen sahen nichts anderes. Gott sah auch nichts anderes. Wie dumm von ihm, mit solchen Vorurteilen seinem Geschlecht gegenüber, auf Glück und eine gute Ehe zu hoffen! Wie hatte er das nur einen Augenblick vergessen können? Es spielte keine Rolle, wer er war, was er machte. Gebrandmarkt war er durch seines Vaters Erbe. Gebrandmarkt waren alle seine Taten, sein Streben, sein ganzes Leben – und auch seine Liebe.

Dieses Bürschchen, dieser Weichling!

Er fand keine Worte, die schlecht genug für Sigurður waren. Dieses Kätzchen, das er zwischen seinen Händen zerquetschen konnte, der nichts, aber auch nichts anderes als Vorteil besaß, als den Reichtum seiner Eltern, der nicht einmal selber die Liebe eines Mädchens gewinnen konnte, sondern verlobt wurde, als den anderen die Zeit dafür gekommen dünkte, und ein Mädchen für ihn gebeten wurde. Dieser Armselige wurde ihm vorgezogen!

Er wurde dem Mädchen verlobt, um sie von der Schande fernzuhalten, von ihm, dem Brandzeichenerben, geliebt zu werden!

Zu diesen Qualen kam noch der Blick seiner Stiefmutter – beißend, brennend kalt. Diese grimmige Hexe, die er von sich geschüttelt hatte, bebte innerlich vor teuflischer Freude darüber, wie es ihm jetzt ging.

Doch Gott wusste, dass sie allein alle Schuld an seinem Unglück hatte. Es verlangte ihn, aufzuspringen und ihr den Hals umzudrehen, und damit den Pflegelohn und noch vieles mehr zu bezahlen.

Der Tag verging. Dann kam die Nacht mit jener Dämmerung, die diese Jahreszeit in Island kennzeichnet.

Aber die qualvollen Gedanken Vigfús' hörten nicht auf. Ihm wurde zwar leichter, als seine Stiefmutter eingeschlafen und er mit seinem Leid allein war, aber die Gedanken veränderten sich.

Erbitterung und Hass ergriffen seine Seele, weckten in ihm das unlöschbare Verlangen, gegen all das, was ihm auferlegt war, zu protestieren.

Da er ja sowieso verdammt und ausgestoßen war von Gott und den Menschen, warum sollte er dann nicht versuchen, etwas Schlechtes zu tun? Warum sollte er nicht versuchen. sich zu rächen? Wozu sollte er gut und ehrlich sein, wenn es doch niemand schätzte? Es war schlimm, ein Mann zu heißen, es aber nicht zu sein.

Sein Hass richtete sich aber nicht gegen Gudrun – er liebte sie heißer, als dass er sie jemals hassen könnte, und auch nicht gegen ihre Familie – wohl aber gegen Sigurður: Ihn konnte er nicht vergessen.

Diese alte bleierne Schwere, die seit seiner Kindheit auf seiner Seele gelastet hatte. diese nagende Kälte, die er mit sich herumtrug wie ein geheimes Gebrechen, hatte ihn wieder befallen.

Sie kam wie etwas Kühlendes und Beruhigendes mitten in den Brand.

Sie wuchs und wuchs und infizierte ihn bis in jedes Nervenende wie eine Seuche, und ihr folgten schreckenerregende Gedanken.

Aber bis jetzt waren sie noch ziellos und tastend und hatten noch keine feste Richtung gefunden.

Er wachte aus diesen bösen Gedanken auf, weil jemand mit einer heiseren, zittrigen Stimme, die ihm bekannt vorkam, durch das Fenster über seinem Bett grüßte.

IV. Teil

1. Die Verfluchung

Als Þórarinn Isleiksson am Sonntagabend nach Hause kam, fand er dort seinen Bruder Olaf vor. Er war zu der Zeit gekommen, als Þórarinn in der Kirche war, und die Hausleute hatten ihn nach alter Gewohnheit eingelassen. Obwohl Þórarinn sich des Landstreicher- und Schacherlebens seines Bruders schämte, so gewährte er ihm doch, eine und eine Nacht, einen Schlafplatz unter seinem Dach. Aber sonst war er der Meinung, dass Olaf gut für sein Essen arbeiten und an einem Platz bleiben könnte, anstatt sich herumzutreiben. Er selber hatte ihm angeboten, bei ihm für das Essen zu arbeiten und ihn gut mit Kleidern zu versorgen. Doch dieses Angebot fand Olaf schmählich. Meist endeten die Besuche Olafs bei Þórarinn mit einem Streit. Þórarinn versuchte ihn herumzukommandieren, und das konnte er nicht vertragen. Normalerweise trollte Olaf sich dann davon.

An diesem Abend war Þórarinn betrunken, und in diesem Zustand war er meist ziemlich grob. Als er in seine Badestube kam, sah er dort einen Mann im Halbdunkel auf einem der Betten sitzen, über eine Schüssel voller Grütze gebeugt, die er auf den Knien hielt. Er betrachtete ihn genauer und erkannte Olaf.

Olaf kam es so vor, als ob der Blick recht unfreundlich wäre und er sagte spöttisch: „Ein freundlicher Geber ist Gott lieb."

Þórarinn legte das als Anspielung aus und wurde böse. Und anstatt Olaf allein zu lassen, wie er es vorgehabt hatte, trat er ganz nahe an ihn heran und schlug die Schüssel von hinten hoch, so dass sie gegen Olafs Nase stieß und die Grütze überall an ihm herunterlief.

„Du solltest so klug sein und dich für das Essen bei denen bedanken, denen du es abschwindelst und die mit etwas anderem dafür arbeiten als mit Spottworten."

Olaf war eine Weile sprachlos. Da, wo die Schüssel ihn getroffen hatte, tat es ihm weh, und Blut lief ihm über das Gesicht. Außerdem war er über und über voller Grütze. Dann stand er auf, schwarz vor Wut, sagte kein Wort, sondern nahm sein Bündel, das über ihm im Bett lag, und machte sich auf den Weg.

„Geh zum Teufel, du Vagabund!" sagte Þórarinn, und um seinen Worten noch mehr Nachdruck zu verleihen, trat er Olaf in sein hinteres Ende, als er die Badestube verließ. Dann ging er in sein Schlafzimmer und legte sich hin.

Olaf ließ sich unterhalb der Kirche nieder. Dort säuberte er sich von der Grütze und stillte das Blut aus einer kleinen Schramme, die er auf der Backe bekommen hatte. Er zitterte vor Erregung wie Espenlaub. Noch nie in seinem Leben war er so behandelt worden.

Schmerzhafter noch war es, sich nicht rächen zu können.

Er war so wütend gewesen, dass ihm nicht ein einziges Wort eingefallen war, jedenfalls keins, das kräftig genug gewesen wäre, um wirkungsvoll zu sein. Jetzt fielen ihm viele kernige Sprüche ein, die er hätte sagen können. Aber jetzt war es zu spät. Der Hof war zu, und vermutlich waren alle schon zu Bett gegangen. Während er dort saß, kam ein Erdbebenstoß, zwar schwächer als einige derer, die am Tage gekommen waren, aber stark genug, um die Glocken, die im westlichen Giebel der Kirche hingen, zum Läuten zu bringen. Sie pendelten so stark, dass die Klöppel ganz schnell anschlugen.

Da durchfuhr es Olaf wie ein Blitz. Im selben Augenblick wusste er, was er zu tun hatte. Er sprang auf die Füße, löste die Glockenstränge, die neben der Kirchentür angebunden waren, und fing an, wild die Glocken zu läuten.

„Ich läute Verdammnis und Verderben über meinen Bruder Þórarinn und seinen Hof!“ schrie er mit aller Kraft, während er läutete. Die Stimme bebte vor hasserfülltem Schluchzen, und die Worte wurden von der Anstrengung des Läutens zerrissen.

„Ich läute die Rache des allmächtigen Gottes und brennenden Zorn über Skál und alle, die dort wohnen, für die Behandlung an mir, Gottes kläglichem Elenden.“

Das Geläute und die kraftvolle Einleitung schlugen in den Hof ein wie ein Gewitter. Der Glockenklang zerschnitt die Stille der Nacht mit unbehaglicher Heftigkeit, und es war, als ob der ganze Skólarfjall mitläutete.

„Ich läute Hass und Unglück über den Hof, von dem ich misshandelt, erniedrigt und voller Blut vertrieben wurde. Jeder Tropfen meines Blutes, der diesen Abend auf die Erde gefallen ist, soll zum brennenden, verzehrenden und zerrenden Unglück für den Hof meines Halbbruders Þórarinn und aller seiner Nachkommen werden.“

Sveinn Alexandersson kam als erster heraus. Er konnte sich vor Lachen kaum halten, als er den Kerl dort strampelnd und schreiend an den Glockensträngen hängen sah – barhäuptig, blutig im Gesicht und immer noch voll Grütze.

Dann kamen mehr und mehr Leute aus dem Hof. Sie waren über diese Verwünschungen von Panik und Schrecken ergriffen.

„Ich läute Rache und die Feuer der Hölle über Skál!“ kreischte Olaf.

Er war schon kurzatmig, so dass er nur noch zwischen langen Pausen rufen konnte.

„Willst du dieses hässliche Spiel nicht jetzt beenden?“ sagte Sveinn und ging näher an ihn heran.

„Nein, nein, nein“, fauchte Olaf und schrie weiter.

„Ich höre nicht auf, bevor ich nicht den Hof mit allem, was dazu gehört, in die Erde geläutet habe, in die heißeste – heißeste – heißeste – „

Sveinn amüsierte sich dermaßen, dass er zögerte, ihn zu stoppen.

„Möchtest du nicht jetzt ins Haus zu mir kommen, Olaf, und heute Nacht bei mir sein?“ fragte Valgerður. Sie war ebenfalls herausgekommen.

„Nein, nein, nein. Ich läute Hass und Rache und den zerstörenden Zorn Gottes über den Hof. Ich höre nicht auf, bevor er nicht versunken ist.“

„Du lieber Gott“, sagte die Hausfrau und blickte ihren Sohn Sveinn mahnend an, damit er dem Spiel ein Ende mache.

In diesem Augenblick kam Þórarinn Isleiksson in Unterzeug aus dem Hof. Er hatte schon geschlafen und war wegen dieses Geschehens geweckt worden. Er lief mit wenigen Schritten zur Kirche und griff um Olafs Hände.

„Tu ihm nichts an!“ rief Sveinn Þórarinn zu. Seine Miene schien ihm furchterregend zu sein.

Þórarinn kümmerte sich nicht darum. Er riss die Glockenstränge unsanft aus Olafs Händen. Dann schleuderte er Olaf in den Friedhof, so dass er den Hügel hinabrollte in das Gras auf der Mähwiese.

Olafs Mütze, sein Sack und anderes mehr, das er an der Kirchenwand abgestellt hatte, flogen ihm in hohem Bogen hinterher.

So endete diese Verfluchung.

Die meisten Leute waren nach diesem Ereignis wie vom Blitz getroffen. Valgerður dauerte der arme Kerl, der dort unten auf der Wiese auf die Füße stolperte. Aber nach solchen Beschimpfungen wollte sie ihn nicht mehr zu sich ins Haus nehmen.

Dann gingen alle in den Hof, und Olaf war draußen ausgeschlossen.

2. Muttersorge

Die Hausfrau Valgerður konnten den Rest der Nacht nicht mehr schlafen. Sie wachte über ihre Gudrun. Es blieb ihr nicht verborgen, dass es ihr schlechter ging, als sie zugeben wollte. Gudrun war gleich, als sie nach Hause gekommen war, ins Bett gegangen. Ihr Bett stand in dem Zimmer ihrer Mutter, und Valgerður machte die Tür sorgfältig zu, damit Gudrun mehr Ruhe habe.

Gudrun sagte, dass sie keine Schmerzen habe, und man sah ihr auch nichts an. Trotzdem war ihre Mutter davon überzeugt, dass etwas mit ihr nicht stimmte. Sie war ungewöhnlich still und sah blass aus. Während sie noch auf den Beinen war, fühlte sie sich schwach, als ob es sie stän dig schwindelte. Und als sie ins Bett gekommen war, lag sie unbewegt mit geschlossenen Augen da, sprach nicht, reagierte auf nichts, konnte aber nicht einschlafen. Wenn sie aufblickte, war ihr Blick irgendwie sonderbar, und es war immer so, als ob sie Angst vor irgendetwas hätte. Valgerður war davon überzeugt, dass sie Trugbilder sähe.

Spät am Abend ereignete sich dann das, von dem vorher erzählt wurde. Als Gudrun das Glockengeläute hörte, schrak sie heftig zusammen und zitterte noch lange danach mit wildem Blick in den Augen. Doch nach und nach beruhigte sie sich wieder, und als sie hörte, wer der Grund für das Geläute war, schien es, als ob alle Furcht von ihr wiche. Ihre Mutter verließ sie dann eine Weile, um Olaf dazu zu bringen, mit diesem Unsinn aufzuhören.

Als sie wieder zu Gudrun hineinkam, schien sie ihr völlig ruhig zu sein und versuchte einzuschlafen. Aber Valgerður war zu unruhig.

Sie wusste nicht, ob die Krankheit ihrer Tochter seelisch oder körperlich, ob sie auf den Schock oder auf etwas anderes zurückzuführen sei. Sie nahm zwar an, dass es nichts anderes war als Niedergedrücktheit, dass sie es bedauerte, sich verlobt zu haben, weil sie Vigfús vielleicht doch schon geliebt hatte.

Das konnte sein. Aber wenn es nichts anderes war, müssten all die anderen Anzeichen verschwinden – der Schwindel, der wilde Blick und die Blässe. Sie traute sich nicht, in Gudrun zu dringen und zudringliche Fragen zu stellen. Sie hatte Angst, dass es ihre Ruhe stören würde. Das Nächstliegende war dann, die Krankheit dem Scheuen Bleikurs zuzuschreiben, entweder hatte Gudrun fürchterliche Angst bekommen oder sie war unsanft vom Pferd gefallen, wenn man ihr auch nichts ansehen konnte. Wenn das der Fall wäre, musste ein so junger und kräftiger Mensch diese Krankheit schnell überwinden.

Trotzdem kamen ihr mehr und mehr schreckliche Gedanken in den Kopf. Sie erinnerte sich an jemanden, von dem erzählt wurde, dass er ebenfalls solch einen Schock erlitten hatte, ebenfalls in jungen Jahren. Er war zwar gesund und kräftig sein Leben lang, aber er hatte ein zweites Gesicht bekommen. Für Valgerður war das ein angsterregender Gedanke, dass Gudrun, ihre Tochter, sehend werden könnte, dass sie Schatten und Wiedergänger im Hellen wie im Dunklen sehen würde, all das Schlechte und Unsaubere, das sich zwischen den Menschen bewegte und das durch Gottes weise Maßnahmen von den Menschen nicht wahrgenommen werden kann. Dieses ungeheuerliche Wissen war schlecht und unnatürlich, eine Art Rachegeschenk Gottes, eine Art Kreuz. Und die, die es tragen mussten, waren sonderbar, anders als andere Menschen. Es ging ihnen nie gut.

Und dann kamen andere, noch merkwürdigere Gedanken.

Warum hatte Bleikur bei dem Erdbeben gescheut und die anderen Pferde nicht? Vielleicht ruhten nun die Rache und der Hass Vigfús' und seiner Stiefmutter auf Gudrun. Vielleicht war diesem Gesindel alles zuzutrauen. Wahrscheinlich waren sie zu schwach, um einen Auferweckten[17] zu verstärken, aber auch hasserfüllte Gebete konnten das Schlechte auf den Weg schicken. Das stand in den Passionspsalmen.

Und wer konnte wissen, wen die Verwünschungen des alten Olaf treffen würden? Er hatte dem gesamten Hof die gleiche Verdammnis angedroht. Valgerður versuchte diese Gedanken damit zu verscheuchen, dass Gottes Fürsorge und Kraft viele Male stärker wäre als solches Teufelszeug. Er schützte die gegen das Böse, die an ihn glaubten, zu ihm beteten und seinen Namen lobten.

Und als alles totenstill geworden war im Halbdunkel der Frühlingsnacht und Valgerður sicher war, dass ihre Tochter schlief, kniete sie am Bett nieder und betete zu Gott für ihre Tochter.

Sie betete mit der Liebe und dem Gefühl eines Mutterherzens und dem Ernst einer vielgeprüften, gläubigen Frau.

Sie bat Gott, seine Tochter vor allem Bösen, im Himmel, auf der Erde und unter der Erde, zu schützen: ihre Seele und ihr Leben, ihre Gesundheit, Reinheit und ihre Gedanken vor aller Verderbtheit und allen unnatürlichen Gewalten und Angriffen.

Sie bat ihn, all das, das ihr Gefahr und Unglück bringen könnte, mit seinen allmächtigen Händen abzuwenden. Und zum Schluss bat sie ihn, ihre Gedanken zum Gehorsam vor den heiligen Geboten zu bewegen, so dass sie die Liebe und Sorge derer, die all ihr Bestes wollten, schätzen lernte, damit sie der Verheißung teilhaftig werde, die dem vierten Gebot folgte.

Das Gebet stärkte Valgerður und beruhigte sie. Dann ging sie zu ihrem Witwenlager und legte sich schlafen.

3. Was die Hügel aufbewahrten

Der alte Olaf sammelte seine Sachen im Gras unterhalb des Friedhofes zusammen und machte sich auf den Weg nach Osten. Sein Gemüt hatte sich beruhigt. Er hatte seinen Hass mit dem Geläute gestillt, und er war sicher, dass es dort getroffen hatte, wo es treffen sollte, dass er den Hügel hinabgeworfen wurde, war nicht viel wert. Er war sicher, dass, wenn ihn sein Bruder Þórarinn auch totgeschlagen hätte, es für ihn nicht Vergeltung genug für das Läuten gewesen wäre. Es quälte ihn und würde ihn auch weiterhin quälen.

Mit anderen Worten: Olaf war diesmal als Sieger hervorgegangen.

Doch er hatte auch Angst vor dem, was er getan hatte, vor allem, da die Rache nicht nur Þórarinn getroffen hatte. Ihm war das Geläute vielleicht gleichgültig, aber da waren die anderen, die mehr Angst davor hatten, und das waren Leute, denen Olaf auf keinen Fall Schaden zufügen wollte. Aber man konnte nicht voraussehen, ob solch einer Messe nicht Kraft und Gewalt folgen wurden – auch für die anderen.

Es war müßig, über geschehene Dinge nachzudenken.

Olaf war schwach und in schlechtem Zustand. Nachdem der Zorn verronnen war, überkamen ihn Müdigkeit und Schwäche mit sonderbarem Angstgefühl. Er traute sich kaum bis nach Holt, das doch der nächste Haltepunkt war. Außerdem waren dort jetzt alle schon im Bett.

Er beschloss deshalb, diese Nacht draußen zu liegen. Das Wetter war gut, obwohl es ein bisschen regnete, aber in dieser Jahreszeit konnte es keinem Menschen schaden, im Freien zu schlafen.

Und er war nicht schlecht dazu ausgerüstet. Zwar war die Grütze dahin gegangen, wo sie hinging. Aber er hatte schon vorher seine Portion vom Essen bei den Hausleuten Þórarinns bekommen und war deshalb nicht ausgehungert.

Während er darüber nachdachte, war er in die Holtsgärten gekommen, dorthin, wo sie am nächsten an den Berg heranreichten. Hier lagen die Hügelgruppen am dichtesten.

Als die alte Lava über dieses Gebiet geflossen war, vermutlich zur Landnahmezeit, war sie auf weites, nasses Land getroffen, vermutlich Wiesen mit Tümpeln und Sümpfen unterhalb des Berges. Diese hatte die Lava zum Teil ausgetrocknet, und sie war an ihrer Oberfläche halb gestockt. Aber nach kurzer Zeit wurde die Kraft des Wasserdampfes unter der Lava zu groß. Der Dampf sprengte ihre oberste Schicht und brach dort aus. Er trug die noch flüssige Lava von unten mit hoch, die so die Hügel bildete. Sie sahen aus wie erstarrte und gesprungene Luftblasen, oben offen, mit harter Schlacke in den Innenwänden und grasbewachsenem Grund.

In diesen Hügeln fand Olaf die beste Schlafstelle. Er kletterte deshalb durch die Öffnung eines Hügels und kroch unter die Lavadecke. Dort legte er sich in weiches, lichtscheues Farnkraut, das dort in dicken Büscheln wuchs. Hier war gut für ihn gesorgt. Die Lavadecke schützte ihn vor aller Nässe von oben und vor jeglichem Zug.

Als er dort eine Weile gelegen hatte, fühlte er etwas unbequem Hartes unter seiner Seite. Er war fest davon überzeugt, dass es ein Lavabrocken wäre, schaute aber dennoch nach.

Und groß war seine Verwunderung, als er sah, was das war.

Das war ein Fass: Ein Fass, ungefähr acht Töpfe groß, in die dünne Erdschicht eingegraben, und sein Rand und eine Ecke des rotbemalten Bodens schienen hervor.

Olaf rutschte auf die Knie und untersuchte das besser. Er kratzte die Erde an allen Seiten von dem Fass und wollte es dann aufrichten. Aber – nein. Das war einfacher gesagt als getan. Das Fass war so schwer wie Blei. Aber bei der Bewegung hörte er, wie es in ihm klingelte.

Das Fass war voller Geld.

Olaf starrte es verblüfft an und konnte weder Arme noch Beine vor Verwunderung bewegen. Was seiner Verwunderung zuerst Platz machte, war eine unaussprechliche Freude über solch einen Fund. Er wandte sich wieder dem Fass zu und versuchte, es aus dem Loch herauszuzerren, aber er schaffte es nicht.

Er bekam starkes Herzklopfen von der Anstrengung und Nervenanspannung. Er musste sich ausruhen.

Und seine Freude verwandelte sich in kurzer Zeit in schreckliche Angst. Vielleicht wollte der Teufel ihn damit in Versuchung führen? Vielleicht brachte es großes Unglück, das Fass zu berühren? Solchermaßen waren die Streiche des Teufels.

Es war unwahrscheinlich, dass derjenige, der das Fass dorthin gebracht hatte, noch am Leben war. Aber würde er sich nicht bei dem melden, der ihm das Fass stahl? Waren es das Fass und das, was darinnen war, wert, unter den Verfolgungen eines Geistes zu leben, von dem niemand ahnen konnte, wie stark er sein würde?

Bei diesen Gedanken wurde er von solcher Panik ergriffen, dass er aus dem Loch herauslief und sich auf den Weg nach Holt machte.

Aber als er ein Stück weiter nach Osten in die Tälchen gekommen war, änderte er seine Meinung. Die frische Nachtluft hatte ihn gestärkt. Er schämte sich seiner dummen Furcht. Es war unmöglich, sich einen solchen Fund aus reiner Feigheit aus den Fingern gleiten zu lassen.

Dann kehrte er um in die Gärten, um das Fass zu suchen.

In freudiger Erwartung und vollkommener Siegesgewissheit ging er von einem Hügel zum anderen. Leider hatte er sich nicht genau gemerkt, wie der Hügel aussah.

Das Erdbeben dauerte immer noch an. Dröhnen und Grummeln war ab und zu aus den Hügeln zu hören.

Olaf beachtete es nicht. Seine Gedanken waren von der Absicht erfüllt, das Fass zu finden.

Nach langem Suchen in den Hügelgruppen kam er endlich an einen Hügel, der ihm ganz genauso auszusehen schien wie der, in dem er seinen Schlafplatz gesucht hatte. Er hatte ein tiefes Loch, wie es sein sollte. Er war groß, und in der Höhle wuchs Farnkraut.

Das musste derselbe Hügel sein.

Als er in ihn hineinspähte, hörte er einen kurzen, scharfen Laut, der, wie ihm schien, aus dem Loch kam. Es durchdrang ihn wie ein Messerschnitt. Aber er hatte so vieles Merkwürdige an diesem Erdbebentag gehört, dass er beschloss, nicht wieder den Mut zu verlieren.

Mit zitternden Beinen kletterte er in die Höhle hinein. Es verwunderte ihn zunächst, dass er sein Lager von vorhin nicht mehr fand. Das Farnkraut stand aufrecht und unberührt.

Er tastete sich trotzdem in dem Farnkraut voran. Vor ihm lag ein moosbewachsener Knochenhaufen. Er nahm einen Knochen hoch und betrachtete ihn im Licht der Höhlenöffnung.

Sofort war ihm klar, dass es ein Kinderknochen war.

Olaf erstarrte vor Entsetzen. Dort lag ein ausgesetztes Kind.

In Todesangst schlug er ein Kreuz über dem Knochenhaufen, der sehr wohl von einem Lamm stammen konnte, wenn es Olaf auch so vorkam, als sei der Knochen von einem Kind.

Jetzt begriff er, was der Ton aus dem Loch bedeutete. Das war das Gewimmer des Ausgesetzten.

Halbtot vor Angst kroch er aus dem Loch und lief nach Holt – zum zweitenmal. Er rannte so schnell ihn seine Beine trugen, da es ihm so schien, als ob das ausgesetzte Kind hinter ihm herlief. Er hörte das Klappern der Gebeine. Er wusste, dass Ausgesetzte auf einem Knie und einem Ellbogen krochen, dass sie aber die schnellsten Pferde einholen konnten. Zu allem Unglück hatte er ein Kreuz über die Knochen geschlagen, so dass nun der Teufel, der in ihnen wohnte, keine Ruhe mehr hatte und sich natürlich rächen wollte.

Klatschnass und von Angst und Anstrengung überwältigt, klopfte Olaf an das Fenster über den Betten von Vigfús und Guðfinna um die Zeit, als die Sonne hinter den Bergen hervorkam.

4. Das Erbe vergangener Jahrhunderte

Olaf war ein alter Bekannter von Vigfús und Guðfinna. Und Guðfinna schätzte ihn mehr als andere. Er wusste soviel von Dingen, von denen sie gerne wissen wollte. Er war auch dieses Mal willkommen.

Guðfinna stand auf, um ihm aufzuschließen, zog ihm die nassen Kleider vom Leib und bewirtete ihn notdürftig. Dann machte sie ihm ein Lager in dem Bett, das hinter Vigfús' Bett am Giebel stand. Dort durfte er sich den Rest der Nacht ausruhen und dann natürlich die „Gästenächte“ beanspruchen, mindestens drei Nächte hintereinander.

Vigfús freute sich auch über das Kommen Olafs. Während er da war, war er nicht allein mit seiner Stiefmutter. Dann hatte sie jemanden anderes zum Erzählen, und er konnte mit seinen Gedanken und Sorgen allein sein. Es ging ihn nichts an, was sie zusammen redeten.

Das, was er zu sehen und hören erwartete, während Olaf da war, schien nichts Neues oder Interessantes zu sein. Er erinnerte sich an so viele Abende, die Olaf sich in jenem Bett schlafen gelegt hatte. Er zog sich immer ganz aus und untersuchte sein Hemd sehr genau, bevor er sich hinlegte. Oft hatte er über den Balken hinweg, der die beiden Betten trennte, seine nackten Schultern gesehen. Sie waren mager und schmal, so dass sich die Knochen durch die Haut abzeichneten. Darüber erschien ein hellbrauner Hals und ein dünnbehaarter Nacken, zottelig und hässlich. Und während Olaf so nackt dasaß und sich nach Ungeziefer absuchte, ging sein Mund wie eine Mühle. Immer handelte es von der unsichtbaren Welt, die er besser als alle anderen Menschen zu verstehen vorgab. Manchmal war seine Rede folgendermaßen: „So steht es in den heiligen, alten Schriften. Als der Erzengel Luzifer einen Aufstand im Himmel machte, folgten ihm ein Drittel der Engel. Luzifer wurde besiegt, und Gott warf sie in seinem Zorn vom Himmel herunter. Ihnen waren die tiefsten Dunkel der Verdammnis bestimmt, dort, wo das Heulen und Zähneknirschen für alle Jahrhunderte und Ewigkeiten sein sollte. Aber sie gingen nicht alle dorthin. Einige aus dem Gefolge Luzifers blieben in der Luft. Das sind die schlechten Luftgeister. Andere blieben in der Erde und in den Gewässern. Sie bekamen einen Körper und können sich in verschiedenen Erscheinungen sichtbar machen, wenn sie wollen. Das sind die Elfen und die Wasserungeheuer. Aber Luzifer und der größte Teil seines Gefolges fuhren durch die Erde bis in die Hölle. Von dort aus bekriegt Satan das Reich des Lichts, das Reich Gottes. Diejenigen seiner Jünger, die in der Erde und in der Luft wohnen, sind seine folgsamen Geister, immer bereit zu allem Schlechten. Ihretwegen ist die Erde verdammt, ein Tal der Armseligkeit und der Tränen, und die Menschheit ist in Ungnade und dem Zorn Gottes ausgeliefert. Der Teufel hat die ganze Erde und die ganze Luft in seiner Gewalt. Er ist der König dieser Welt. Und die Menschen müssen immer wachsam sein, damit er sie nicht in seine Zangen bekommt. Und seine Listen sind vielerlei. Und ununterbrochen wütet ein ständiger Krieg zwischen Gott und dem Teufel um die Seelen der Menschen. Gott hat den Menschen den Glauben gegeben, der Teufel den Aberglauben. Gott hat ihnen das Gebet gegeben, der Teufel hat ihnen gezeigt, wie es ins Gegenteil gekehrt wird. Gott hat ihnen den Lobgesang beigebracht, der Teufel die Beschwörung. Gott hat die Kirche auf Erden gegründet, damit sie ein Schutz und Schild für die Schwachen sei und ihnen Seelenhilfe gebe, der Teufel hat die Schwarze Schule gegründet, wo die Menschen lernen können, das Böse noch zu verstärken. Alle Zauberer sind seine Männer, alle Zauberzeichen sein Werk, alle Teufel, Dämonen, Geister, Auferweckte und Wiedergänger seine Armee. Gott hat den Menschen die weißen Runen gegeben, um dieses Gesindel abzuwehren. Aber sie befinden sich nur in den Händen weniger Menschen. Sie sind nicht für alle zugänglich, da sie sich in den Händen eines Nichtkundigen in schwarze Runen verwandeln können, und dies ist der gefährlichste und stärkste Zauber, den es gibt. Jeder Buchstabe ist eine Krallenspur des Teufels. Es ist nur wenigen Menschen vorbehalten, diese zwei Runenarten auseinanderzuhalten."

Schließlich gab Olaf zu verstehen, dass er einer der wenigen Auserwählten sei, welche die weißen Runen kennen, aber bis jetzt habe Gott ihn vor den schwarzen Runen bewahrt.

Das war der Kern von Olafs Glauben. Er war das Erbe vergangener Jahrhunderte. Bei den gebildeten Menschen jener Zeit hatte er bereits seine Kraft verloren. Aber in Olaf und seinesgleichen lebte er immer noch fort. Von diesem Kern gingen alle seine Geschichten und Erzählungen aus, alle Vorsichtsmaßnahmen, Gebete und Ratschläge. Er war der Schwerpunkt seines Lebens. Guðfinna hörte mit gläubiger Ehrfurcht dieser Teufelskunde zu. Sie zweifelte nicht daran, dass es so sei, wie Olaf es erzählte. Alles, was sie vom alten „Gotteswort" kannte, stützte diese Lehre.

Guðfinna wusste, dass sie keineswegs so viel Angst vor den Teufeln hatte wie Olaf, obwohl sie sich im klaren darüber war, dass die Teufel überall waren und um sie herum saßen. Sie wollte sogar einmal einen erwischen, ihn zähmen und zu kleinen Geschäften abrichten.

Sie hatte den alten Olaf oft gebeten, ihr zu verraten – nur so, um ihre Neugier zu befriedigen – wie man zu einem Zubringer kommen könnte. Olaf bat dann immer Gott, ihn davor zu bewahren, solche Teufelsbeschwörung auszugraben. Trotzdem erzählte er das, was er darüber gehört hatte, wie man solche Merkwürdigkeiten bekommen könnte. Man sollte an einem Kirchenfest zwischen Gebet und Lesung eine Menschenrippe auf dem Friedhof stehlen. Sie musste mit der Wolle, die man vom Schaf einer armen Witwe geschoren hatte, umwickelt werden. Dann sollte man den Zubringer dreimal hintereinander an seiner Brust zum Altar tragen und Messewein und Brot auf ihn spucken. Wenn das gelang, war er stark genug. Dann musste ihm seine Hausmutter eine Zitze innen an ihrem Bein machen und ihn zwischen seinen Fahrten dort saugen lassen. Wenn sie ihn loswerden wollte, sollte sie ihn hoch in die Berge schicken und ihm befehlen, allen Schafsmist auf einer Hochweide in einer Nacht zusammenzutragen. Bei dieser Anstrengung zersprang er. Deswegen lagen überall auf den Hochweiden große Schafsmisthaufen und eine Menschenrippe dabei.

Guðfinna hatte bisher noch nicht das Verlangen, dieses zu probieren. Wie man sich denken kann, hatte dieses Wissen zu dieser Zeit wenig mit Vigfús' Gedanken zu tun. Er kümmerte sich auch nicht darum. Aber er wachte oft auf, nachdem er eine gute Weile geschlafen hatte, und immer noch sah er Olafs nackten Rücken über den Balken an seinem Fußende. Olaf saß immer noch aufrecht und murmelte seine Lehren, und Guðfinna hörte ihm halbschlafend zu.

Endlich sah er, wie Olaf sich vorne und hinten bekreuzigte und alle möglichen lächerlichen Zeichen in der Luft über seinem Bett machte, während er kräftige Gebete vor sich hinmurmelte.

Danach legte er sich hin und schlief ein.

Aber in einer Nacht erschrak Vigfús nicht wenig, als er aufwachte. Da war Olaf aus seinem Bett verschwunden und Guðfinna aus dem ihren. Keiner der beiden war in der Badestube.

5. Das Geldfass

Olaf hatte Guðfinna insgeheim von dem erzählt, was er in den Hügeln entdeckt hatte. Er hatte es als Versuchung und Schlingen des Teufels ausgelegt, die überall vor den Seelen der Kinder Gottes lägen.

Aber bei Guðfinna erreichte er damit genau das Gegenteil von dem, was er wollte. Von dieser Stunde an hatte sie keine Ruhe mehr in ihren Knochen.

Die Habsucht, ihr zweites Wesen, flammte mit aller Kraft auf.

Nach zweien der höchsten Güter dieser Welt verlangte es sie am meisten: Luxus und Reichtum. Das erste würde nicht lange auf sich warten lassen, wenn das letzte nicht fehlte. Das wusste sie aus Erfahrung.

Und ein ganzes Fass voll Geld! Das wäre ein Segen!

Für solch eine Summe könnte man Skál und Holt zusammen kaufen oder Land von ähnlicher Größe. Mit diesem Geld würde sie eine Königin sein, die alle Stunden, bis zu ihrem Lebensende, tun und lassen konnte, was sie wollte. Sie konnte, wenn sie es wollte, einen Mann heiraten, der die gleiche Summe auf den Tisch legen konnte. Und es würde ihr an Freiern nicht fehlen. Aber sie konnte das Heiraten auch lassen und sich einen Verwalter halten, einen nach dem anderen, wenn sie ihr gefielen – sie verwöhnen und benutzen, wenn sie ihr treu, wohlgesinnt und ausreichend ergeben wären. Und sie dann gehen lassen. Neue Liebe, neue Ergebenheit, neue Bewunderung mit jedem Jahr – vielleicht mit jedem neuen Mond.

Und sie konnte dem Abschaum des Bezirks gründlich Verachtung zeigen, die Priester und Mächtigen mit reichen Geschenken bestechen, sich eine Sündenquittung und Seelenhilfe für einen Apfel und ein Ei kaufen, und sich schließlich als Frau von Ruhm und Ehre, als mit Würden geschmückte Königin, wie es sie ihresgleichen seit den Tagen des reichen Olaf nicht mehr gegeben hatte, ins Grab legen.

Geld – Geld! Immer folgt ihm ein Zauber, der am meisten Einfluss auf die hat, die am wenigsten vom ihm erzählen können.

Im 18. Jahrhundert war Geld in Island eine Seltenheit. Es waren derer viele, die lange gelebt hatten, gut ausgekommen waren und dann begraben wurden, ohne je eine Münze Goldes oder Silbers besessen zu haben. Der selige Flachskaufmannsverein und der Allgemeine Handelsverein, der auch selig war, hatten das Geld nicht gerade hierher geschüttet.

Geld hatte fast niemand, außer einzelnen Beamten, die es von Dänemark bekamen, oder Busenfreunde der Kaufleute, die immer viel Geld bei ihnen guthatten. Und das Geld, das im Umlauf war, bestand zum größten Teil aus großen Silbertalern, von denen vier ein Landhundertstel galten.

Da kann man sich vorstellen, welche Mühe und Ausdauer es gekostet hatte, ein ganzes Fass von dieser Ware zusammenzusammeln, und welche schwindelerregende Freudenshoffnungen es wecken musste, ein solches Geldfass ohne Mühe und Bedingungen zu bekommen. Und wem auch dieses Geld gehörte oder gehört hatte, dem gebührten Schimpf und Schande, dass er es dort in der Erde zu niemandes Nutzen liegengelassen hatte.

Olaf wollte zunächst nicht losziehen, um das Geldfass zu suchen, aber Guðfinna quälte ihn so lange, bis er sich zuletzt überreden ließ. Doch nicht, bevor er nicht einen ganzen Tag draußen auf der Wiese gesessen und mit sich selbst gesprochen hatte.

Sie waren einer Meinung darüber, Vigfús nichts wissen zu lassen, sich das Geld anzueignen und es brüderlich zu teilen.

In der erwähnten Nacht machten sie sich auf den Weg.

Es war drei Uhr nachts, als sie an die Hügel kamen. Es hatte am Abend geregnet, doch jetzt war es wieder klar. Die Erde war nass, aber die Luft war rein und erfrischend. Die Morgensonne stieg über der Heide auf, zur Hälfte von roten Wolken verdeckt.

„Hier war es, in diesem Gebiet“, sagte Olaf. „hier in einem dieser Hügel.“

„Ein beispielloser Dummkopf bist du gewesen und hast dir den Hügel nicht genau gemerkt“, sagte Guðfinna. „Das ist gar nicht sicher, dass du ihn findest.“

„Doch“, sagte Olaf etwas eingebildet, „da hätten mehrere ihre Hände im Spiel, wenn ich diesen dummen Hügel nicht finden sollte.“

So gingen sie zusammen über die Hügel, beide schweigend, und sie achteten auf alles. Guðfinna wollte noch viel schneller gehen, denn ihre Gedanken trugen sie die halbe Strecke. Olaf war steifbeinig und ging langsam, und es war nicht ratsam, ihn zurückzulassen, denn er war es, der den Hügel wiedererkennen musste. Lange Zeit irrten sie ohne Erfolg von einem Hügel zum anderen. Sie waren alle gleich, nur verschieden groß. Ihre Öffnungen grinsten grimmig zu ihnen hinauf, als ob sie fragen wollten, was zum Teufel sie hier zu suchen hätten. Unten auf ihrem Grund war schwarze Nacht, und an einigen Stellen glitzerte Wasser.

Olaf hob die Augen ein paar Mal zum Berg hinauf, als ob er ihn um Rat fragen wollte. Das einzige, woran er sich erinnerte, war, dass er etwas an der Ostseite des Berges gesehen hatte, als er von dem Geldhügel geflohen war.

Guðfinna wurde ungeduldig.

„Das ist Unsinn. Das war nicht hier.“

„Doch, so wahr ich Olaf heiße. Aber – da ist etwas, was mich irre führt. Es ist nicht alles rein in diesem Hügel.“

Und jetzt erst erzählte er ihr die Geschichte von dem ausgesetzten Kind. Guðfinna hörte schweigend zu, und einen Augenblick war sie unentschlossen. Vielleicht war es nicht richtig, die Suche fortzusetzen.

Aber das dauerte nur einen Augenblick.

„Mir sind alle Ausgesetzten, Dämonen und Teufel egal – wenn wir nur das Geldfass finden.“

Olaf hatte in seinem Eifer spürbar nachgelassen. Er konnte über nichts anderes nachdenken als das „Unreine“, das in dem Hügel wohnte. Aus dessen Reich wollte er das Geld holen?

Aber Guðfinna trieb ihn voran.

Nachdem sie lange zusammen über die Hügel gegangen waren, teilten sie sich und suchten nun allein. Sie waren zweimal oder sogar öfter an die gleichen Hügel gekommen. Jetzt wollten sie noch ein letztes Mal an dieser Stelle suchen und dann zu weiter entfernten gehen.

Auf diesem Weg kam Guðfinna an einen Hügel, der eine Öffnung hatte wie andere auch. Von außen war er nicht von den anderen zu un terscheiden, sondern war eher kleiner. Die Höhle war auf dem Grund mit Gras bewachsen. und als sie hineinspähte. sah sie Fußabdrücke im Gras. Das Herz klopfte in ihrer Brust vor Erwartung, und mit unsicherem Zittern bei allen Bewegungen kletterte sie in die Höhle.

Als sie dort eine Weile gestanden hatte und ihre Augen sich an die Dunkelheit gewöhnt hatten, sah sie Olafs Lager im Gras unter dem Lavadach. Und da war auch der rote Boden des Fasses zu sehen. Sie stand starr vor Freude und Verwunderung. Und wie ein Blitz schoss ihr ein Gedanke durch den Kopf, den sie sofort in die Tat umsetzen wollte.

Olaf sollte nichts von diesem Geld bekommen. Sie hatte es allein gefunden, und allein wollte sie es genießen.

Als sie wieder aus dem Hügel herauskam, rief Olaf ihr zu – er hatte sie in der Öffnung verschwinden sehen – „Hast du etwas gefunden?"

„Nein, kein bisschen", rief sie zurück, und ihre Stimme bebte etwas.

Im selben Augenblick hob sie ihren Rock hoch, löste das Strumpfband und ließ es auf dem Hügel am Rand der Öffnung liegen. Außerdem merkte sie sich die Lage des Hügels zum Berg und seine Gestalt und die der nächsten Hügel.

Olaf bemerkte nichts davon. Dann setzten sie ihre Suche in den Hügelgärten fort, erst jeder für sich und dann zusammen.

„Ich bin, sicher, dass es nur ein Traum war", sagte Guðfinna ein wenig spöttisch. „Du hast gar kein Geldfass gefunden."

„Nein, das war nicht nur ein Traum", sagte Olaf und strich sich ernst über die Stirn. „Aber – da ist etwas, was mich irreführt."

6. Olaf bekommt Arbeit

Das Pfingstfest näherte sich, und der alte Olaf fing an, sich im Stillen Sorgen darüber zu machen, wo er über die Festtage bleiben durfte. Er war nun schon eine ganze Woche bei Guðfinna und durfte nicht erwarten, dass sie ihn noch länger haben wollte. Er wusste zwar, dass er seine drei Nächte – die Gästenächte – auf den beiden anderen Höfen bleiben konnte. Aber er wollte sie sich bis zum Winter aufheben.

Am Samstag vor Pfingsten kam ein Mann aus Meðalland, um ihn zu treffen. Dieser Mann war Björn in Botn – ein Mann, über den viel in der Gemeinde geredet wurde.

Das war ein großer Mann, von schwerem Wuchs und grob, ein wenig vom Alter gebeugt, mit düsterem Gesicht und zum Trinken geneigt – wie so viele Bauern dort in jener Zeit.

Es war jedoch nicht wegen seines Wuchses oder Aussehens, dass über ihn geredet wurde, sondern weil er merkwürdig schnell zu Reichtum gekommen war, nachdem er nach Botn gezogen war. Er war früher arm gewesen und hatte viele Kinder zu versorgen. Jetzt kaufte er in jedem Jahr Schafe und vergrößerte seine Herde, so dass man nur staunen konnte.

Er wohnte nahe bei der Hochweide der Leute von Meðalland, die damals südlich der Skaftá bis nördlich an Meðalland reichte, und es bestand der Verdacht, dass er Schlachtvieh von den Hochweiden holte und seine eigenen Schafe auf diese Art vermehrte. Er kaufte sogar Schafe von seinen Nachbarn für das Geld, das er für das Vieh bekommen hatte, das er ihnen gestohlen hatte. Das war aber nur loses Geschwätz, und niemand traute sich, etwas öffentlich darüber verlauten zu lassen.

Björn ritt nach Holt mit einem unbeladenen Pferd am Zügel und war ein bisschen betrunken. Nachdem er die Leute begrüßt hatte, fragte er nach Olaf Isleiksson. Sein Anliegen war so streng geheim, dass er es Olaf erst vortrug, nachdem sie weit vom Hof entfernt waren und sich niedergesetzt hatten. Dann wärmte Björn Olaf mit ein wenig Branntwein auf, bevor er begann: „Du kannst Gold riechen, Teufel, du!“ sagte er grob und schaute Olaf scharf an. Olaf kam es so vor, als ob er unter diesem Blick zusammenschrumpfen würde, und er hatte fast Angst vor ihm.

„Nein, nein, nein – ich kann kein Gold riechen“, sagte er und schüttelte den Kopf.

„Doch, sicher kannst du das“, sagte Björn. „Aber das lege ich dir nicht zur Last. Ich wollte, ich könnte selber ein bisschen hexen.“

„Ich kann nicht hexen – und ich danke Gott dafür, dass es so ist“, sagte Olaf. „Solch ein Wissen stürzt die Seele in Gefahr.“

„Oh, oh, Unsinn“, sagte Björn. „Und jetzt komme ich mit meinem Anliegen. Kannst du mir einen Rat geben, wie ich mein Vieh ruhighalten kann?“

„Dein Vieh ruhighalten?“ fragte Olaf erstaunt.

„Ja. ich werde nicht mit ihm fertig. Wie du weißt, habe ich einiges davon gekauft, und es will immer wieder nach Hause laufen. Und weil es aus allen Richtungen gekauft ist, läuft jedes Tier in seine Richtung – das geht über menschliches Vermögen, es zusammenzuhalten.“

„Ja – so!“ sagte Olaf mit weiser Miene.

„Ich weiß, du verstehst das. Sie beneiden mich um meinen Schafbesitz, diese Bauernlümmel. Ich bin sicher, dass sie das Vieh verzaubern.“

„Das könnte sein“, sagte Olaf überheblich.

„Ich bin ganz sicher“, sagte Björn und seine Miene verbarg nicht, dass er ganz sicher war.

„Das kann verteufelt schwierig sein, sich damit zu befassen", sagte Olaf. „Ich zweifle nicht daran. Aber ich bin sicher, dass du bei solchen Zaubereien irgendeinen Rat weißt. Wenn du es nicht kannst, kann es keiner."

„Ich kann nichts, leider! Am ehesten kann man vielleicht den Streichen anderer zuvorkommen."

„Ich weiß das, ich weiß das, Kamerad. Willst du noch einen Schluck? Oft wäre Rat nötig gewesen, aber jetzt ist er absolut notwendig. Die unglückseligen Erdbeben, die diese Woche gekommen sind, haben die Schafe noch unruhiger gemacht, so dass nichts mit ihnen anzufangen ist."

Jetzt war Olaf in seinem Element.

Nichts war ihm willkommener als Leute, die glaubten, dass er mehr könnte als andere oder übernatürliche Fähigkeiten besäße, und keine Bitte war ihm lieber als die, Unglücksfähe, Wiedergänger oder Geister abzuwehren, Wasserungeheuer und andere Scheusale niederzubeten. Das Schlimmste für ihn war, dass es so selten vorkam. Das darf man nicht so verstehen, dass der Glaube an das Übernatürliche fehlte, sondern eher der Glaube an seine Fähigkeiten.

Jetzt aber hatte er die Möglichkeit zu einem großartigen Streich bei einem Mann, der an beides glaubte. Und so viel konnte Olaf, dass er wusste, wie man sich am besten zu benehmen hatte, um diesen Glauben zu verstärken.

Er saß brütend und wichtig da und überlegte alles genau, was er sagte.

„Hast du schon die Helferringe[18] des Königs Karl Magnus versucht?"

„Ich habe nichts versucht. Ich weiß nichts von solchem Zeug. Besitzt du diese Helferringe? Lass mich sehen."

„Das kann ich nicht. Aber es wäre den Versuch wert, sie in die Erde zu schneiden, in der Richtung, in die das Vieh laufen will."

„In die Erde schneiden – !" Björn schwieg und starrte auf Olaf. Jetzt verstand er, dass die Helferringe des Königs Karl Magnus Zauberzeichen waren.

„Ginfaxi und Hornathurs sind auch gut."

„Sind das – Zeichen?"

„Dafür wurden früher die Leute verbrannt. Doch sie sind nichts anderes als ein harmloser und erlaubter Schutz gegen die Hexereien anderer."

„Du hast gesagt, du weißt nichts."

„Ich müsste mit zu dir kommen, um zu sehen, wie die Sache aussieht."

„Ich bin mit einem Pferd für dich gekommen."

„Es könnte sein, dass ich etwas machen kann, was weder dir noch mir schadet."

Björn war selig.

„Du bleibst bei mir – wenigstens über die Feiertage."

„Wir wollen sehen."

Olaf hatte oft sorgenvoll vor sich hin geschaut, während sie zusammen sprachen und ausweichende Antworten gegeben. Jetzt richtete er sich auf und sah Björn scharf an.

„Aber das ist ein Geheimnis – ein Geheimnis, Kamerad, vor Lebenden und Toten. Ich verlange dein Ehrenwort."

„Natürlich."

Am Abend zur Schlafenszeit ritten sie von Holt fort, Björn und Olaf. Olaf ritt ohne Sattel, hatte seinen Sack, von dem er sich nie trennte, über den Schultern und benutzte seinen Stab als Peitsche. Er saß aufrecht auf dem Pferd und gab sich würdevoll.

In Holt hieß es, dass Björn ihn für die Festtage zu sich eingeladen habe.

V. Teil

1. Schwarze Pfingsten

In der Nacht vor Pfingsten konnten nur wenige schlafen. Die Erdbeben waren so stark, dass es fast ununterbrochen in den Häusern knackte und knarrte.

Am Morgen war bestes Wetter, mit Sonnenschein und völliger Windstille. Die Leute von Holt und Skál oder, besser gesagt, die, die bald verschwägert sein würden, hatten sich verabredet, an diesem Tag zusammen nach Westen nach Skaftártunga zu reiten, um den Pfingstsegen in der Ásakirche zu empfangen.

In der letzten Woche waren fast täglich Botschaften zwischen den Höfen hin- und hergegangen. Ranaveigs Söhne waren ständig unterwegs, vor allem Sigurður. Ihm fielen erstaunlich viele Vorwände ein, um nach Skál zu reiten.

Valgerður empfing ihn, wie auch seine Brüder, stets freundlich, wenn sie kamen. Anderes aber war von Gudrun zu sagen. Sie hatte sich immer noch nicht von dem Ritt auf Bleikur erholt – wie es auch damit stand.

Sie war zwar auf den Beinen und schien nicht krank zu sein. Sie klagte nicht und bestritt, dass etwas mit ihr nicht stimme. Trotzdem war sie ganz anders, als es gewöhnlich ihre Art war. Ihre jugendliche Unbeschwertheit war wie fortgeblasen. Sie war langsam und still, redete kaum mit den anderen, wollte am liebsten allein sein und würdigte alle Versuche, sie aufzuheitern, in keiner Weise. Ihre Mutter, die sich das sehr zu Herzen nahm und sich am meisten um sie kümmerte, meinte gesehen zu haben, dass Gudruns Gang ein wenig schwankte, wenn sie allein war, als ob es sie schwindelte. Sie ließ Sigurður zwar zu sich kommen, wenn er nach Skál kam, nahm aber seine Worte ungnädig und seine Zärtlichkeiten noch ungnädiger entgegen.

Sigurður hatte fast Angst vor ihr.

Vor allem ihretwegen wurde dieser Vergnügungsritt nach Tunga am Pfingstsonntag geplant. Damit wollte man sie aufheitern – oder ihr die schlechte Laune austreiben, wie manche es nannten, wenn sie es nicht hörte. Aber als sie Gudrun davon erzählten, wollte sie auf keinen Fall mitkommen. So mussten alle zu Hause bleiben. Aber sie sollten es nicht bereuen. Der Pfingstsonntag hatte anderes zu bieten, auf das niemand gefasst war.

Am Morgen stieg eine kohlrabenschwarze Rauchsäule hinter der Heide auf, die im Norden von Síða lag. Sie war früh von Holt aus zu sehen, aber nicht von Skál, da der Berg sie dem Blick entzog.

Sie stieg höher und höher, und in unglaublich kurzer Zeit legte sie sich auf die ganze Gegend.

Die Sonne hatte hell und fröhlich geschienen. Jetzt wurde es kohlpechrabenschwarze Nacht, wie im Winter. Diejenigen, die mit der Pfingstlesung angefangen hatten, mussten wieder aufhören. Die, die noch Kerzenstummel vom Winter hatten, zündeten sie an. Die anderen mussten im Dunkeln sitzen. Draußen regnete es Asche – kleine, schwarze Brocken wie ausgebrannte Steinkohle.

Die, die draußen waren, fanden nur mit Mühe nach Hause. Und sie bekamen kaum Luft, denn die Asche füllte ihre Lungen. Und der Gestank der Asche war so übel, dass es ihnen schlecht werden wollte. Als sie endlich in die Häuser zu den anderen kamen, waren sie kohlschwarz im Gesicht, als ob man Tinte über sie gegossen hätte. Nach gut zwei Stunden drehte sich der Wind, blies von Südosten, und die Aschewolke zog wieder zurück auf die Heiden. Sie verschwand wie ein schwarzer Bote, der nun seine Angelegenheit erledigt hatte.

Man konnte sich vorstellen, was für ein König das war, der solch einen Boten hatte.

Es war wieder klarer Sonnenschein. Aber welche Veränderung!

Die Erde, die wunderschön frühlingsgrün gewesen war, mit neuerblühten Blumen auf Wiesen und Weiden, war jetzt schwarzgrau von Asche. Löwenzahn und Hahnenfuß, die ihre lächelnden Blüten der Sonne entgegengereckt hatten, ließen nun ihre zum Tod verurteilten Köpfchen unter der Last, die sich auf sie gelegt hatte, hängen. Die jungen Grassprosse auf den Wiesen waren von glänzenden Aschebrocken, die auf sie gefallen waren, bedeckt. Überall lag die Asche in einer dicken Schicht, die bis über die Schuhe reichte. Jetzt blies der Wind sie von den Bulten in die tiefer gelegenen Stellen.

Die Fenster in der Badestube waren undurchsichtig wegen der Ascheschicht, die auf ihnen lag, so dass der Sonnenschein nicht durch diese kleinen Löcher dringen konnte, die doch dazu da waren, ihm einen Weg zu den Menschen zu zeigen.

Aber nun, als es sich wieder aufheiterte, kam jedes einzelne Menschenkind aus seinem Haus mit dem unbewussten Verlangen, die anderen zu sehen und festzustellen, was eigentlich los war. In Holt trafen sich alle draußen auf dem Hofplatz.

„Was ist das? Was ist das? Was meint ihr dazu?“ fragten sie einander.

Die Frauen beteten laut zu Gott.

Doch eigentlich sah man den Leuten weder Angst noch Schrecken an. Die meisten erinnerten sich an einen Aschefall, manche an zwei oder drei. Katla und Hekla waren beide in der Nachbarschaft.

Die Angst, die sich erst auf manche gelegt hatte, vertrieb der gesegnete Sonnenschein bald wieder. Es war erfreulich und gleichzeitig überwältigend, die Schultern dieses schwarzen Riesen, des Boten, im Norden auf den Heiden zu sehen.

Olaf Jónsson hatte mit der Pfingstlesung in der Jóns-Postille[19] begonnen. Es war seine Gewohnheit, zumindest an Festtagen, die Lesung vor dem Frühstück zu halten. Da ging es buchstäblich nach der Lehre: Ihr sollt erst Gottes Reich suchen... Jetzt lag das Jónsbuch auf dem Kissen in seinem Bett und wartete darauf, dass er es wieder aufnähme. Er selber stand draußen bei den anderen in einem blauen Wollpullover unter einer Weste mit Silberknöpfen, in dunkelblauen Kniehosen aus Loden und dunklen Strümpfen aus meliertem Band, die fest an den Schenkeln lagen. Das war seine Festtagskleidung zu Hause.

Und er war in Festtagslaune, trotz des schwarzen Schauers.

„Das ist gut", sagte er, „dass das Feuer nun endlich hochgekommen ist. Dann hören vermutlich diese verdammten Erdbeben auf, und die Menschen können wieder in Ruhe schlafen. Es war augenscheinlich, dass dergleichen geschehen sollte. Ich hatte schon Angst, dass sich die Katla großtun wollte. Nun, jaja – das ist natürlich weit im Norden in der Wildnis. Zumindest ist es gut zu wissen, in welcher Richtung es ist. Am schlimmsten ist die Ungewissheit, nichts zu sehen, nichts zu hören und es doch unter seinen Füßen zu spüren."

„Schlimm, wie die Asche mit unserer Wiese umgegangen ist", sagte Ragnhildur, seine Frau, die auch da draußen stand.

„Ja, oh ja", sagte Olaf verträumt. „Das hindert den Graswuchs eine Weile. Aber mit der Zeit wird die Asche der beste Dünger. Und wenn nicht mehr als das kommt, hoffe ich, dass das Gras sich wieder erholt."

„Du siehst vielleicht aus, Siggi!" sagten die Söhne von Rannveig lachend zu ihrem Bruder Sigurður. Er war in dem Ascheschauer von Skál gekommen. Er war dorthin gelaufen. um zu sehen, ob Gudrun nicht mit ihm ein wenig ausreiten wollte.

Er war von Skál losgeritten, bevor der Ascheregen begann, und erst in Holt angekommen, nachdem es sich wieder aufgeheitert hatte, und hatte sich fast den ganzen Weg vorwärts tasten müssen.

Er war pechschwarz im Gesicht.

„Ich habe geschwitzt", sagte Sigurður fröhlich. „Und die Asche hat sich an mein Gesicht geklebt."

Vigfús sah ihn mit hasserfülltem Hohn an, sagte aber nichts. In seinen Augen war das genau die richtige Farbe für Sigurður und stand ihm ausgezeichnet. Solchermaßen gefärbt hatte er genau die passende Gestalt wie ein winziges, lächerlich-verächtliches Teufelchen – Liebesteufelchen.

Bis zum Abend war es hell und schön. Aber dann legte sich die Wolke wieder auf die Gegend, und jetzt war sie von Donnern und Krachen begleitet, so dass alles wie im Zorn erbebte.

Das zeigte am besten, wie mächtig der war, der hinter den Bergen sein Heerlager aufgeschlagen hatte.

So ging es die ganze Nacht und den nächsten Tag und wurde immer schlimmer.

2. Schwarze Gedanken

Guðfinna hatte ihren Fúsi nicht vergessen, wenn sie auch vieles andere im Kopf hatte. Die Nachte, die Olaf bei ihnen war, ließ sie keine Gelegenheit ungenutzt, ihn zu verletzen, zu schmähen oder aufzuhetzen. Sie hatte immer etwas bereit, vor allem, wenn sie an ihn herankam und niemand anderes zuhörte – etwas, von dem sie wusste, dass es gut treffen und schmerzhaft genug sein würde. „Jetzt küsst Siggi seine Gunna draußen in Skál", flüsterte sie ihm ins Ohr, wenn sie wusste, dass Sigurður dorthin gegangen war. „Jetzt legt sie ihm ihre weichen Arme um seinen Hals", und so fort.

Sie wusste, dass nichts Vigfús mehr quälte, als zu wissen, dass Sigurður, ausgerechnet Sigurður, ihm überlegen sein sollte, dieser armselige Jüngling, kraftlose Schwächling, der zudem Gudrun nicht einmal liebte und gar nicht heiraten wollte, sondern andere für sich entscheiden ließ. Sie wusste, dass Vigfús so dachte, und sie schürte diese Gedanken.

Sie erzählte Vigfús alles, was sie über die Art dieser Verlobung erfahren hatte, und verbarg ihren Hohn und ihre Verachtung über diese Geschichte nicht. Sie ließ all das über Vigfús herabregnen, obwohl er es nicht hören wollte. Er sollte nicht davonkommen.

Alles, was sie tat und sagte, richtete sich darauf, Vigfús' Hass gegen Sigurður zu schüren. Sie wusste, dass Vigfús' Liebe so stark, seine Trauer so tief und sein Temperament so heftig waren, dass es nicht unwahrscheinlich war, dass es zu einem Zusammenstoß zwischen den beiden kommen könnte. Wenn das geschähe – dann wäre sie zufrieden. Dann konnte die Zeit kommen, da es für sie eine Genugtuung wäre, Vigfús an das zu erinnern, was zwischen ihnen einmal geschehen war.

Das Pfingstfest war die geeignete Stunde. Olaf hatte sie schon verlassen und Vigfús war zu Hause. Da waren sie beide allein in der Badestube. Vigfús lag angezogen und wach in seinem Bett wie immer, wenn er zu Hause war und nichts zu tun hatte. Er kämpfte in Gedanken mit dem Übergewicht seiner Trauer, und dazu drangen die spitzen Worte seiner Stiefmutter wie haarfeine Giftnadeln in ihn ein. Er war erleichtert, als in der Badestube Olafs die Hauslesung gehalten und Psalmen gesungen wurden. Nur eine Holzwand trennte die beiden Badestuben. Er versuchte dem zuzuhören, was er von der Lesung vernehmen konnte, aber er hatte keine Ruhe vor seiner Stiefmutter. Sie redete weiter, obwohl er nie antwortete.

Die Hauslesung wurde wegen des Aschenregens unterbrochen. Es wurde in der Badestube tiefste Nacht.

Vigfús lag bewegungslos. Guðfinna saß auf ihrem Bett und fing an, ein altes Rittergedicht zu murmeln. Der Refrain lautete folgendermaßen:

Der Ritter trauert um seine Braut,
sieht sie dem Buhler gegeben.
Feige der, der nicht versucht, sich zu rächen.

Das Gedicht handelte von der unglückseligen Liebe eines Ritters und einer jungen Grafentochter. Sie hatte sich heimlich mit ihm verbunden, ihn aber verraten und auf Rat ihrer Eltern einen Mann von höherer Abstammung genommen. Der Ritter ging in die Einsamkeit und wurde von Gram verzehrt. Doch er verstand die Sprache der Vögel und hörte aus der Unterhaltung zweier Vögel, was er tun sollte. Er gelangte in der Hochzeitsnacht durch eine List in das Zimmer der Grafentochter. Nachdem er den Wächter mit einem Schlafmittel unschädlich gemacht hatte, ging er an das Lager des jungen Paares, griff in die goldenen Locken des Bräutigams, zog ihn aus dem Bett und hieb ihm den Kopf ab. Dann erlaubte er der untreuen Braut, den blutigen Leib zu liebkosen, soviel sie wollte, er aber ging fort, sammelte ein Heer um sich und verbrannte ihren Vater in seinem Schloss.

Die Geschichte war ein blutiges Rachegedicht, dunkel und schlecht und hatte eine aufstachelnde Kraft. Und wie ein roter Faden zog sich dieser Refrain durch das Gedicht: *Feige der, der nicht versucht, sich zu rächen.*

Dieser zerschnitt das Gedicht und stach in den Ohren wie eine Stahlklinge. Das war Guðfinnas Pfingstsonntagslesung, in der Dunkelheit unter Ascheregen gelesen, als niemand wusste, was da draußen los war und manche dachten, der Jüngste Tag sei gekommen.

Als es aufheiterte, ging Vigfús wie viele andere nach draußen, um zu sehen, was geschehen war. Und da sah er Sigurður auf dem Hofplatz wie vorher geschildert. Und dass er ihn von Skál kommen sah, gab dem Hass in seiner Brust neue Nahrung.

Die folgende Nacht hatte Vigfús jedoch Ruhe vor seiner Stiefmutter. Sie verschwand aus dem Bett kurz nach dem Schlafengehen und kam nicht vor dem Morgen zurück.

Die nächsten Tage hatte Vigfús' Geist keine Ruhe vor dem merkwürdigen Gedicht. Sein Inhalt kam wieder und wieder in seine Gedanken, und der Refrain rief ihn zur Rache.

Nie hatte er dieses Würmlein, das sich zwischen ihn und seine Geliebte drängte, als so verächtlich empfunden, wie in dem Moment, als er ihn mit so schwarzem Gesicht gesehen hatte.

Würde es der Welt schaden, wenn er nicht mehr da wäre?

Er konnte ihn jederzeit zwischen seinen Händen zerquetschen und den Lebenssaft aus ihm herausdrücken, wenn er seine Hände damit beschmutzen wollte.

Kurz nach dem Fest geschah etwas, was das Verhältnis der beiden Buhler nicht gerade verbesserte.

Eines der wichtigsten Dinge war es jetzt, die Wiesen von der Asche zu befreien, zumindest so weit, dass die Kühe fressen konnten. Sie kamen sonst vor Asche an kein Futter heran. Vigfús arbeitete diesmal im Dienst des Bauern Olaf zusammen mit dessen Arbeitsleuten. Die Rannveigssöhne waren bei der gleichen Arbeit auf ihrem Teil der Wiese. Die Asche wurde mit Harken vom Gras geschlagen. Dann wurde sie zu Haufen zusammengeharkt und diese schließlich weggetragen.

Bleikur, von dem schon erzählt wurde, kam immer wieder heim nach Holt, obwohl er doch jetzt in Skál zu Hause war. Und als die Asche alle Weiden auch in Skál bedeckte, erwachte das Heimweh in Bleikur. Er erinnerte sich an die guten Weiden in Holt und an die Wiese, auf der er als Fohlen oft grasen durfte und auch später gefressen hatte – unerlaubterweise. Und während die Leute bei der Arbeit waren, kam Bleikur im Pass aus den Tälchen. Er ging immer Pass, wenn er es eilig hatte.

Als er durch den Fluss gewatet war, lief er direkt auf Olafs Wiese zu.

„Ich werde ihn willkommen heißen", sagte Vigfús zu den anderen Leuten und ging mit der Peitsche in der Hand los.

Zur gleichen Zeit machte sich Sigurður auf den Weg, um Bleikur abzufangen. Vigfús beschleunigte seine Schritte, als er Sigurður sah. Nach Sigurður hasste er niemanden mehr als Bleikur.

Bleikur drehte ihm sein Hinterteil zu und war auf alles gefasst.

Vigfús schlug so fest zu, dass der Peitschenstiel zerbrach. Bleikur bockte und schlug nach hinten aus, rührte sich aber nicht von der Stelle.

Da rief Vigfús die Hunde und jagte sie auf das Pferd. Alles Hundeviehzeug beider Höfe stürzte sich mit Bellen und Schnappen auf Bleikur. Bleikur wehrte sich zunächst und schlug und biss um sich. Aber dann gab er nach und rannte davon. Die Hunde folgten ihm. Da war Sigurður angekommen und versuchte, die Hunde zu beruhigen. Vigfús feuerte sie deshalb noch mehr an.

„Warum jagst du mir das Pferd aus den Händen, du Schuft, du!" rief Sigurður, rot vor Wut.

„Ich meine, das Laufen wird ihm gut tun", sagte Vigfús kalt. „Er wird dann gelenkiger in den Beinen für den nächsten Ausritt."

„Er hat euch keinen Schaden zugefügt Du hättest ihn in Frieden lassen können."

„Hör mal, Kamerad", sagte Vigfús mit giftigem Spott. „Hast du dir schon die Asche aus dem Gesicht gewaschen? Mir kommst du so schwarz vor." „Asche kann man abwaschen", sagte Sigurður mit erzwungener Ruhe. „Sie ist kein Siegel des Gesetzes."

„Ist es das Brandzeichen meines armen Vaters, auf das du anspielst?" fragte Vigfús und biss die Zähne zusammen vor Wut.

„Leg es aus, wie du willst."

„Die erbarmungslose Behandlung unschuldiger Menschen ist eine schwere Bürde für ihre Freunde. Pass auf, Junge, dass du nicht ein tieferes Zeichen bekommst, bevor wir miteinander fertig sind."

Damit trennten sie sich. Vigfús zwang sich, Sigurður in Ruhe zu lassen, da die anderen Leute in der Nähe waren. Aber so schamlos war er noch nie an das Unglück seines Vaters erinnert worden. Es war schwer zu tragen – und nicht zuletzt, wenn dieser Mann ihn daran erinnerte.

In den Wachträumen der nächsten Nächte wurde in seiner Seele der Gedanke geboren, Sigurður zu töten. Er wurde ausgewachsen geboren, denn in Wirklichkeit hatte er ihn schon lange getragen, ohne dass es ihm selbst klar gewesen wäre. Und von da an wartete er auf die Gelegenheit.

3. Sanfte Ermahnungen

„Etwas stimmt nicht mit dir", sagte Valgerður und strich sanft über die Wange ihrer Tochter Gudrun. „Irgendetwas stimmt nicht mit dir, und ich weiß nicht, was es ist und kann es nicht verstehen. Du bist so ernst und sorgenvoll, nie fröhlich und ganz anders, als du sonst warst."

Gudrun saß auf ihrem Bett und stickte eine Rose in eine Ecke einer Satteldecke. „Es ist nichts mit mir los, Mama", sagte sie und seufzte dabei. „Ich bin nicht anders, als ich sein sollte. Ich bin vielleicht ein Springinsfeld gewesen – zu lange. Ich bin in Wirklichkeit älter, als ich dachte."

„Das ist gut, mein Liebes, dass nichts mit dir los ist. Ich muss dir glauben, wenn du es sagst. Ich weiß, dass du deiner Mutter nichts Unwahres sagst. Aber – es bedrückt mich, dich nie fröhlich zu sehen."

Gudrun schwieg, und das Gespräch verstummte für eine Weile. Gudrun wurde noch ernster. Sie hatte die ganze Zeit Angst, dass ihre Mutter in sie dringen würde. Sie wollte mit ihren Gedanken allem sein, und niemand sollte sie erraten, auch ihre Mutter nicht.

„Vieles bewegt die Gedanken in einem solchen Zeitabschnitt, an dem du nun stehst, mein Kind", sagte Valgerður mit der gleichen ernsten Milde wie vorher. „Ich erinnere mich noch daran, als ich in deinem Alter war. Vielleicht hast du Angst vor dem Heiraten."

Gudrun lächelte mühselig und sagte: „Daran denke ich nie."

„Erinnerst du dich an das, was Meister Jón Vidalin[19] in seinem Text über die Hochzeit in Kanaa sagt? Das sind ernste Worte. Er vergleicht diesen Teil des Lebens mit dem Krieg. Da darf sich niemand zweimal irren. Den wenigsten bietet sich die Gelegenheit, sich öfter als einmal einen Lebensgefährten zu suchen. Die Wahl geht nicht um Kleinigkeiten."

„Ich erinnere mich an mehr aus diesem Text", sagte Gudrun ohne aufzublicken. „Was – zum Beispiel? Lass es mich hören."

„Er rät den Menschen zwar, sich einen gottesfürchtigen Verwandten als Ratgeber zu wählen, wenn es dazu kommt, sich aber nicht ausschließlich auf solchen Rat hin in das Geschehen zu stürzen."

„Ja, ist das nicht ein guter Rat?"

„Ja, aber dann fügt er hinzu: Man soll auch nicht auf die Ratschläge derer hören, die sich selber nicht helfen können oder aus eigennützigen Gründen einen einfachen und unschuldigen Menschen in eine Grube stürzen, in der er sein Leben lang siechen muss und nie wieder einen schönen Tag erblicken wird. Erinnere ich mich nicht so ungefähr richtig?"

Valgerður schwieg eine Weile, und ihre Miene verdüsterte sich.

„Du erinnerst dich erstaunlich gut daran", sagte sie schließlich.

„Ich habe dir zugehört, wie du das selbst Winter um Winter vorgelesen hast. Ich glaube kaum, dass du es vergessen hast."

„Ich habe es auch nicht vergessen, mein Kind. Aber etwas anderes habe ich leider vergessen."

„Was denn?"

„Es dir genügend zu erklären."

Gudrun wurde tiefrot. Sie hörte in der Stimme ihrer Mutter, dass sich ihre Stimmung verdüsterte, und sie fühlte, wie ihre Augen ständig auf ihr ruhten.

„Diejenigen, die junge Mädchen aus eigennützigen Gründen ins Unglück stürzen, sind selten ihre Eltern oder ihre besten Freunde. Meister Jón meint sie auch nicht. Das sind die, die mit dem Einfluss auf die Gedanken der Mädchen alles zu gewinnen, aber nichts zu verlieren haben. Verstehst du, Gunna? Solche Männer tun das aus eigennützigen Gründen."

Gudrun blickte auf und schaute ihre Mutter an. Ihre Augen blitzten.

„Nicht alle, Mama. Es gibt Männer, so reinen Herzens, so gutmütig und so liebevoll, die, obwohl sie arm sind, aus niederem Geschlecht und wegen ihrer Erziehung verachtet, ohne jegliche Selbstsucht wahre Liebe geben können, ohne auch nur einen Augenblick an Stand oder Besitz zu denken."

Valgerður schaute sie verwundert an. Dann sagte sie sehr ruhig: „Was weißt du davon, mein liebes Kind? Wer hat dir das gesagt?"

Gudrun wurde eifrig.

„Niemand hat mir das gesagt. Ich habe selbst in die Augen eines solchen Mannes geschaut. Ich sehe diese Augen immer, wenn ich meine eigenen Augen schließe. Ich bin davon überzeugt, dass es solche Liebe ist, von der Gott will, dass sie Mann und Frau binde."

Valgerður schwieg und biss sich auf die Lippen. Gudrun sprach weiter.

„Ich weiß auch, dass es Menschen gibt, die in keiner Weise denen gleichen, von denen sie abstammen – oder die jedenfalls nur das Beste von ihnen bekommen haben, Menschen, die sich selbst aufgezogen haben, ihre eigenen Wege gegangen und zu guten und brauchbaren Menschen geworden sind, trotz schlechter Verhältnisse und schlechten Umgangs. Sie tragen das Unglück, an dem sie keinen Anteil haben, mit Geduld. Solche Menschen sind der Liebe wert."

„Und was weißt du noch, mein Kind?"

„Ich weiß, was es mit diesen gesegneten Familienhochzeiten auf sich hat und wie die meisten enden. Junge Leute werden mit Hilfe ihrer Verwandten in die Ehe gezwungen. Sie haben sich vor dem Verlobungstag noch nie gesehen, und nichts zieht sie zueinander. Die Ehe wird kalt und lieblos. So kommen die Ehesorgen eher, als man denkt – Untreue, vielleicht auf beiden Seiten, Zank und Streitereien. Ich kenne diesen Handel zwischen den Geschlechtern um das Heiratsversprechen, all diese Feilscherei, bei denen vor allem Wert darauf gelegt wird, welchen Anteil die Brautleute für den Hof mitbringen, der Bräutigam zwei Drittel, die Braut eins, all diese verächtlichen Anstrengungen, die nichts mit Liebe zu tun haben. Mein Bruder Sveinn hat mir von alldem erzählt."

„Dein Bruder Sveinn ist nicht der beste Ratgeber, liebe Gunna."

„Das kann sein. Aber er rät mir nicht aus eigennützigen Gründen."

„Wir wollen nicht mehr darüber reden", sagte Valgerður und stand auf. Da war etwas in Gudruns Augen gekommen, wovor sie Angst hatte.

„Ich weiß gut, von wem du die ganze Zeit gesprochen hast, obwohl du ihn nie genannt hast. Jetzt solltest du aufhören zu sticken, mein Kind, und dich eine Weile hinlegen. Ich sehe, dass du Aufregung am wenigsten verträgst. Was auch mit dir sein sollte, das eine weiß ich, dass du nicht gesund bist."

Gudrun gehorchte und erlaubte ihr, das Bett zu richten. Sie machte es so sorgfältig wie immer.

„Gott gebe, dass du gesund wirst, mein Liebes, wenn etwas mit dir ist", sagte sie und beugte sich über ihre Tochter, um sie zu küssen.

Gudrun strich mit beiden Händen über ihre Wangen.

„Bist du mir böse, Mama?" fragte sie.

„Nein, mein liebes Kind", antwortete Valgerður. „Ich will nur, dass du verstehst, dass ich es gut mit dir meine."

Gudrun sah ihrer Mutter an, als sie sie verließ, dass ihre Stimmung düsterer war als gewöhnlich, wenn sie es auch mit solcher Ruhe trug.

Sie wusste selber, dass sie Aufregung schlecht vertrug, und es legte sich eine merkwürdige Schwere und Schwäche auf sie, gleich nachdem sie sich hingelegt hatte. Trotzdem bedauerte sie nichts von dem, was sie gesagt hatte, und vor allem freute es sie, dass ihre Mutter alles verstanden hatte, ohne dass sie deutlicher zu werden brauchte.

4. Die Feuer

Die Feuer im Rücken der Berge wurden stärker.

Die Ausbrüche, an die sich die Leute in Síða erinnerten, hatten in dieser Gegend wenig Schaden angerichtet. Das musste man der Katla lassen, sie war selten lange dabei, ihre Asche auszuspucken. Sie war normalerweise am schlimmsten in den ersten Stößen und ließ dann langsam nach. Lange nach den Ausbrüchen kochte sie unten in der Spalte noch etwas vor sich hin, aber dann hörte sie ganz auf, und der Gletscher deckte sie zu.

Der Aschefall aus ihrem Krater war zwar schlimm gewesen, wenn die Menschen zuviel davon auf einmal abbekommen hatten, aber er war nur selten giftig, und meistens war die Síðagegend ohne großen Schaden davongekommen.

Anders war es in Skaftártunga und vor allem in Álftaver und Mýrdalur. Wenn die Hekla anfing, war es schlimmer, und länger war sie dabei. Aber sie war so weit von diesen Gemeinden entfernt, dass diese wenig von ihren Streichen erzählen konnten. Es kam zwar vor, dass sie Asche und Gestank nach Osten über alle Gletscher und Heiden spuckte, und immer verdarb das Gras, und das Vieh erkrankte, wenn sie ihre Launen austobte. Aber zugleich war es ein großartiger Anblick, ihre Feuer über den Gebirgsketten im Westen und deren Schein, den sie über den Mýrdalsjökull breitete, zu sehen. Dieser Anblick zog vieler Augen auf sich und ging wenigen aus dem Gedächtnis, die das einmal gesehen hatten.

Außerdem waren oft Feuer im Norden in den unbewohnten Gebieten ausgebrochen, von denen vage Geschichten erzählt wurden und niemand etwas Genaueres zu sagen wusste. Manchmal erschienen sie im Norden des Torfajökulls, wo die Geächteten wohnten und wohin kein ehrlicher Mensch seinen Fuß setzte. Manchmal brachen sie irgendwo weit, weit im Norden hervor und manchmal in den Gletschern, wo sie niemandem schadeten oder keinen etwas angingen.

Deshalb sahen die Menschen die ersten Feuergrüße mit Neugier und nicht mit großer Furcht.

Aber es dauerte nicht lange, bis die Menschen davon überzeugt wurden, dass hier etwas Ernsteres auf sie zukam.

Am zweiten Pfingsttag war klares Wetter. Von den Wohngebieten aus konnte man jetzt sehen, wie die Säule im Rücken der Berge immer höher stieg und dabei immer größer und unheimlicher wurde. Den ganzen Tag über war so starkes Bersten und Krachen im Norden zu hören, dass die Erde dabei erzitterte. Am Abend schwebte die Wolke über die bewohnten Gebiete, und aus ihr kam ein Platzregen, schwarz wie Tinte, stinkend und giftig.

Am dritten Pfingsttag, dem 10. Juni, war bedecktes Wetter, mit starkem, bitterkaltem Sturzregen. Der Regen verursachte kaum auszuhaltendes Brennen in den Augen, und wo er auf die nackte Haut fiel, rötete und entzündete sie sich. Viele bekamen Schwindel und Kopfschmerzen von dem Gestank und der schlechten Luft, die ihm folgte. Überall brannten die Tropfen Löcher in die Sauerampferblätter, und Brandflecken fraßen sich in das frischgeschorene Fell der Schafe. An diesen beiden Tagen fiel der Wasserstand der Skaftá immer mehr, und am letzten trocknete sie ganz aus, trotz des Niederschlags, so dass jetzt nichts anderes in ihrem Bett floss als die kleinen Bäche von den Höfen, die in sie mündeten.

Am 11. Juni, dem Mittwoch nach dem Fest, kam Ostwind auf mit starkem Schneetreiben. Der niederfallende Schnee war so hart wie an einem sehr kalten Wintertag. Die aufgewirbelte Asche wurde mit ihm getrieben, so dass er fast schwarz wurde. Und dieser schwarze Schnee bedeckte sämtliche Weiden. Jetzt mussten alle Milchkühe wieder gefüttert werden. Sie waren von dem Gift, das sie mit dem Gras in den vergangenen Tagen gefressen hatten, fast ganz trocken. Aber nur wenige Bauern hatten so gutes und so viel Heu, dass sie die Milcherzeugung wieder in Gang bringen konnten. Am Donnerstag, dem 12. Juni, war klares Wetter und Südwind. Da schoss mit ungeheuerlicher Geschwindigkeit, mit Bersten und Gewalt, ein glühender Lavastrom aus der Skaftáschlucht. Er strömte in einem Rutsch im Bett der Skaftá an West-Síða entlang bis nach Osten an den Stapafoss, füllte ihr Bett völlig aus und flutete aus ihm über die alte Lava an beiden Seiten. Dabei wurden die schönen Wiesen an der Skaftá vernichtet, an denen Vigfús und Gudrun ihre Liebestreffen vor zwei Wochen gehabt hatten. Dieser Feuerstrom wälzte sich mit solch einer Gewalt voran, dass er vielen Angst einjagte. Die strömende Lava setzte die Erde in Flammen, und in Wasserpfützen oder Bächlein gab es jedesmal dermaßen starke Dampfexplosionen und einen solchen Knall, dass es vielen Kanonenschüssen auf einmal glich. Dann wurde alles in die Luft geschleudert, halberstarrte Lava, Wasserdampf, Steine und Erde. Die Lava selber war wegen des dampfvermischten Dunstes kaum zu sehen, denn die Bäche, die die Skaftá früher zum Meer getragen hatte, flossen nun auf die glühende Lava, verkochten dort und vermischten sich mit dem lauen, dicken Branddunst, der sich über das fließende Feuer legte. Diese Dampfwolken füllten die Luft und färbten die Sonne mitten am Tage blutrot.

Am Tage danach, dem 13. Juni, verstärkte sich der Ausbruch hinter den Bergen. Von dort war ein solches Heulen zu hören. als ob unzählige Schmiedeöfen gleichzeitig geblasen würden. Dem folgten ab und zu unglaubliches Dröhnen und Erdbeben, so dass alles herniederzustürzen schien. Die Asche- und Dampfsäulen stiegen so hoch in den Himmel, dass sie über Berge und Täler im ganzen Land zu sehen waren. Die Hauptsäule war pechschwarz und streute Sand und heißen Bimsstein, wo sie auch hinzog. Ihr folgten schneeweiße Dampfwolken, die aber nicht so hoch stiegen, denn nun hatte die Skaftá, einer der wasserreichsten Gletscherflüsse des Landes, ihr Bett für immer und ewig verlassen müssen und brannte sich auf der Lava zu Tode, welchen Weg sie sich auch wählte.

Der 14. Juni, der Sonnabend vor Trinitatis, verlief genauso. An diesem Tag brach ein heftiger Sturzregen aus der Wolkendecke, die sich in der Luft von der Säule her ausbreitete. Der Regen, der niederfiel, war von hellblauer Farbe und so scharf und beißend, dass brustkranke Menschen keine Luft bekamen und einer Ohnmacht nahe waren. Jetzt war es so weit gekommen, dass alle Leute in der Gegend von Todesangst ergriffen waren.

Diejenigen, die gläubig und wenig widerstandsfähig waren, glaubten, dass der Jüngste Tag gekommen sei und erwarteten jene Stunde, da sie vor dem Richter allen Fleisches stehen würden und die Abrechnung ihrer Taten auf der Erde machen müssten. Das, was bis jetzt geschehen war, waren für sie nur die Vorzeichen des Kommenden, die Gott in seiner Barmherzigkeit gesandt hatte, um den Menschen Zeit zu geben zur Reue und um sich auf die Abreise vorzubereiten. Denn die Erde würde im Feuer vergehen, und alles Menschenwerk, das auf ihr war, würde verbrennen. Diejenigen, die vorsichtiger in ihren Urteilen waren und nicht in blindem Glauben auf Irrwege gerieten, waren auch nicht ohne Angst. Wenn schon nicht der Jüngste Tag herannahte, war das, was bisher gekommen war und was voraussichtlich noch kommen würde, mehr als ernst genug. Die ganze Erde war mit Asche bedeckt, und ständig regnete es lange Aschefahnen, die sich auf der Erde zu Strängen zusammendrehten und zerkrümelten, wenn man sie berührte. In ihnen waren Metalle mit Schwefel vermischt. Ihr Gift und das Gift aus der Luft verbrannten das Gras, so dass es ganz blass wurde und dann abstarb. Die Bäume verloren erst ihre Blätter, verkohlten und zerbrachen schließlich. Die ganze Erde wurde in wenigen Tagen schwarz und pflanzenlos. Die Schafe hatten gelbe Mäuler von Schwefel und erkrankten schnell. Bäche und Quellen wurden hellblau und schmeckten scharf, und die Forellen wurden tot an Land getrieben. Alle Frühlingsvögel flohen, und ihre Eier waren wegen des beißenden Geschmacks ungenießbar. Die Vögel, die nirgendwohin fliehen konnten, starben zu Hunderten.

Es war augenscheinlich sicher, dass es hier zu Schwierigkeiten mit allem Vieh kommen würde, und Graslosigkeit und Viehsterben waren vorauszusehen. Dazu kam, dass die Gegend in sichtbarer Gefahr vor dem Feuer selber war. Jeder konnte sehen, dass es hinter den Bergen immer größer wurde, und jetzt hatte es sich zwischen Síða und Meðalland gezwängt und Síða halb umgriffen, als ob es diese schöne Gegend vertilgen wollte. Niemand konnte wissen, ob es nicht bald zwischen den Bergen hervorbrechen konnte oder durch sie hindurch, und dann wurden alle Höfe in Síða vernichtet werden. Es löste allgemeine Freude in der Gemeinde aus, als in der Kirche am Trinitatissonntag bekannt wurde, dass die Bauern von Mörtunga am Abend auf die Heiden gehen wollten, um zu sehen, was dort hinter den Bergen geschah. Das schien den Leuten ein tapferes Unterfangen und eine große Mutprobe zu sein, so nah an das Feuer und die Funken zu gehen.

Diese Männer waren þórleifur Johannesson, der Schwager Þórarinn Isleikssons von Skál und mit dessen Schwester Sigrid verheiratet, Páll Snjólfsson, der Sohn Snjólfur des Starken Finnsson, der nun ins Greisenalter gekommen war und in Bakkakot wohnte. Der dritte war Þórsteinn Jónsson.

Sie gingen auf den höchsten Berg in der Heide, den Kaldbakur, und kamen am Montagmorgen, dem 16. Juni, wieder zurück mit der Schreckensbotschaft, dass das Feuer bis nach Ulfarsdalir, nicht weit nördlich der Hochweide, gelangt sei und sie 22 Feuertürme gezahlt hätten.

Denselben Tag ging der Probst Jón Steingrimsson nach Skál, um zu sehen, wie weit das Feuer im Bett der Skaftá vorgedrungen war.

5. Der Schatz

Guðfinna hatte nicht annähernd so viel Freude an dem Geldfund, wie sie gehofft hatte. Sie konnte an nichts anderes denken und versuchte, sich so fröhliche Gedanken zu machen, wie sie vermochte. Sie wusste, dass sie nun die reichste aller Frauen war und ihre kühnsten Träume in Erfüllung gehen würden.

Sie meinte nun den Traum zu verstehen, den sie geträumt und Vigfús in jener Nacht erzählt hatte, in der er ihre Umarmungen abgewehrt hatte. Die Pferde, die sie auf den Hinterbeinen stehend auf den Hügeln gesehen hatte, stellten den Reichtum dar, der nun aus der Erde gehoben wurde. Die Pferde waren das Ebenbild der Kraft, und der Schatz war diese Kraft. Sie würden über das Land stürmen, um den Hochmut der Reichen, die sie, Guðfinna, bisher verachtet hatten, niederzutreten. Dieser Hochmut war in dem Traum dem prächtigen Hof Holt gleichgesetzt. Nach Holt liefen die Pferde, aber nicht zu den Bauern dort, sondern zu ihr.

Und wenn sie sich Land hier in der Nähe kaufen würde, wollte sie vor allem Holt besitzen, wenn es zu verkaufen wäre, oder Skál. In Holt würde sie sich wohler fühlen und fand es dort am schönsten, aber Skál würde der beste Landbesitz sein. Da konnte sie am besten herrschen.

Aber in diese hellen Gedanken schlichen sich immer wieder andere, schwärzere. Sie war schlecht mit dem alten Olaf umgegangen, als sie ihm ihre Entdeckung verbarg und ihn damit um den Teil des Schatzes brachte, der ihm doch zu Recht gehörte. Sie war zwar arm, aber Olaf war noch ärmer, und es konnte gut sein, dass irgendeine verborgene Hand ihm alles allein zugedacht hatte, wenn er auch keinen Verstand hatte, es für sich zu nutzen. Zumindest müsste man mit einem Fluch über den Dieb rechnen, Und wenn Olaf nun mit seinen Hexereien entdeckte, wie sie ihn angeführt hatte? Es wäre ihm zuzutrauen, dass er bei den Unsichtbaren, die ihm vielleicht zugeneigter waren, als irgendjemand ahnte, nach Erklärungen suchte. Wenn er nun eines Tages käme und den Schatz verlangte? Natürlich würde er nichts bekommen, Aber was würde er dann tun? Sie verzaubern? Sie zu einem verunstalteten Wesen machen, das nichts als Unglück und Leid im Leben hätte, wie reich es auch wäre? Die Rache solcher Menschen konnte viel bewirken.

Und es machte ihr ebenfalls Sorgen, wie sie das Geld aufbewahren sollte. Ihr kam zwar der Gedanke, es nach Holt zu tragen, und es irgendwo in den Häusern zu vergraben, in denen sie allein umging. Aber das hatte seine Nachteile. Zu dieser Jahreszeit, da die Nächte hell waren, war es schwierig, es so anzustellen, dass niemand es gewahr würde. Zumindest bestand die Gefahr, dass Sigfús davon erführe, und das wollte sie auf keinen Fall. Dort, wo es jetzt war, wusste kein lebender Mensch davon. Dort war es gut aufbewahrt. Am klügsten war es, es erst einmal dort zu lassen, bis die Nächte dunkler würden. Und nur gut aufzupassen, dass niemand ihr folgte.

Nachdem sie ein wenig um das Fass herumgegraben hatte, hatte sie festgestellt, dass es völlig morsch war und ganz und gar zerfallen würde, wenn man versuchte, es mit allem Inhalt aus der Erde zu heben. Es war nicht zu übersehen, dass es schon lange da gelegen hatte. Sie löste eine Planke und angelte in dem Fass nach einem Geldstück. Es war ein großer Silberbatzen mit Bild und Schrift. die sie nicht verstand. Das bereitete ihr neue Sorgen. Wie sollte sie dieses Silber in übliche Währung tauschen, wenn es nun alles ausländische Münzen sein sollten, die niemand kannte? Wenn sie sie schmelzen und aus ihnen Silberklumpen oder andere Gegenstände machen ließe, müsste sie zumindest den Silberschmied in das Geheimnis einweihen. Er würde misstrauisch und neugierig werden, und seiner Verschwiegenheit wäre nicht zu trauen. Vielleicht würde die Geschichte bekannt werden. Dann würde sich der Bezirksvorsteher damit befassen, und das gefundene Geld als des Königs Eigentum beschlagnahmen. Er würde es selber nehmen und sie in das neugebaute Gefängnis in Reykjavik einsperren, weil sie den Fund verheimlicht hatte.

Wohin sie auch blickte, war sie umringt von Gefahren und Schwierigkeiten. Aber am schlimmsten war, dass sie jedesmal, wenn sie einschlief, von dem seligen Alexander in Skál träumte. Sie war davon überzeugt, dass ihm dieses Geld gehört hatte, wahrscheinlich war es ihm durch einen Schiffbruch zugekommen, und er hatte es mit eigener Kraft vermehrt, wollte es aber nicht seinen Erben gönnen. Zumindest war sie nicht im Zweifel darüber, dass er immer noch mit seinen Gedanken daran hing. Wenn sie von ihm träumte, meinte sie ihn irgendwo in ihrer Nähe stehen und sie mit bösem Blick anschauen zu sehen. Er tat ihr nichts, aber sie hatte ihm auch bisher nicht einen Pfennig genommen. Aber man konnte ihm ansehen, was in seinen Gedanken vorging.

Trotz alledem ließ Guðfinna den Mut nicht sinken. Das Geld sollte ihr nicht entgehen, wenn sie es auch unter den Verwünschungen und Drohungen des alten Olafs, den Angriffen des seligen Alexander und der strafenden Hand des Gesetzes holen musste. Und jede Nacht vergewisserte sie sich, ob das Geld noch da war.

Am Tage schlief sie allein in der Badestube zwischen den Mahlzeiten, denn dann war Vigfús meistens draußen bei seiner Arbeit. Sie achtete deshalb nicht viel darauf, was in diesen Tagen geschah. Sie besaß nicht viele Tiere, die in Gefahr wären, wenn diesen Sommer kein Gras wüchse. Und es war ihr eine Genugtuung zu sehen, wie der Unterschied, der zwischen ihrem und ihrer Nachbarn Besitz war, sich ein wenig verringerte. Bis jetzt hatte die Lava noch keinen spürbaren Schaden in Skál angerichtet. Aber es konnte so kommen, dass die Hausfrauen in Skál weniger stolz und anspruchsvoll würden, wenn ihnen das Land verbrannte. Und es konnte gut sein, dass Holt zu einem guten Preis zu haben sein würde, wenn die Holtsbauem ihr Vieh verlören. Und oft war sie nahe daran, folgende Worte in ihre Gebete einzufügen: Gott, lass die Feuer ein wenig stärker werden.

In der Nacht nach dem Trinitatissontag ging sie wie jede Nacht, um nach dem Geld zu sehen.

Dieses Mal fiel ihr ein, bei dem Geld zu schlafen, um zu sehen, was sie dann träumen würde.

Sie schlief gut in dem weichen Gras ein, das um das Fass wuchs, aber sie träumte nichts Besonderes, nicht einmal von Alexander. Sie wachte nicht vor Mittag auf und war in Schweiß gebadet. Die Höhle war voller Dampf. Gott hatte ihr Gebet erhört, wenn sie es auch nur in Gedanken gesprochen hatte, und die Feuer verstärkt. Das wusste sie aber nicht.

In den vergangenen vier bis fünf Tagen hatte sich die Feuersflut, die unaufhörlich aus der Skaftáschlucht quoll, in eine unterirdische Auswaschung gegraben, und wurde bei dem Hof Á verschluckt. Dort war in alter Zeit ein See gewesen, aber die Skaftá hatte Sand in ihn hineingetragen und ihn zum größten Teil aufgefüllt. Jetzt grub sich die Lava dort durch das Quellloch und drang mit großer Kraft in die Erde. Diese Auswaschung hatte die meiste Lava, die in diesen Tagen herunterkam, geschluckt, nun war sie voll. Jetzt lief die Lava weiter im Bett der Skaftá und drängte mehr und mehr in die Holtsgärten, die ihr vorher Widerstand geboten hatten.

Als sich Guðfinna in dem Loch erhob, hörte sie Menschenstimmen nicht weit entfernt. Sie blickte hinaus und sah drei Männer von Skál kommen, die auf die Hügel in der Nähe gingen. Sie kannte sie alle. Das waren der Probst Jón Steingrimsson und mit ihm Þórarinn Isleiksson und Sveinn Alexandersson. Sie gingen im Süden über die Hügel und blieben an der Lava, die dort lief, stehen. Dort waren sie lange und redeten.

Guðfinna folgte ihnen unablässig mit den Augen, traute sich aber nicht, sich sehen zu lassen. Der Aufenthalt in der Höhle wurde unerträglich wegen der Hitze. Brennend heißer Dampf spritzte aus dem Loch genau gegenüber der Stelle, an der das Fass vergraben war. Er kam irgendwoher tief aus der Erde, und ihm folgten Heulen und Gestank. Auch aus den anderen Hügeln begann es zu dampfen.

Guðfinna wollte unbedingt so schnell wie möglich aus der Höhle hinaus, aber sie wagte es auf keinen Fall, während die Männer dort in der Nähe wären. Sich sehen zu lassen bedeutete, ihnen den Silberschatz zu zeigen.

Aber sie hatten ihre Angelegenheiten noch lange nicht beendet. Sveinn ging oftmals den Berg hoch und kam von dort mit Steinen in der Hand zurück. Die anderen lösten unterdessen Lehm und Steine und warfen sie auf die glühende Lava. Die Steine, die Sveinn mitbrachte, gingen denselben Weg. Am späten Nachmittag machten sie sich endlich auf den Heimweg. Aber jetzt wurde die Sache richtig gefährlich, denn nun fingen sie an, in die Löcher, aus denen es dampfte, hineinzublicken. Guðfinna kauerte sich unter die Lavawand, so weit sie konnte und zitterte vor Angst. Dort drohte der Dampf sie zu verbrennen und zu ersticken.

Sie hörte, wie die Männer an die Höhlenöffnung kamen und dort zusammen redeten. Sie sprachen über ihre Versuche, die unzweifelhaft gezeigt hatten, dass die Berge oberhalb von Síða aus solchem Gestein wären, das nicht von dem Feuer zerstört werden könnte. Sie wurden deshalb dem Feuer Einhalt gebieten und die Wohngebiete schützen.

Þórarinn nahm Guðfinnas Strumpfband hoch, das immer noch dort am Höhlenrand lag. betrachtete es, zerriss es und warf es in das Loch.

Zu Guðfinnas Glück sahen sie nichts in der Höhle als Dampf. Endlich „machten sie sich davon", wie Guðfinna es in Gedanken nannte.

Als sie schließlich aus dem Loch kriechen konnte, durchnässt und halbgekocht von dem Dampf, kam einer dieser eiskalten Schneeregenschauer, die in diesen Tagen so häufig waren.

Zitternd und bebend vor Kälte kam Guðfinna spät am Abend heim nach Holt, und in der Nacht wurde sie krank und fantasierte.

6. Die Gelegenheit

Am selben Tag, an dem Guðfinna in der Geldfasshöhle eingeschlossen war, flutete die Lava über die alten Lavafelder zwischen Síða und Skaftártunga. Wie vorher berichtet, waren das die schönsten und größtenteils mit Wald bewachsenen Teile. Völlig zerstört wurde an diesem Tag auch das schöne Brandaland, der Brennholzwald, der immer geschont worden war. Der Abt Hallgeir Andrisson von þykkvabæjarklaustur hatte es dem Nonnenkloster in Kirkjubær im Jahre 1350 hinterlassen. Es war eins der schönsten und ertragreichsten Besitztümer des Klosters, und trotz Holzschlags war der Wald nicht schlechter geworden, denn die Skaftá schützte ihn vor Schäden durch Schafe. Aber seit dem genannten Tage liegt dieses Gottesgeschenk des heiligen Mannes unter harter Lava. zusammen mit Land, das unheiligeren Menschen gehört hatte. An demselben Tag wurden zwei Höfe, an beiden Seiten des Lavastromes, verlassen. Das waren Á in Síða und Nes in Skaftártunga.

Am Dienstag, dem 17. Juni, wehte ein sanfter Nordwind. Die Feuer wurden auf die Heiden getrieben und drängten in das Tal zwischen dem Kaldbakur und der Geirlandslava, aber über Síða breitete sich wieder die Aschewolke mit Funkenregen aus. Diejenigen, die dem Feuer am nächsten lebten, erlitten große Verluste und waren nahe daran, ihre Höfe zu verlassen. Aber es kam nicht dazu, nur zwei Bauern, die beide Sigurður hießen und in einer Kate auf der Geirlandsheide lebten, hielten es nicht aus und flohen mit allem Eigentum in die Wohngebiete hinunter. Auf ihnen lag der Verdacht des Diebstahles. Unter anderem war Guðfinna davon überzeugt, dass sie ihr im Frühjahr das Fohlen gestohlen hatten. Deshalb wurde viel darüber geredet, dass Gott jetzt seine Gerechtigkeit zeigte, indem er sie von der Heide jagte, und an keinem Ort der Gemeinde, zu dem sie kamen, hatten sie Freunde. Sie mussten die nächsten Nächte in Ställen liegen, der eine mit Frau und zwei kleinen Kindern, der andere mit Frau und vier Kindern. Zu dieser Zeit dachte niemand daran, dass Gott noch anderen seine Gerechtigkeit zeigen könnte, indem er sie aus ihren Höfen triebe. Eine der schwierigen Aufgaben dieser Tage war es, das Vieh zusammenzuhalten. Sofort nach dem ersten Aschefall hatten sich die Männer zusammengetan und das Vieh, das sie finden konnten, zum Hof getrieben, Rindvieh wie Schafe. Danach versuchten sie, die Tiere zu hüten. Aber das nützte nichts. Sie entliefen den Leuten, ohne dass irgendjemand etwas dagegen tun konnte.

Die Tiere kamen wegen der Asche nicht an die Erde heran und suchten immer nach besserer Weide. Außerdem waren alle verrückt vor Angst vor den Erdbeben, Blitzen und Stößen, die unaufhörlich Tag und

Nacht gingen, so dass sie in Panik auf alles, was ihnen im Weg stand, rannten, manchmal auf die heiße Lava, wo sie völlig verbrannten. Viele beschlossen deshalb, ihr Vieh weg in Landesteile zu bringen, die nicht so zerstört waren. Im Laufe des vorher genannten Dienstages legte sich der Wind und der Aschenregen lichtete sich.

Die Holtsbrüder, die Rannveigssöhne, hatten eine Mutterstute, die ihnen sehr viel wert war. Unter ihr hatten sie Bleikur gezogen, der Gudrun ihrem ältesten Bruder Sigurður geneigt gemacht hatte. Jetzt lief unter der Stute ein anderes Fohlen, das sicherlich eine nicht schlechtere Kostbarkeit als Bleikur werden konnte. Es konnte gut sein, dass es einem der anderen Brüder zu einer guten Braut verhelfen musste.

Jetzt war die Stute seit mehreren Tagen verschwunden, aber alle wussten, wohin sie gerne ging. Da meinten die Brüder sie sicherlich zu finden. Am Abend dieses Tages machte Sigurður sich allein auf den Weg nach Norden auf die Heiden, um die Stute zu suchen.

Vigfús erfuhr von diesem Plan und folgte ihm.

7. Gott spricht

Vigfús verließ heimlich den Hof und wählte solche Wege, auf denen er vom Hofe aus nicht gesehen werden konnte, aber doch so, dass er Sigurður nie lange aus den Augen verlor.

Zuerst war es, als ob sein Vorhaben ihn zurückhielte, ihn unsicher und zweifeln machte; und wenn ihm jemand begegnet wäre und ihn gefragte hätte, wohin er wolle, dann hätte er nichts anderes tun können, als umzukehren, das fühlte er. Er meinte, dass jeder Mensch, der ihm begegnete, ihm ansehen musste, was er vorhatte.

Er kam sich feige vor und versuchte, mit aller Kraft dagegen anzukämpfen. Er rief sich all den Kummer seiner Kindheit ins Gedächtnis zurück, all den Spott und all die Verachtung. All das Unglück, das er unschuldig seines Vaters wegen hatte ertragen müssen, weil die Menschen ungerecht und gefühllos waren. Und nun zuletzt das allerschmerzlichste, das ihm in seinem Leben zugestoßen war, dass er von Gudrun aus Skál getrennt worden war, dass man seine Glücksträume zertreten und er nur Spott und Schimpfworte als Schmerzensgeld erhalten hatte.

Bei diesen Gedanken flammte sein Hass auf Sigurður von neuem auf. Und sein Vorhaben, Sigurður zu töten, wurde fester.

Es wäre zwar eine unbedeutende Rache an der ganzen Menschheit, aber es wäre doch eine Rache, die die Leute in Holt und Skál treffen würde und nicht zuletzt Gudrun. Denn obwohl nie jemand erfahren würde, wer Sigurður getötet hatte, würde sie nicht im Zweifel darüber sein.

„Feige der, der nicht versucht, sich zu rächen."

Die Worte seiner Stiefmutter stachen ihn wie Speerspitzen und trieben ihn vorwärts. Sie machten ihn blind für alle Folgen. Sich von dem Ruf der Feigheit reinzuwaschen, war die Ursache dieses Wahnsinns. Unzählige Geschichten fielen ihm ein, in denen Männer alles gewagt hatten, nur um zu zeigen, dass sie Mut und Ausdauer hatten. ihr Schicksal selber in die Hand zu nehmen, und die dadurch berühmt geworden waren. Manche wurden sogar die Lieblinge des Volkes.

„Feige der, der nicht versucht, sich zu rächen."

Und Vigfús verlängerte seine Schritte. Er kam näher an Sigurður heran. Auf der Wiese von Eintúnaháls, das jetzt verlassen war, standen einige Pferde. Darunter war die Stute, nach der Sigurður suchte.

Vigfús überholte ihn, ohne dass dieser es gewahr wurde, und wartete auf ihn in einer Schlucht nicht weit vom Hof.

Sigurður bemerkte ihn nicht, bevor er in die Schlucht kam. Zuerst wollte er ihm kameradschaftlich zuwinken und ihn grüßen. Aber dann sah er an Vigfús' Miene, dass dieser etwas Böses vorhatte.

Er rannte die Schlucht hoch, doch aus Angst strauchelte er im Sand. Bevor er sich wieder aufrichten konnte, hatte Vigfús ihn eingeholt.

„Von hier werden wir nicht beide lebendig entkommen", sagte Vigfús und griff ihn an.

Und dann geschah alles gleichzeitig. Er warf Sigurður zu Boden, setzte sich auf seinen Bauch und druckte die Knie auf seine Arme. Sigurður konnte weder Arme noch Beine bewegen.

„Du hast lange genug mein Glück verdorben. Jetzt sollst du wenigstens aus der Welt verschwinden", zischte Vigfús, geschwollen vor Erregung. „Vergib mir, Vigfús, vergib mir!" bat Sigurður weinend. „Ich will das nie wieder sagen, was ich sagte, und ich will es dir vielmals vergelten."

Er war sich nicht bewusst, dass er Vigfús etwas anderes angetan haben könnte als die Schmähworte, die ihm vor ein paar Tagen von den Lippen gekommen waren.

„Sprich deine Gebete, Feigling!"

„Vergib mir, vergib mir!"

„Spricht deine Gebete, sage ich. Jetzt sollst du tiefer gezeichnet werden als mein seliger Vater."

Vigfús ging langsam ans Werk. Er meinte, nun das Schicksal Sigurðurs so sicher in Händen zu haben, dass es keine Eile hatte. Er löste

Sigurðurs Halstuch und knöpfte dessen Hemd am Hals auf, damit nichts schiefginge. Dann nahm er Olafs Taschenmesser aus der Westentasche und öffnete es.

„Gott. Jesus, Allmächtiger, hilf mir!" schrie Sigurður in größter Verzweiflung. Im nächsten Augenblick würde er dieses Messer tief in seinem Hals fühlen.

Vigfús hatte das Messer viele Tage nicht mehr aus der Tasche genommen. Jetzt fiel sein Blick darauf. er erschrak heftig und erstarrte. Das Blatt war rot wie Blut.

Sigurður nutzte Vigfús' Zögern und reagierte sofort. Mit einer Kraft, wie sie nur die Verzweiflung hervorbringen kann. spannte er die Knie unter Vigfús' Rücken und stieß ihn über seinen Kopf nach vorn.

Vigfús rutschte aus dem Sand in den steinigen Abhang. Das Messer fiel ihm aus der Hand. Als er aufstand, war er von den Steinen zerschunden, und die Ellbogen taten ihm weh. Sigurður war auch aufgestanden und auf die andere Seite der Schlucht gelangt. Jetzt war er außer aller Gefahr, denn zu Fuß konnte Vigfús ihn nicht erreichen.

„Was ist mit dir los, Vigfús? Hast du den Verstand verloren?" rief er. Vigfús antwortete nicht. Er stand langsam auf und ging an die Stelle, an der das Messer lag. Er machte keinen Versuch, Sigurður zu verfolgen, und damit trennten sie sich.

Als Vigfús das Messer aufnahm, war es immer noch rot wie Blut.

8. Hölle auf Erden

Vigfús saß eine ganze Weile mit dem Messer in der Hand da und starrte es an.

Diese merkwürdigen Farben auf dem Messerblatt waren ihm völlig unbekannt, und er hatte Angst vor ihnen. Das Blatt war nicht rostig. Es war spiegelglatt, wie es immer gewesen war. Aber tief im Glanz schimmerte diese fließende Röte, wie Bilder in einem Spiegel. Es waren Streifen und Flecken, die in verschiedenen Tönen glänzten, manche tiefrot, andere bläulich oder gelblich. Alle Farben gingen ineinander über und veränderten sich, je nachdem wie er das Messer hielt. Wie er auch versuchte, das Messer trockenzureiben und zu polieren, es nützte nichts. Die Farben wurden dadurch nur noch schöner.

Ihm fielen die Worte des alten Olaf wieder ein, als dieser ihm das Messer schenkte. Er hatte ihm deutlich aufgetragen, es genau zu betrachten, bevor er es gebrauche. Der Stahl könne voraussehen.

Nie hatte er an Olafs Worte geglaubt, nicht an diese oder andere. Jetzt war er nicht mehr so sicher. Es schien ihm aber wahrscheinlicher, und daran hatte er schon früher gedacht, dass Gott ihm ein Zeichen gegeben hatte, um ihn im letzten Augenblick zu warnen.

Und Gott sei Dank war diese Warnung rechtzeitig gekommen.

Bei diesen Überlegungen schwand sein Hass. Stattdessen ergriff ihn ein solches Entsetzen über das Verbrechen, das er hatte verüben wollen, dass er dem Wahnsinn nahe war.

Er konnte nicht sitzen bleiben, sondern sprang auf die Füße und lief vorwärts, irgendwohin gedankenlos, als ob er seine Erregung betäuben wollte.

All das, was bisher seine Seele gepeinigt hatte, war anderer Leute Schuld, direkt oder indirekt. Erst an diesem Tag hatte er selber eine Schuld auf sein Gewissen geladen. Bis heute war es rein und unbefleckt gewesen. Jetzt klagte es ihn gnadenlos an wegen tödlichen Hasses, versuchten Mordes, wegen Selbstliebe, Eifersucht und Unehre. Es war nicht sein Verdienst, dass er kein Verbrecher geworden war, sondern Gott der Allmächtige, der Vater aller Gnaden, hatte mitten in der Tat zu ihm gesprochen und ihn gehindert.

Das Blut Sigurðurs klebte an seiner Seele, wenn auch seine Hände durch Zufall rein geblieben waren. Die Verwünschungen und Drohungen Gottes ruhten auf ihm wie auf Kain, Bis jetzt war er von den Menschen ausgestoßen gewesen, jetzt war er auch von Gott verstoßen.

Solche Gedanken trieben ihn vorwärts wie mit Peitschenhieben.

Er floh und floh, ohne zu wissen wohin. Er wollte nur dahin gelangen, wo ihm keine Menschen begegneten. Jetzt konnte er es sich nicht vorstellen, in das Gesicht eines anderen Menschen zu blicken. Und dieser Abschaum, der er war, war so unverschämt gewesen, die Liebe eines ehrbaren jungen Mädchens aus gutem Geschlecht zu verlangen. So unverschämt gewesen, Reichtum und Glück durch eine Heirat zu erwarten und die zu hassen, die ihn daran gehindert hatten. Warum war er nicht den Lockungen seiner Stiefmutter nachgekommen! Er war nicht besser als sie, und sie hatte das meiste für ihn getan. Sie war der einzige Mensch, der sich um ihn gekümmert hatte, vermutlich der einzige Mensch, dem er nicht völlig gleichgültig war. Jetzt hatte er sie für immer von sich gestoßen. Diesen Rückhalt hatte er nicht mehr, er war entwurzelt. Ohne Ziel irrte er oben auf den Heiden umher wie ein landesflüchtiger Verbrecher.

„Mörder? Mörder!“ schien es hinter ihm herzurufen.

Seine Seele wurde von widerstreitenden Gefühlen gequält. Warum sollte er nicht alles umdrehen? Warum wandte er sich nicht vollständig und öffentlich gegen die so genannten Gesetze Gottes und der Menschen? Warum ging er nicht und wurde ein Räuber? Lange, lange würde er von Raub und Diebstahl leben können. Lange würden ganze Bezirke Furcht vor ihm haben. Lange würde er keinen finden, der ihm an Kraft und Härte gleich war. Natürlich würde er am Ende besiegt werden, aber dann würde er in Ansehen sterben und sein Name lange auf aller Menschen Lippen leben.

Seine Seele war dermaßen aufgerührt, dass er nicht darauf achtete, wie lange er gegangen war oder wohin. Von irgendeinem unklaren Bedürfnis getrieben, verlängerte er seine Schritte und ging die Hänge hinauf. Bevor er es merkte, war er auf die flachen Heiden gekommen.

Und noch einmal schweiften seine Gedanken zu dem Geschehen der letzten Tage. Und jetzt wendete sich seine ganze Wut seiner Stiefmutter zu.

Jetzt wurde ihm klar, warum alles so ungewöhnlich sauber und ordentlich gewesen war, als er von den Fischgründen nach Hause kam und sie selber so gut gekleidet war und jünger gewirkt hatte als je zuvor. Jetzt verstand er, dass hinter alledem eine gut versteckte Falle lag, um ihn zu täuschen.

Und jetzt verstand er auch, warum Guðfinna ihr Verhalten ihm gegenüber geändert hatte, nachdem er ihre Liebesbemühungen zurückgewiesen hatte. Wie sie ihn verletzt und gequält hatte mit den Geschichten von Sigurðurs und Gudruns Verlobung, und wie sie sein Verlangen nach Rache geschärft und geschliffen hatte, ihn zu dem getrieben hatte, das ihm zum Verderben werden musste. In all dem lag ein gut ausgedachter Plan, um sich an ihm zu rächen. Jetzt verstand er das alles. Schlecht war seine Stiefmutter – das wusste er schon seit langem. Aber solche Teufeleien hatte er vorher noch nicht bei ihr erlebt. Die Nacht war schon so dunkel, wie sie es in dieser Jahreszeit nur werden konnte.

Bläulicher, bleischwerer Nebel ruhte auf den Heiden. Darüber war der Himmel schwarz wie Ruß. Die Luft war von dichten, blauen Regenschleiern verpestet, die in den Augen schmerzhaft brannten und unerträgliches Jucken auf der nackten Haut verursachten.

Vigfús stand im flachen Moorland, als ihm einfiel, sich umzusehen, um festzustellen, wohin er geraten war.

Er hatte seit langen die Richtung verloren.

Schreckliches Donnern und Dröhnen tönte aus allen Richtungen. Er wusste, dass es von den Feuern kam und von den Bergen zurückgeworfen wurde. Aber wo war das Feuer, und wo waren die Berge? Er konnte nichts unterscheiden. Manche Töne schienen direkt aus der Erde zu kommen, andere aus der Luft. Dazwischen war schweres, sausendes Heulen zu hören, das die Luft erfüllte und von überall her kam.

Weiter entfernt sah er die Umrisse eines Berges, nicht sehr hoch und oben flach, der in einem steilen Abhang endete. Auf der anderen Seite war auch ein Berg zu sehen, nicht ganz so weit entfernt. Er erhob sich nicht sehr hoch über die Heiden. Er hatte eine flache Kuppe, und an seinen Seiten fielen die Hänge steil ab. Auf den Hängen lagen die Überreste von alten und neuen Schneefeldern, ganz schwarz von dem Ascheregen. Er beschloss, auf diese Höhe zu steigen und sich umzusehen. Je weiter er emporgelangte, umso besser konnte er erkennen, dass der Nebel über den Mooren am dichtesten war. Und jetzt konnte er sogar so viel sehen, dass er die Gegend wiedererkannte und wusste, wo er war.

Ziemlich weit entfernt sah er die scharfen Umrisse eines zackigen Gebirgszuges, riesenhaft, sein oberer Rand war von Wolken verdeckt. Ein Stückchen davon entfernt und weiter weg sah er einen kistenförmigen Berg, der nicht bis an die Wolken reichte.

Beide Berge meinte er zu kennen. Der kistenförmige Berg musste der Miklafell sein und der andere der Kaldbakur. Wenn das richtig war, dann lagen diese Berge im Nordosten. Der Berg im Südwesten musste dann das Geirlandshraun sein oder dessen Nordende. Dann war das der Lauffell auf der Hochweide, auf dem er gerade hochstieg.

Je weiter er den Berg hinaufkam, desto besser konnte er die Landschaft übersehen, und desto dünner wurde der Nebel. Im Westen war ein ganzer Ozean blauen Rauches. In der Mitte sah man den Rücken des Leiðólfsfell wie eine Schäre in der blauen Brandung. Im Westen all dieser Bläue sah man undeutlich den Gjatindur, die Skælingar und die Uxatindar. Alle diese Gipfel kannte er, seit er in dieser Gegend beim Schaftrieb in die Berge geritten war.

Als er oben auf dem Berg angekommen war, bot sich ihm im Norden ein solcher Anblick, dass er fast den Berg wieder hinuntergestürzt wäre vor Schrecken.

Das waren die Feuer.

Im Norden des Lauffell, ziemlich weit entfernt, lagen wellenförmige Sandberge, die Galti und Varmarfell hießen. Nördlich davon sah er eine endlose Reihe himmelhoher Feuersäulen – ein zusammenhängendes, loderndes Feuermeer. Im Süden reichte es bis an die Uxatindar, im Norden verschwand es unter dem Laki, dazwischen lag eine Entfernung von einem mindestens dreistündigen Marsch. Im Süden der Kraterreihe schimmerte der weißglühende Lavastrom, der mit zwei Hauptarmen die Hochweide der Landbrotsleute umfloss. In ihrem Norden und Westen stiegen ungeheuerliche weiße Dampfsäulen empor. Das war die Himmelfahrt der Skaftá.

Hinter den Feuern war zeitweise ein giebelförmiger hoher Berggipfel[20] zu sehen.

Im Tal zwischen diesen Bergen kämpften die Feuer. Dort wurde geschmolzenes Gestein aus den Krateröffnungen manchmal unter Dröhnen und Donnern viele Mannslängen hoch in die Luft geschleudert, so dass die Erde erzitterte. Weißglühende Felsbrocken flogen mit den Flammen hoch in die Luft und fielen wieder zurück. Über jeder Feuersäule ballte sich kohlschwarzer Rauch und quoll in den Himmel. Dann ging er in dichte schwarze Wolken über, aus denen Ascheschauer überall dort herniederstürzten, wo sie entlangzogen.

Um die Krater herum kochte und wallte der Lavaschlamm und brach sich an den Ufern wie eine weißglühende Brandung.

Vigfús vergaß seine Sorgen völlig über der Großartigkeit und dem Schrecken dieses Anblickes. Solch ein Wunder bietet sich sterblichen Augen nur selten.

Er starrte und starrte auf dieses ungeheuerliche Geschehen, und es war ihm, als ob er den, der die ganze Erde einhüllt, besser und besser durch die blaue Dunsthülle sehen könnte.

Dieses Wunder hielt seine Gedanken gefangen, er wusste selber nicht wie lange.

Schließlich schlich sich ein merkwürdiger Gedanke in seinen Kopf:

„Hierher hat Gott dich geführt, um dir die – Hölle zu zeigen."

Bei diesem Gedanken schauderte es ihn vor Angst, aber dennoch konnte er sich von dem Anblick nicht losreißen. Es war, als ob er festgehalten würde.

„Ewige Qualen in solch einem Feuermeer und noch Schlimmeres hättest du verdient, wenn du Sigurður getötet hättest."

Seine Glieder fingen an zu zittern, als ob er auf der Stelle niedersinken würde.

Die Wolken zerrissen, und eine blutrote Scheibe war hoch über dem Vatnajökull zu sehen, der jetzt fast kohlschwarz, von Asche war.

Das war die Sonne.

Kurz danach blies der Wind von Norden und trieb die Feuer nach Süden auf die Heiden.

Vigfús fühlte, wie sich die brennendheiße Luft mit dermaßen erstickendem Rauch um ihn legte, dass er kaum Atem bekam.

In Todesangst rannte er, so schnell ihn seine Beine tragen konnten, den Berg hinunter. Er lief weiter über die Moore und schaute sich nicht um. Um ihn herum regnete es halbabgekühlten Bimsstein, und ein heißer Wind briet ihm den Rücken.

Er lief und lief, so schnell er nur konnte. In seinen Ohren gellte es. Er hörte Rufe und Schreie, Heulen und Kreischen hinter sich und überall um sich herum. Das waren die Verurteilten aus den Feuern. Sie verfolgten ihn, sie riefen ihn. Sie fielen über ihn her in heißen, erstickenden Schauern und flüsterten ihm zu: „Du sollst nicht entkommen, Kamerad. Du gehörst zu uns. Du hast das gleiche verdient wie wir. Du bist seit langem gebrandmarkt. Fühl nur deine Stirn!“

Er wollte Gott, den Allmächtigen, anrufen und ihn bitten, ihm zu helfen, rufen, wie er Sigurður hatte rufen hören, als er das Messer sah.

Aber er konnte nicht rufen, Die Zunge war trocken. Die Kehle brannte vor Durst. In der Morgendämmerung war er weit in den Süden der Heiden gekommen, südlich des Geirlandshraun.

Dort stieß er auf einen Pferdezug, auf Leute mit vielen Lastpferden.

Er sank am Straßenrand nieder und versuchte zu sprechen.

„Gebt mir zu trinken.“

Aber er konnte vor Heiserkeit nichts sagen. Doch sie verstanden, was er wollte. „Seht, Fúsi von Holt!“ hörte er jemanden spöttisch sagen.

„Der ist schwarz! Wie du aussiehst, Mensch. Wo bist du gewesen?“

Vigfús antwortete nichts, sondern wiederholte seine Bitte.

Ein Mann stieg vom Pferd. Das war nicht der, der Vigfús den spöttischen Gruß zugerufen hatte. Er nahm ein Glas aus seiner Tasche und setzte es an seine Lippen. Vigfús trank einen winzigen Schluck. In dem Glas war Branntwein.

„Herzlichen Dank!“ sagte er und blickte an dem Mann hoch.

Das war der Propst Jón Steingrimsson.

9. Die Beichte

Die Leute zogen weiter, aber Séra Jen Steingrimsson blieb bei Vigfús und hielt den Zaum seines Pferdes.

Er war gut mittelgroß, hatte ein ausdrucksvolles und edles Gesicht und war Mitte fünfzig. Er trug die übliche Kleidung der Bauern aus isländischer Wolle, handgewebt und gestrickt. Die Hände waren braun und müde, aber geschickt und für die Größe des Mannes klein, denn es waren Arzthände, und sie hatten schon viele geheilt. Trotz der bäuerlichen Kleidung und der Zeichen schwerer Arbeit war etwas Besonderes in seinem Blick und seinem Wesen, das Vertrauen und Achtung weckte.

„Woher kommt Ihr, Fúsi?“ fragte er freundlich.

„Ich weiß nicht“, sagte Vigfús leise, ohne aufzublicken. Pastor Jón fand die Antwort merkwürdig.

„Wohin wollt Ihr denn jetzt?“ fragte er wieder.

„Ich weiß nicht“, sagte Vigfús und verbarg sein Gesicht in den Händen.

„Was soll das bedeuten, Mann? Weißt du nicht, woher du kommst und wohin du willst?“ sagte Séra Jón ein wenig nachdrücklicher als vorher. Dann wartete er einen Augenblick auf die Antwort.

Vigfús kamen die Tränen. Die Verehrung für diesen Mann, den er zwar persönlich nur wenig kannte, von dem er aber so viel Gutes gehört hatte, machte ihn weich. Es war lange her, dass jemand ihn so herzlich nach seinem Ergehen gefragt hatte. Er spürte die Teilnahme und das Mitleid in der Stimme des Pastors und die Wärme in seinen Augen. Und er spürte den großen Abstand, der zwischen ihm und diesem Manne war.

Bevor er sich dessen bewusst wurde, hatte er angefangen zu weinen.

Séra Jón hatte gleich, als er Vigfús bemerkte und sah, woher er kam, den Eindruck gehabt, dass ihn etwas quälte. Jetzt bekam er die Gewissheit, dass dem so war.

„Was bedruckt Euch, Ihr armer Mann?“ fragte er väterlich mild. „Wollt Ihr es mir nicht anvertrauen? Ich bin zwar nicht Euer Seelenhirte und kann Euch nicht zur Beichte zwingen. Aber da Ihr jetzt mit den anderen Leuten aus der Skálgemeinde von Eurer Kirche getrennt seid und Euren Pastor nicht erreichen könnt, weiht mich in Euer Geheimnis ein. Was es auch sein mag, Ihr sollt es nicht bereuen.“

Vigfús hörte ihm schweigend zu.

„Woher kommt Ihr?“ fragte Séra Jón wieder.

„Ich komme – ich komme –“ stotterte Vigfús, „ich komme – aus Hölle und Qualen.“

„Von dort kommt niemand mehr zurück, der da einmal hineingelangt ist“, sagte Séra Jón ernst.

Vigfús schwieg. Séra Jón ging näher an ihn heran und sagte leise und fest: „Was habt Ihr getan?“

Vigfús schrak zusammen. Ihm kam es so vor, als ob der Pastor seine Gedanken lesen konnte. Nach kurzem Schweigen sagte er: „Ich habe – fast – einen Menschen getötet.“

„Wer ist das?“

„Sigurður Sigurðsson aus Holt."
„Habt Ihr ihn tödlich verletzt, oder –".
„Nein."
„Wie habt ihr ihn dann ‚fast' getötet?"
Vigfús sah auf. Sein Blick zeigte kindliches Vertrauen und Ehrlichkeit.
„Gott hat zu mir im letzten Augenblick gesprochen. Seht Euch mein Messer an."
Er nahm das Messer aus der Tasche, öffnete es und reichte es dem Pastor. Séra Jón nahm das Messer und lächelte gutmütig. Er hatte bereits bemerkt, wie Eisen und verschiedene andere Dinge ihre Farbe verändert hatten, seit die Feuer ausgebrochen waren.
„Gott spricht zu uns auf viele Arten", sagte er.
„Ich habe diese Eigenheit des Messers bemerkt, als ich diese Untat damit begehen wollte", sagte Vigfús. „Gott sei Dank! Der Mann ist gesund und unverletzt."
Séra Jón reichte ihm das Messer zurück. Er wollte den Glauben an diese Erscheinung nicht schwächen.
„Gott hat oft zu mir gesprochen, im Wachen und im Schlafe", sagte er. „Und täglich spricht er zu uns durch sein Wort, wenn wir es nur beachten wollen. Aber manchmal muss er ernsthafter zu uns sprechen – und das tut er in diesen Tagen."
Séra Jón sagte das in mildem, aber doch ernstem Gelehrtenton.
Kurz darauf fügte er mit väterlicher Freundlichkeit hinzu: „Ich sehe, Fúsi, dass es Euch schlecht geht. Aber versucht jetzt, Eure Sorgen abzuschütteln. Wollt Ihr Euch nicht uns anschließen?"
„Wohin geht Ihr?"
„Wir holen den alten Sigurður aus Skaftárdalur mitsamt seinen Leuten und seinem Besitz. Das Feuer vernichtet Skaftárdalur. Das ist eine gute Tat, denjenigen beizustehen, denen es schlecht geht, ob man dafür belohnt wird oder nicht. Wollt Ihr Euch nicht uns anschließen?"
„Ich weiß nicht", sagte Vigfús langsam.
„Tut das. Alle auf dieser Fahrt sind in meinen Diensten. Euch kann ich auch gebrauchen."
„Ich habe Angst vor den Leuten. Alle hassen mich und verspotten mich, und das nehme ich mir zu Herzen."
„Folgt mir. Dann sollt Ihr nicht belästigt werden."
Vigfús gab nach. Séra Jón stieg auf sein Pferd und ritt dem Zug nach.
Vigfús ging neben seinem Pferd.
Er hatte sein Herz dadurch erleichtert, dass er Séra Jón alles erzählt, und vor allem, dass er einen Menschen getroffen hatte, dem er vertrau-

en konnte und der ihm mit Wärme und Herzlichkeit begegnet war. Das hatte er noch nie vorher erlebt. Nachdem sie ein Stück Weges gegangen waren, verdüsterten sich Vigfús' Gedanken wieder. Séra Jón versuchte ein Gespräch über die Ereignisse der letzten und schlimmsten Tage fortzusetzten, aber es ging schlecht.

Vigfús dachte an anderes. Schließlich blieb er stehen und sagte: „Ich möchte nicht weitergehen. Erlaubt mir, umzukehren und meiner Wege zu gehen."

„Warum?" fragte Séra Jón.

Vigfús schwieg eine Weile und sagte dann: „Ich habe Angst, andere Menschen zu sehen."

Séra Jón stieg vom Pferd und trat zu ihm.

„Ihr habt mir vorhin nicht von allem erzählt, was Euch bedrückt", sagte er mild, aber ernst. „Warum wolltet Ihr Sigurður von Holt töten?"

„Das kann ich nicht sagen."

„Sagt es mir, und sagt mir die Wahrheit! Denn nur dann kann ich Euch vielleicht helfen, wenn ich die ganze Wahrheit weiß."

„Ich kann es nicht sagen."

Séra Jón trat noch näher zu ihm heran und sagte warm: „War es wegen einer Frau?"

Vigfús schwieg. Dann fing er an zu weinen.

„Das ist für viele eine empfindsame Angelegenheit, über die sie nicht gerne sprechen", sagte Séra Jón. „Ich sehe es Euch an, dass ich richtig geraten habe."

Und noch einmal fühlte Vigfús sich völlig besiegt. Er fasste Séra Jóns Hand mit beiden Händen, fiel auf die Knie und rief bittend: „Helft mir um Gottes Willen, von meiner Stiefmutter wegzukommen!"

„Warum?"

„Sie versucht, meine Unschuld zu zerstören, und sie stachelt mich zu Untaten an."

„So ist das also", sagte Séra Jón. „Steht auf! Ich werde tun, was ich kann."

Die letzten Worte Vigfús' warfen Licht auf das Geschehene, so dass Séra Jón sicher war, ihn nun genau zu kennen.

„Folgt mir, wie ich es Euch vorher geraten habe", sagte er. „Ihr könnt bei mir für ein paar Tage weilen. Inzwischen werden wir sehen, wie es weitergeht."

Bei diesen Worten wurde Vigfús wieder ruhiger. Jetzt hatte er sein ganzes Herz vor Séra Jón ausgeschüttet und fühlte, dass er bei ihm Vertrauen und Zuflucht finden konnte. Den Rest des Weges war er fröhlicher als vorher.

An der Bergkante östlich von Skaftárdalur wartete der Zug auf sie. Der schreckliche Anblick, der sich dort den Augen bot, ließ die Männer zögern, weiterzugehen, ohne auf den Leiter des Zuges zu warten.

Auf dem gesamten Land zwischen Árfjall und Skaftártunguhálsar und so weit nach Süden, wie die Augen sehen konnten, strömte ein kupferrotes Lavameer voran. Die tiefe Schlucht oberhalb von Skaftárdalur, welche die Skaftá sich in vielen Jahrhunderten gegraben hatte und die an vielen Stellen über 100 Faden tief war, war schon lange voller Lava, und diese strömte jetzt über beide Ufer. Die Skaftá war nirgends zu sehen, Aber an beiden Seiten der mächtigen Lavaströme stauten sich kochende Seen, die von ihren Seitenflüssen gebildet wurden, und weiße, dicke Dampftürme stiegen von ihnen empor. Unerträglich heißer Dunst wallte den Männern auf der Bergkante entgegen, und die Wälder an den Hängen waren schwarz und vertrocknet. Unmittelbar an den Ufern dieses Feuermeeres sah man die Häuser von Skaftárdalur. Die Lava flutete über die Mähwiese, und die Leute waren auf den nächsten Felsen geflüchtet.

Auf gewundenen Pfaden zogen die Männer in dieses Feuertal hinunter.

IV. Teil

1. Was der alte Olaf in Meðalland anstellte

Der alte Olaf war bei Björn in Botnar und tat während des Pfingstfestes erst einmal gar nichts. Während der Feiertage wollte er sein Werk nicht beginnen.

Am ersten Werktag machte er sich dann an die Arbeit. Der Ascheregen, der am Pfingstsonntag über Síða niedergegangen war, war zum größten Teil im Norden von Meðalland vorbeigezogen. Doch ein wenig Asche war auf die obersten Höfe gefallen, darunter auf Botnar. Das reichte, um das Vieh des Bauern Björn noch unruhiger als vorher zu machen.

Nach Pfingsten machte Olaf sich auf. Er ging Schritt für Schritt über den ganzen Landbesitz und achtete genau auf alles. Seinen Sack trug er wie gewohnt auf seinen Schultern und hielt seinen Stab in der Hand. Er sprach zu niemandem und beachtete es nicht, wenn er angesprochen wurde. Schweigend und ernst ging er weiter und kam nur zum Essen und Schlafen auf den Hof. Dazu brauchte er zwei bis drei Tage.

Björn ließ ihn völlig seiner Wege gehen. Er meinte ihm anzusehen, dass er etwas vorhatte. Aber wohin Olaf auch ging, Björn hatte ein Auge auf ihn.

Eines Tages ging Olaf schweigend zu Björns Pferden, nahm dort ein Pferd, knotete einen Strick in dessen Maul und ritt auf eine Insel im Fluss nicht weit vom Hof.

Diese Insel lag nicht weit von der Stelle entfernt, an der der Fluss aus der Lava hervortrat, ein Stück oberhalb der Mündung der Melkvisl. Sie war ziemlich groß und dicht mit Gras bewachsen. Klare Bächlein, breit aber flach, flossen an beiden Seiten vorbei.

Auf der Insel verweilte Olaf den ganzen Tag. Björn beobachtete ihn ab und zu von zu Hause aus. Er sah ihn hier und dort auf der Insel, abwechselnd aufrecht oder knieend und kriechend.

Am Abend kam Olaf an Land und ließ das Pferd laufen.

„Wenn du es eilig hast, dein Vieh an einen sicheren Ort zu schaffen, Björn“, sagte er, „dann solltest du versuchen, es auf diese Insel zu treiben.“

Björn grinste. Er hatte die Schafe oft auf diese Insel getrieben, aber sie waren, sobald sich eine günstige Gelegenheit bot, nach beiden Ufern ausgerissen.

Er dankte Olaf trotzdem und sagte, dass er noch einige Tage bei ihm bleiben solle, damit er sähe, wie sich sein Rat bewahrte.

Dann ließ Björn die Schafe auf die Insel treiben.

Aber das Unglaubliche geschah: Am nächsten Morgen war alles Vieh an derselben Stelle, kein Tier fehlte.

Ebenso ging es die zweite und dritte Nacht. Das Vieh blieb auf der Insel, obwohl ständiges Dröhnen und Bersten aus der Feuerschlucht zu hören war und die Erde wieder und wieder erzitterte. Eines Nachts ging Björn heimlich auf die Insel, um herauszubekommen, was der Alte dort gemacht hatte. Die Schafe lagen im Gras und käuten wieder. Das Gras war frisch gewachsen und kräftig wie auf einer Mähwiese. Zuerst sah Björn keine Zeichen einer Veränderung. Dann bemerkte er, dass die Erde an einem Ufer aufgewühlt war.

Als er besser nachschaute, sah er, dass dort eine Rune in die Grasnarbe geschnitten war. Er stand starr vor Verwunderung und betrachtete sie. Die Rune war ein eigenartiger Ring, von dem Krallen in alle Richtungen ausgingen. Nahebei und ebenfalls am Ufer war ein anderer Ring zu sehen, anders gestaltet und mit andersartigen Krallen, die von ihm ausgingen.

Diese Runen lagen in kurzen Abständen im Kreis um die ganze Insel herum, überall mit einem Taschenmesser in die Grasnarbe geschnitten und an manchen Stellen mit Grassoden bedeckt.

Das mussten die „Helferringe des Königs Karl Magnus“ sein, von denen Olaf geredet hatte.

Björn war kein Feigling, aber es überkam ihn ein ungutes Gefühl bei dem Gedanken, zwischen diesen Kraftzeichen umherzugehen und sie in seinen Diensten zu wissen. Es war fast so, dass er lieber hinter seinen Schafen hergelaufen wäre, als sie auf diese Weise gefesselt zu sehen.

Er sagte nichts von seiner Fahrt auf die Insel, lobte aber Olaf die ganze Zeit wegen seiner Klugheit.

Olaf wollte vor Stolz zerspringen. Solch eine Behandlung hatte ihm sein Wissen noch nie eingebracht.

Am Donnerstag in der Woche nach Trinitatis, dem 19. Juni, nahm die Feuerflut, die aus der Skaftáschlucht kam, im Bett des Melkvisl Hauptrichtung nach Süden und strömte auf Meðalland zu. Das Feuer floss schnell, und großes Entsetzen packte die Leute in Meðalland.

Botnar war der Hof, der als erster dem Feuer zum Opfer fallen würde, und Bauer Björn begann deshalb in Eile aus seinem Hof zu ziehen und seinen Besitz an einen sicheren Platz zu schaffen. Olaf weilte immer noch bei ihm, wenn er auch den Umzug nur wenig unterstützte. Anderes war mehr nach seinem Geschmack, als sich körperliche Arbeit aufzuladen. Aber er konnte sich nicht davor drücken, doch ein wenig zu helfen. Björn trieb ihn mit harter Hand dazu an. Björn hatte in kurzer

Zeit all die Schafe, die er erwischen konnte, zusammengetrieben und wollte sie weiter wegbringen lassen, wenn Zeit dazu wäre. Aber da jede Hand gebraucht wurde und er seine Leute nicht damit aufhalten wollte, das Vieh zu hüten, ließ er es auf die Insel treiben. Das waren ungefähr 80 Tiere, alle ausgewachsen, die meisten angekauftes und gutes Vieh.

Einer der Leute sagte zu Björn, es sei zweifelhaft, ob das Vieh dort außer Gefahr sei, wenn der Feuerstrom von oben herunterkäme. Björn aber war seiner Sache sicher und antwortete wenig. Er kannte die Insel besser, als die anderen auf dem Hof. Dann arbeiteten alle mit ganzer Kraft, um den Besitz aus dem Hof zu retten.

Es war ein ungeheuerlicher Anblick, als die Feuerwelle über den alten Lavaabbruch oberhalb des Botnafljot herunterdrang. Der geringste Teil der Lava passte in das Bett des Melkvisl. das meiste flutete über beide Ufer und verbrannte alles, was in seinem Weg lag, darunter die schönen Strandhaferwiesen, von denen die Leute seit Jahrhunderten Korn für ihr Brot gewonnen hatten. Als es die bewohnten Gebiete erreichte, hatte es sich dermaßen ausgebreitet, dass es die ganze Gemeinde auf einmal zu überfallen schien.

Als die Lava bis an die Kante des alten Lavastromes oberhalb von Botnar vorgestoßen war, blieb sie eine kleine Weile stehen, türmte sich zu einem glühenden Wall auf, und die Funken flogen, als ob sie Kraft für den großen Angriff sammelten. Dann stürzte sie plötzlich von der Kante herunter in den Fluss hinein. Heftiges Zischen war zu hören, und alles verschwand in weißem Dampf. Nach wenigen Augenblicken war der Fluss ausgetrocknet und sein Bett mit geschmolzenem Gesteinsschlamm gefüllt. Jetzt sah man die Insel. Sie lag in der Mitte der Lavaflut, und das Feuer stieg höher und höher.

Das Vieh schrie vor Angst und Qualen. Aber das dauerte nicht lange. Nach kurzer Zeit stand die Insel in lodernden Flammen. Als das Feuer niedergebrannt war, war die Insel völlig verschwunden, aber die weißen Gebeine von 80 Schafen lagen oben auf der roten Lava.

Alle Leute auf dem Hof waren an das Flussufer gekommen und blickten auf dieses Geschehen. Der Bauer Björn stand schweigend und leichenblass.

Die Lava füllte weiterhin das Flussbett, aber weiter kam sie diesmal nicht. Im Süden des Flusses lagen mit Strandhafer befestigte Sandwälle, die für den Augenblick die Mähwiese schützten. Auf ihnen standen die Leute.

Plötzlich schien Björn genug von diesem Anblick bekommen zu haben. Er stöhnte schwer und blickte sich suchend um.

„Wo ist Olaf?" fragte er.

Olaf war nirgends zu sehen.

„Wo ist Olaf?“ Björns Stimme zitterte vor Erregung.

„Lass ihn in Frieden, den Alten“, sagte seine Frau. „Was geschehen ist, ist geschehen, egal, wie es ihm geht.“

Ihr war, als ob ihr Mann in dieser Stunde zu allem fähig wäre.

„Er soll doch zumindest –“, sagte Björn und rannte zum Hof. Der Rest des Satzes war nicht zu hören, doch alle hatten Angst vor dem, was nun kommen würde.

Nach einer kurzen Weile kam Björn wieder vom Hof und hielt Olaf unter dem Arm.

„Lass mich los, lass mich los!“ schrie Olaf. Björn kümmerte sich nicht darum.

„Lass den Kerl los!“ sagte Björns Frau sanft und griff ihn am Arm.

Björn stieß sie von sich und hielt den schreienden und bettelnden Olaf fest, bis sie an den Wall kamen. Vor ihren Füßen war das Flussbett voll flüssiger Lava.

„Lass mich los, lass mich los!“ kreischte Olaf mit aller Kraft.

„Du sollst zumindest das zu sehen bekommen, was du hier angerichtet hast. Siehst du das? Siehst du das?“

Dann hielt er Olaf wie ein Kind über die weißglühende Lava.

Auf der Lava bildete sich eine dünne rote Haut. Die Schafsgerippe steckten darin fest. Die Haut legte sich in Wellen und Falten, zersprang dann mit kurzem Krachen, und die Knochen zerbrachen in tausend Stücke.

„Siehst du das, du Hund? Siehst du das?“ sagte Björn.

Die Augen wollten Olaf aus dem Kopf springen. Er bekam keine Luft wegen des Dampfes, der von der Lava hochstieg.

„Lass den Kerl los!“ sagte die Frau halb weinend.

Björn ließ Olaf auf den Wall hinunter, ließ ihn aber nicht los. Er hielt ihn mit der einen Hand fest, und mit der anderen riss er den Sack von seiner Schulter und warf ihn weit hinaus auf den Lavastrom. Als der Sack aufprallte, gab es eine kleine Stichflamme, die dann sofort wieder verschwand.

„Du sollst nicht noch andere mit deinen Zaubereien narren“, sagte er und ließ Olaf los.

Olaf erholte sich erstaunlich schnell.

„Unwürdiger!“ kreischte er, und seine Augen glühten vor Wut. „Weißt du, was du getan hast?“

Björn lachte spöttisch und wollte ihn verlassen.

„Ich bin arm“, sagte Olaf, „und mein ganzes Hab und Gut war in diesem kleinen Sack. Außerdem war es das Brot meiner Seele und die einzige Freude im Leben. Jetzt hast du mir alles genommen. Dir hat Gott bis jetzt nur einen Teil deines Besitzes genommen – und du weißt selber, wie er gewonnen wurde. Aber mir hast du alles genommen – alles."

Olaf krümmte sich und fing an zu weinen.

„Du hast dir dein Essen lange genug mit diesem Unsinn erlogen und erschwindelt", sagte Björn.

Olaf sprang auf und war so wütend, dass es schien, als ob er sich auf diesen Riesen stürzen wollte, der ihn vor kurzem noch unter dem Arm gehalten hatte. Seine Augen brannten vor Hass.

„Du lügst, du Hund", sagte er. „Ich habe keinem Menschen einen Rat gegeben außer im Guten und nach bestem Wissen – dir auch nicht. Ich habe niemanden betrügen wollen – dich auch nicht."

Björn starrte auf die Lava und schwieg.

„Aber du selber hast mein Werk vernichtet. Ich habe bemerkt, dass dich deine Neugier mitten in der Nacht aus dem Bett getrieben hat, um herauszufinden, was ich getan habe. Ich habe dich beobachtet, wie du mich vorher beobachtet hast. Ich sah dich, wie du in meinem Werk gewühlt und es vielleicht verdorben hast. Du kannst dir selber zuschreiben, wie es gekommen ist."

Björn schwieg und lachte spöttisch.

„Wir sind für dieses Mal noch nicht quitt", sagte Olaf mit nicht weniger Heftigkeit als vorher. „Ich werde mich an dich erinnern, wenn auch erst später."

„Halt das Maul!" sagte Björn und zitterte vor Wut. „Sonst werfe ich dich auf die Lava hinaus."

„Tu das, wenn du es wagst!" schrie Olaf. „Du bist doppelt so groß und doppelt so stark wie ich. Tu das, wenn du es wagst! Aber solange ich lebe, kannst du meine Zunge nicht binden. Jedes Wort, das ich sage, soll dich treffen. Es soll deine Seele mit glühenden Eisen verbrennen. Und es soll dir bis vor den mächtigen Richter folgen – da oben."

Björn wartete weitere Worte nicht ab. Er ging schnell zum Hof und war sehr wütend. Seine Leute gingen mit ihm, und Olaf blieb zurück.

2. Die Rettungsfahrt nach Meðalland

Bei Séra Jón Steingrimsson in Prestsbakki war das Haus voller Menschen.

Er hatte zwar fast alles Vieh auf die Weide nach Leiðvöllur geschickt und manches nach Álftaver zu seinem Schwager Jón – das heißt, den

Teil seines Viehs, der gefunden werden konnte. Viele Tiere waren den Hirten entlaufen und nicht mehr aufzuspüren. Mit den Schafen hatte Séra Jón fast all seine Leute weggeschickt, sie zu hüten. Er selber war mit seiner kranken Frau und zweien seiner Töchter, einem Knecht und einer Magd zu Hause geblieben.

Aber die Betten, die durch den Abzug der Knechte freigeworden waren, waren schnell wieder besetzt. Für den Augenblick hatte sich der alte Sigurður Sverrisson mit neun Leuten dort niedergelassen. Natürlich sollten manche später an andere Orte ziehen. Aber für die erste Nacht musste Séra Jón sie in sein Haus aufnehmen und bewirten. Viele derer, die mit auf der Fahrt gewesen waren, blieben ebenfalls die Nacht über. Darunter war Vigfús.

Außerdem versammelten sich dort Landstreicher und Reisende, und viele kamen von den nächsten Höfen, ein jeder mit seinen Sorgen, um Rat und Hilfe von dem Pastor zu erbitten. Jetzt häuften sich die Schwierigkeiten.

In solchen Zeiten war es gut, dass in Prestsbakki genug Platz vorhanden, der Hof fast ganz neu und geräumig und der Hausherr ausnehmend gastfreundlich war. Séra Jón genoss es, sich um seine Gäste zu kümmern, ob sie viel oder wenig auf dem Herzen hatten. Mit einzigartiger Herzlichkeit hörte er die Bitten jedes einzelnen an und versuchte, ihnen nach besten Kräften zu helfen. Seine Frau Þórunn, die sich kaum auf den Beinen halten konnte vor Atemnot und Wassersucht, sorgte dafür, dass jeder etwas zu essen bekam, und ihre Töchter trugen es ihnen auf, wer es auch war.

Um Mittemacht am Freitag ließ der Andrang endlich nach, so dass die, die todmüde von der Skaftárdalsfahrt gekommen waren, daran denken konnten, sich zur Ruhe zu legen.

Aber noch lange danach war der Pastor selber auf den Beinen, um seine Gäste zu bedienen – und ihnen Mut zuzusprechen.

Vigfús lag zusammen mit anderen Männern im Vorhaus auf dem Boden. Er hatte die vorangegangene Nacht nicht geschlafen, wie vorher erzählt wurde. Er schlief deshalb ganz fest und wachte erst nach Mittag auf.

Da waren seine Kameraden schon aufgestanden und weggegangen.

Kurz nachdem er auf die Beine gekommen war, traf er Séra Jón. Der Pastor bot ihm an, den Tag über zu bleiben und sich auszuruhen, und Vigfús nahm es an. Seine Schuhe und Kleider ließen zu wünschen übrig, und der Pastor gab ihm, was er hatte. Aber Vigfús fand, dass er hier nicht bleiben konnte, denn dann erwachten seine Sorgen von neuem. Während er der Gefährte Séra Jóns gewesen war und eifrig gearbeitet hatte, hatte er

Ruhe vor seinen Gedanken gehabt. Jetzt, in der Zwischenzeit, legte sich die Niedergeschlagenheit wieder auf ihn. Er fühlte, dass es für ihn das beste war, große Taten zu vollbringen und all seine Energie zu verbrauchen. Das war die einzige Waffe, vor der seine gedruckte Stimmung wich. Séra Jón sah, was ihn bewegte, aber er versuchte nicht, ihn zu überreden.

Am Abend dieses Tages kam die Nachricht, dass das Feuer auf Meðalland zuströmte. Die ganze Gegend sei in Aufruhr.

Vigfús war diese Nachricht willkommen. Sie vertrieb die Schatten von seiner Seele und gab ihm gleichzeitig Gelegenheit, sich hervorzutun.

Séra Jón lächelte schadenfroh, als er die Neuigkeit hörte.

„Die stehen nicht führerlos da", sagte er. „Séra Björn ist ein Mann, der sich nicht gleich alles zu Herzen nimmt. Er ist für große Taten geschaffen, der Mann! Er traut sich zumindest, in das Gesicht großer Leute zu blicken. Er hat den Landrat Skúlli Magnusson heftig angegriffen. Er wird sich nicht von diesem Lavagespucke beeindrucken lassen."

Die, die ihm zuhörten, schauten sich wissend an. Es war allgemein bekannt, dass die Beziehung zwischen dem Propst und dem Nachbarpastor ziemlich kühl war. Ebenso wurde überall erzählt, dass Séra Björn in Hólmasel ein gewaltiger Grobian sei und nie anders als betrunken die Messe lesen könne.

„Dennoch halte ich es für sicherer, Leute zu sammeln und hinüberzulaufen.

Vielleicht brauchen die Leute in Meðalland und ihr Häuptling Verstärkung."

Vigfús bot sofort an, zu den nächsten Höfen zu laufen, und das wurde angenommen.

Das Wetter an diesem Abend war schlimm: herabstürzender Schneeregen, zwischendurch Hagel, und der Himmel ganz dunkel von Asche. Die Fahrt wurde deswegen bis zur Dämmerung vertagt. Und dann machten sie sich auf, obwohl das Wetter nicht viel besser geworden war. Séra Jón hatte sich nicht angeschlossen, sagte aber, dass er zu Pferd hinterherkommen wolle.

Es erleichterte die Fahrt sehr, dass man jetzt trockenen Fußes über das Skaftábett gehen konnte.

Als die Leute aus Síða nach Meðalland kamen, war dort alles leergefegt. Die Höfe standen verlassen, die Leute waren geflohen. Von den wenigen Leuten, die sie trafen, hörten sie, dass sich seit Mitte des gestrigen Tages die Menschen aufgemacht hätten und weggezogen seien. Die ganze Nacht über, trotz des abscheulichen Wetters, hatten die Leute ihre Familien, ihr Vieh und ihre Habe über den Kúðafljót gesetzt.

Es war eine schwere Arbeit gewesen, die Kranken und Lahmen, Kinder und Alten zu transportieren, alle halb verrückt vor Angst.

Und das Schlimmste war, dass es gar keine Eile damit gehabt hatte.

„Konnte der Pastor die Leute nicht zur Vernunft bringen?“ fragte einer der Síðaleute.

Der Mann aus Meðalland, der ihnen Auskunft gegeben hatte, seufzte auf und sagte ernst: „Es wäre gut für ihn gewesen, selbst zur Vernunft zu kommen. Keiner war feiger. Er wollte von Haus und Hof fliehen und alles dem Schicksal überlassen. Seiner Frau ist es zu verdanken, dass etwas aus dem Hof gerettet wurde. Aber aus der Kirche ist bis jetzt nichts geholt worden.“

Der Mann aus Meðalland schwieg eine Weile und sagte dann: „Es ist merkwürdig, wie Menschen, die nicht als große Gelehrte angesehen werden, Wahres voraussehen können, wenn sie im Zorn sprechen. Ihr kennt alle den alten Kristján aus Oddar. Er verlor diesen Winter seine Lämmer durch einen Blitzschlag in seinen Lämmerstall. Als er das nächste Mal in der Kirche zu Hólmasel war und davon erzählte und sich furchtsam zeigte, da verspottete ihn Séra Björn, so dass der Alte verletzt war und sagte: ‚*Sieh du nur zu, dass du nicht noch ängstlicher wirst, wenn das Gewitterfeuer über dich kommt, um deinen Hochmut zu brechen, denn das kann ich dir sagen, dass es kommen wird.*‘ Séra Björn sagte nichts mehr. Und jetzt ist das geschehen, was der Alte gesagt hatte.“

Auf keinen der Höfe, aus denen die Leute geflohen waren, war schon Lava gefallen, außer auf Hólmar, das oben am Fluss lag. Die Lava drang nur langsam vor, nachdem sie auf ebenes Land gelangt war. Sie türmte sich zu hohen Wällen auf und schob sich langsam voran. Sie hatte schon das gesamte Flussbett ausgefüllt und kroch jetzt nach Süden; und auf dem südlichen Ufer lag Hólmasel.

Die Leute aus Síða und einige aus Landbrot waren sich einig darin, nach Hólmasel zu gehen, um zu sehen, ob etwas aus der Kirche herausgeholt werden könnte.

Als sie dorthin kamen, war die Lavawand bis an den Hof gelangt. Sie schob sich in zwei Zungen an beiden Seiten des Hofes vorbei, und die Häuser und die Kirche lagen in der Mitte.

Die Lavawand war himmelhoch und wälzte sich langsam vorwärts. Sie bestand aus halberstarrten Lavabrocken, aber dazwischen sah man die rotflüssige Lava. Die halberstarrten Brocken rutschten ständig herunter. Der Lavastrom war gesäumt von einem brennenden Band. Aus der Lava selber stiegen ab und zu Blasen. Sie wurden größer und größer, bis sie platzten und weißglühende Lava aus ihnen herausspritzte. Um den ganzen Hof herum hatte sich aus den verstopften Bächen ein See aufgestaut, und das Wasser war so heiß, dass nur wenige es an den Füßen ertragen konnten. Zum Hof konnten sie wegen der Hitze nicht kommen.

Jetzt war guter Rat teuer, denn Séra Björn hatte die Kirche abgeschlossen und die Schlüssel mitgenommen.

Ein Mann, Þórgeir mit Namen, ein Sohn Snjólfurs des Starken, der in Hæðagarður in Landbrot lebte, der größte Wagehals und ein starker Kerl wie alle seines Geschlechtes, löste sich aus der Gruppe und setzte an der flachsten Stelle mit einem Sprung über das heiße Wasser, lief an die Kirchentür und wollte sie aufbrechen. Aber die Kirche war neu erbaut und die Tür stark, so dass sie nicht nachgab. Er musste aufgeben und kam nur mit knapper Not zu seinen Kameraden zurück. Vigfús bemerkte diesen mutigen Versuch erst, als es zu spät war. Als er sah, dass Þorgeir nichts erreichte und aufgeben musste, feuerte er die Männer an, zu mehreren gegen die Kirchentür zu laufen. Die anderen fanden das sinnlos und meinten, dass es nichts nützen würde, da sie kein Werkzeug hätten. Und als Þórgeir zurückkam, sagte er, dass er nicht noch einmal dort hingehen wolle, es sei zu heiß. Vigfús sah, dass es für ihn allein nicht möglich war, das zu versuchen, was Þórgeir nicht geschafft hatte, und damit wurde nichts aus weiteren Versuchen. In der Kirche wurden unter anderem die gewaltigen Kupferglocken aufgehoben, die Bischof Þorlákur der Heilige hatte gießen lassen und dem Kloster in Þykkvibær geschenkt hatte. Mit der Erlaubnis des Bischofs waren sie hierher ausgeliehen worden, während die neuen Glocken gegossen wurden. Nun standen sie aber wegen der Schlamperei des Pastors immer noch in Hólmasel.

Die Rettungsleute mussten weichen, aber die Hólmaselkirche blieb dort stehen – einen ganzen Tag, nachdem ihr Pastor geflohen war – verurteilt, den Weg alles Irdischen zu gehen.

3. Das Kraftgedicht

Als die Rettungsleute Hólmasel verließen, tat Vigfús so, als habe er etwas zu tun und blieb zurück. Er überlegte, ob er noch einmal versuchen sollte, die Kirchentür anzugreifen und sie mit einem Felsbrocken aufzubrechen. Er fand es beschämend, sie so zurückzulassen, da doch Þórgeir unverbrannt von der Kirche zurückgekommen war. Doch daraus wurde nichts, denn als er nach einem passenden Stein auf den Hügeln im Süden des Hofes suchte, sah er ein Wesen unterhalb des Dammes. Er ging dorthin, sah, dass es ein Mensch war, und erkannte ihn sogleich.

Das war der alte Olaf Isleiksson.

Olaf saß mit ausgestreckten Beinen im nassen Gras, stützte die Ellenbogen auf seine Knie, wiegte sich hin und her und murmelte vor sich hin. Er kümmerte sich nicht um den Regen, der auf ihn herniederprasselte.

Vigfur bemerkte gleich, dass Olafs Sack fehlte. Als er näher kam, sah er, dass Olaf durch und durch nass war, blau im Gesicht und vor Kälte zitterte.

„Sei gegrüßt, Olaf", sagte Vigfús. „Woher kommst du?"

Olaf schrak bei den Grußworten auf und sah ihn verdrießlich an.

„Hier aus der Nachbarschaft", stieß er hervor, und seine Zähne klapperten, weil er so zitterte.

„Warum sitzt du hier allein draußen im Regen? Du stirbst vor Kälte, Alter."

„Macht nichts. Ich kann sterben."

Vigfús starrte ihn erstaunt an. Es war nicht zu übersehen, dass etwas mit Olaf nicht stimmte. Er war niedergedrückt, und seine Augen waren dunkel und glommen wie halberkaltete Kohlen.

„Wo warst du heute Nacht. Olaf?" fragte Vigfús.

„Hier."

„Hier – draußen?"

„Ja, hier und auf dem Friedhof."

„Was hast du auf dem Friedhof gemacht?"

„Nichts. Ich kann nichts, kann keine schwarzen Runen. Und so kam die Lava."

Eine Weile war es still. Vigfús hatte fast Angst vor Olaf.

„Weißt du, was ich jetzt tue?"

„Nein."

„Ich dichte ein Kraftgedicht."

„Ein Kraftgedicht?"

„Wir haben uns im Bösen getrennt, Björn in Botnar und ich."

Vigfús brauchte nicht lange zu fragen, damit Olaf ihm die ganze Geschichte von seinem Zusammenstoß mit Björn erzählte.

Dann fügte er hinzu: „Aber Björn soll sich daran erinnern, dass er auf einen Wurm getreten ist. Der Wurm kann beißen, wenn er auch armselig ist, und die Bisswunde kann anschwellen. Ich bin kein starker Mann, das weißt du, Fúsi. Ich kann keinen Menschen mit den Händen angreifen. Aber – denen ergeht es oft schlecht, die schlecht zu mir sind. Ich habe jemanden zum Schutze, der für mich Armseligen die Rache übernimmt. Merk dir, was ich sage. Das kann noch schlimme Folgen für Björn haben."

Die Worte stolperten zwischen Olafs klappernden Zähnen hervor, aber der tödliche Hass ließ ihn deutlich sprechen.

„Du erfrierst, armer Olaf, wenn du hier noch länger sitzt", sagte Vigfús.

„Macht nichts. Ich kann sterben. Aber das Gedicht will ich beenden, bevor ich sterbe. Es hält mich warm, während ich dichte."

Kurz darauf fügte er hinzu und ballte die Fäuste: „Er soll mich kennenlernen, wenn nicht lebend, dann tot. Sein Vieh soll verrecken, das, was er noch übrig hat. Er soll von seiner Familie getrennt werden und einsam zwischen den Menschen hergehen und betteln, wie ich es habe tun müssen. Läuse und Flöhe sollen ihn plagen, so dass er keinen Frieden hat, wo er auch sei, und keiner ihn in seinem Haus haben will. Er soll seinen eigenen Leichengestank riechen. Er soll lebend verfaulen – er soll brennen und lebend verglühen in einem Feuer genauso heiß wie das, das meine Bücher verbrannt hat, die in dem Sack lagen."

Olaf fiel zusammen und wurde von Weinen geschüttelt.

„Komm jetzt mit mir, Olaf", sagte Vigfús. „Ich bringe dich zum nächsten Hof und werde mich darum kümmern, dass du ein paar Nächte dort bleiben kannst. Ich sehe, dass du hungrig und durchgefroren bist und vermutlich krank. Hörst du, was ich sage?"

Olaf antwortete nichts, aber sein Weinen ließ nach.

Währenddessen legte sich ein zitternder, blasser Schein über sie.

Die Lava hatte die Häuser in Hólmasel in Brand gesetzt. Sie brannten lichterloh. Und jetzt hatte sich die Lava so nah an die Kirche geschoben, dass es keinen Weg mehr zu ihr gab.

Vigfús schaute dem zu, aber Olaf beachtete es gar nicht. Er saß gekrümmt mit den Händen vor dem Gesicht und weinte.

„Komm jetzt mit mir, Olaf. Erlaube mir, dich zu führen. Ich bringe dich zu einem Hof, damit du ein trockenes Bett und trockene Kleider bekommst."

Olaf antwortete erst nichts. Dann stieß er einen Laut aus und griff mit der Hand an seinen Rücken.

„Was war das?" fragte Vigfús.

Olaf bekam keine Luft und konnte nichts sagen. Er konnte nur schwer atmen.

„Was war das, Olaf? Stirbst du?"

„Kann gut sein", stöhnte Olaf. „Es sticht unter meinem Schulterblatt."

„Komm mit mir. Du kannst diese Kälte nicht vertragen."

„Ja, es ist das beste, wenn ich mit dir komme."

Olaf stolperte auf seine Füße und Vigfús führte ihn.

„Hunger, Seuchen soll'n dich plagen,
Seelenschmerz dir Unglück bringen
alles Elend, schwer zu tragen,
die ganze Welt zu Asche werden“,
murmelte Olaf vor sich hin.

Vigfús achtete nicht darauf. Er wusste, dass es aus dem Kraftgedicht gegen Björn stammte.

Olaf murmelte weiter:
„Fliehen sollst du alle Wege.
Floh und Laus dich immer quälen
fortgetrieben und verstoßen
allein mit Tieren leben.“

„Das sind böse Verse“, sagte Vigfús.

„Sie wirken“, sagte Olaf und konnte nur halblaut sprechen. „Und sie sollen noch besser wirken. Ich wollte, ich könnte ganz Meðalland niederdichten – und Síða ebenfalls. Hier sind alle ungläubig, alle hartherzig zu den Armseligen, alles Menschenhunde. Sie müssten selber einmal ins Elend geraten.“

Olaf verstummte, und sie stolperten ein kleines Stück weiter. Dann bat Olaf Vigfús, sich ausruhen zu dürfen.

„Das ist dieses unselige Zittern in mir“, sagte er. „Und das Stechen. Ich bekomme keine Luft.“

Sie setzten sich nieder. Olaf saß eine Weile nachdenklich da, dann sagte er: „Du bist immer gut zu mir gewesen, Fúsi, und willst mir nur Gutes. Ich wollte, ich könnte es dir irgendwie lohnen. Aber ich besitze nichts – außer diesem hier.“

Er langte an seine Brust und zog eine winzige Börse aus Seehundshaut hervor. Sie war mit einem vielfach geflochtenen Lederriemen zugebunden.

„Das sollst du haben“, sagte er. „Trag' es immer bei dir und verlier' es nicht. Du brauchst keine Angst davor zu haben, es ist nichts Böses. Es sind gute Gebete, geschrieben und gedruckt. Das sind Gebete für den Schutz Gottes und seiner heiligen Engel vor Krankheiten und Plagen, vor dem Hass schlechter Menschen und vor Auferweckten und Geistern und Ungeheuern. Ein Gebet gegen jedes Übel. Du sollst sie alle auswendig lernen und sie vor dich hin sprechen, wenn es not tut. Auf einem Blatt sind alle Namen des Erlösers aufgezählt. Es sind siebenmal sieben. Ich kann sie alle. Und ich kann alles, was dort geschrieben ist.“

Olaf zögerte ein wenig und fügte hinzu: „Das gab mir eine gottesfürchtige Frau, die ich einmal gekannt habe. Die einzige gute Frau, die ich gekannt habe.“

Vigfús nahm die Börse, wusste aber nicht ganz genau, ob er sie annehmen sollte. Olaf sprach weiter: „Ich brauche sie nicht mehr. Das unter meinem Schulterblatt ist – vermutlich – der Tod. Das Schicksal erfüllt sich. Es wurde mir vor langer Zeit vorhergesagt, dass ich nicht mehr lange leben würde, wenn ich meine Bücher verlöre. Das wird wahr werden. Sie waren mein Reichtum in der Armut, und sie haben mich vielleicht mehr beschützt, als die Menschen sehen konnten.

Jetzt bin ich da ungeschützt, wo sie mich beschirmt haben. Jetzt habe ich keine Zukunft mehr. Jetzt kann der Tod kommen. Grüße deine Stiefmutter. Sie war immer gut zu mir – ach, ach – von dir habe ich nur Gutes erfahren. Merk dir meine Worte – während du dies hier bei dir trägst, wirst du nicht im Meer oder in Flüssen ertrinken, und weder Feuer noch Hunger werden dich töten."

Vigfús konnte seine Dankbarkeit kaum in Worten ausdrücken. Olaf blickte in sein Gesicht und sagte nach kurzem Schweigen: „Ich wollte, ich hätte deine Gesundheit und Kräfte. Dann würde ich mich an Björn in Botnar rächen. Aber warum darüber reden. Man lebt nur einmal. Ich kann dir eins sagen, Fúsi. Du wirst ein alter Mann, aber ein Glückskind wirst du wahrscheinlich nie und nie reich."

Kurz danach machten sie sich auf den Weg.

Als sie nach Staðarholt in Meðalland kamen, war Olaf so erschöpft, dass es undenkbar war weiterzugehen. Dort wohnte zu der Zeit Magnus Guðmundsson, der Vater von Sæmundur Holm. Er galt als hart und ein wenig vorlaut, war aber sonst sehr hilfsbereit. Er nahm Olaf auf Vigfús' Bitte hin auf und versprach, ihn nach besten Kräften zu pflegen und zu versorgen.

Danach setzte Vigfús seinen Weg fort, um seine Kameraden zu treffen. Olaf lag drei Nächte in Staðarholt mit schwerer Lungenentzündung. In seinen Fieberanfallen murmelte er irgendein Schreckensgedicht, von dem die Leute nur unzusammenhängende Fetzen verstanden, so dass sie keinen Sinn darin finden konnten.

Am vierten Tag starb er.

4. Nachrichten aus Skál

Vigfús trennte sich von seinen Kameraden und ging in dieser Nacht nach Hause.

Es war schlimmstes Wetter. Sturzregen von Osten, so kalt und scharf, dass es kälter nicht im tiefsten Winter werden konnte, manchmal mit

Schnee vermischt, und immer dröhnte es in der Luft, und Blitze zuckten hernieder. Die Erde schwamm in Tinte: Die Asche hatte sich aufgelöst und wurde mit dem Regenwasser fortgeschwemmt, und das Regenwasser selber war blau von dem Aschestaub aus der Luft und so beißend und stinkend, dass es kaum zu ertragen war.

Den ganzen Tag über war Vigfús völlig durchnässt gewesen. Seine Kleider klebten am Körper wie eine nasse Haut, und Dampf stieg aus ihnen empor. Da, wo die Kleider am Leibe scheuerten, schmerzte es ihn beim Gehen. Es schien ihm lächerlich. über solche Kleinigkeiten zu klagen, aber es tat doch weh.

Spät in der Nacht kam er heim nach Holt.

Es war dunkel wegen des Dunstes, der überall in der Luft lag. Aus dem Norden war unbeschreibliches Dröhnen zu hören. Der Skálarfjall schwamm in weißem Nebel.

Der Hof war unverschlossen, und er ging gleich schlafen.

Guðfinna setzte sich im Bett auf und fragte halb ängstlich: „Ist das Alexander?"

„Was für ein Alexander?" entgegnete Vigfús.

„Alexander – er bekommt keine Ruhe vor dem verdammten Geldfass."

Vigfús wurde neugierig und fragte sie weiter aus, merkte aber, dass seine Stiefmutter tief schlief.

Dann zog er sich die nassen Kleider vom Leib und legte sich hin. Er schlief gleich ein und wachte nicht auf, ehe es heller Tag war. Da war seine Stiefmutter schon lange auf den Beinen.

Er zog sich an und ging hinaus, um nach dem Wetter zu sehen. Es war das gleiche wie in der vergangenen Nacht, nur der Regen war noch kälter und schneereicher. Das, was seine Aufmerksamkeit weckte, war ein riesengroßer weißer Dampfpilz, der direkt vor dem Skálarfjall emporstieg. Und etwas anderes fand er auch merkwürdig. Er sah keinen Mann auf dem Hof. Und die Frauen, die ihm begegneten, waren still und sorgenvoll, und die Augen Hallbera Alexandersdóttirs waren vom Weinen gerötet.

Als er wieder hineinkam, hatte Guðfinna eine Mahlzeit für ihn hingestellt, und er fing gleich an zu essen.

Guðfinna saß ihm gegenüber auf ihrem Bett, und anfangs sprachen sie nicht miteinander.

Vigfús kam es so vor, als ob Guðfinna in den letzten Tagen um vieles älter geworden wäre. Tiefe Ringe lagen um ihre Augen, die dunkler und gespenstischer waren als je zuvor. Um ihr Gesicht spielte ein böses Hohnlächeln.

„Wo bist du gewesen?“ fragte sie kühl.

„Unten in Meðalland“, stieß Vigfús hervor.

„Du denkst nicht viel an mich, obwohl ich krank darniederliege und alles um mich herum wegschwimmt, weil das Dach so leckt. Anders warst du zu mir, als du klein und unselbständig warst.“

Vigfús entgegnete nichts, sondern fragte: „Was hast du heute Nacht von Alexander erzählt, als ich kam? Von Alexander und einem Geldfass?“

„Was kümmert dich mein Traumgeschwätz? Wenn ich von Alexander geträumt habe, dann sicherlich wegen irgendwelcher Nachrichten, die heute von Skál kommen.“

„Was für Nachrichten?“

„Was für Nachrichten? Meinst du, ich könnte dir einige Nachrichten nicht erzählen? Aber vermutlich hat es deine Gunna verdient, dass du den Leuten in Skál zu Hilfe kommst – nicht weniger als denen in Meðalland.“

„Was ist in Skál los?“ fragte Vigfús und hörte auf zu essen.

„Das weiß ich nicht. Heute morgen ist jemand hierhergekommen, um Hilfe zu erbitten. Alle Männer sind schon lange fort.“

„Warum hast du mich nicht geweckt?“

„Ich wusste nicht, wie stark deine Treue gegenüber diesen – feinen Leuten ist!“

Vigfús sprang auf und machte sich schnell fertig. Er verschwendete keine weiteren Worte an seine Stiefmutter, sondern machte sich sofort auf den Weg nach Skál.

5. Skál versinkt im Wasser

Die Lava, die nach Meðalland geflossen war, kühlte so schnell ab, dass sie auf dem flachen Land nur schwer weiter kam. Sie staute sich zu einem hohen Wall auf. Das führte dazu, dass der Lavastrom, der ständig aus der Skaftáschlucht quoll, nicht mehr nach Süden abfließen konnte. Da floss er wieder über sich selber und stieg am Skálarfjall hoch. Die Lava, die als erste im Bett der Skaftá vorgedrungen war, war erkaltet und zusammengefallen und bot keinen Widerstand. Der neue Lavastrom schob sich über den alten. Er floss über den westlichen Teil der Hügel, von denen oft erzählt wurde und den ganzen Weg bis an den Skálarfjall. Die Lava reichte bis an die beiden Felsvorsprünge, die sich zu beiden Seiten des Hofes vom Berg aus erstreckten und drang so dicht an den Hof vor, dass es nur noch einen Steinwurf von der Kirche bis an die Lavakante war. Die

Bäche, die an beiden Seiten des Hofes aus dem Berg flossen, waren durch den Regen der letzten Tage stark angeschwollen. Sie waren weit über ihre Ufer getreten und hatten große Erdbrocken, manche drei Ellen dick, und allen Bewuchs mit sich gerissen. Nur der nackte Boden blieb zurück. Jetzt schob sich die Lava in die Bäche und verstopfte sie. In kurzer Zeit bildete sich ein Stausee an der Lavakante entlang quer über das Land. Das Wasser reichte bis an das glühende Feuer und kochte und zischte mit voller Kraft. Während ein großer Teil des Wassers in weißen Wolken in die Luft stieg, trugen die Bäche fortwährend neues heran, so dass es nach und nach immer höher stieg und der See immer tiefer wurde.

Das Schicksal des Hofes in Skál war vorauszusehen.

Vigfús lief so schnell er konnte durch die Holtstälchen nach Westen, aber als er an den Skálarfjall kam, versperrte ihm die Lava den Weg. Sie drängte so stark an die steilen Berghänge, dass die Erde in großen Stücken aufriss und in Strängen so hinabgezogen wurde, wie man Rinde von einem Baum zieht. Diese Erdstränge rutschten vom Berg herunter, wurden auf die Lava getrieben und verbrannten dort zu Asche. Es war offensichtlich, dass es keinen anderen Weg an der Lava vorbei gab, als an dem Berg hinaufzugehen. Auf diesem schrecklichen Gang musste Vigfús den Umweg machen, den er, als er zu den Treffen mit Gudrun gegangen war, aus Freude gemacht hatte.

Vom Berg aus bot sich ein unglaublicher Anblick. Der große Lavastrom bedeckte jetzt alles Land zwischen Síða, Skaftártunga und Meðalland und floss auf sämtliche Gemeinden zu. Von Ásar in Skatártunga im Westen bis an den Stapafoss im Osten und soweit das Auge nach Süden vor Dunst und Rauch sehen konnte, wallte ein zusammenhängendes Lavameer, die dunkelrote Oberfläche durchzogen von hellroten Stromlinien, die sich in ungezählten Kurven und Ringen wanden.

Pausenlos fiel der Regen auf dieses brennende Meer und verdampfte sofort. Überall stiegen dicke Dampftürme, schwarze, weiße, blaue und rote unter schwerem Dröhnen aus der Lava. Aus den alten Lavahöhlen, bis nach Landbrot, weit von dieser neuen Lava entfernt, spritzte ab und zu Feuer. Die neue Lava war so dünnflüssig, dass sie sich tief in der Erde unter die alte Lava gedrängt und sie geschmolzen hatte. In Skál war alles durcheinander geraten.

Der See breitete sich um den Hof aus. Die Leute hatten Zelte aufgestellt und ein Notlager auf einem Felsvorsprung errichtet, der über dem Hof lag. Pferde und Schafe hatte man oben auf den Berg getrieben, oberhalb der Leute, und die Bewohner und Helfer versuchten, alles Tragbare aus Hof und Kirche auf den Berghang zu retten.

Vigfús nahm sich keine Zeit zu langen Betrachtungen, sondern stürzte sich den Berg hinunter und lief bis nach Skál. Dort blieb er eine Weile stehen, um sich umzusehen und Atem zu schöpfen.

Oben am Hang stand eine Hütte, die zu Valgerðurs Hof gehörte. Dorthin war sie mit ihrer Familie und ihrem Besitz gezogen. Zwei Zelte standen am Haus, und dort hinein wurden die Sachen geschafft, die nicht vom Regen nass werden sollten. Draußen vor der Hütte stand Gudrun Alexandersdóttir. Sie war blass und ernst. Sie musste dort schon lange gestanden und auf das Geschehen geschaut haben, denn sie war schon längst vom Regen durch und durch nass geworden.

Sigurður Sigurðsson stand dort bei ihr, als ob er auf sie aufpassen wollte.

„Ist dir nicht kalt, Liebste?“ fragte er ganz weich. „Du musst völlig durchnässt sein. Willst du nicht hineingehen?“

„Nein“, antwortete Gudrun kurz und schenkte seinen Liebesbezeugungen keine Beachtung.

Zur gleichen Zeit entdeckte Sigurður Vigfús, der dort in der Nähe stand und sie anschaute. Gudrun sah ihn auch, ließ sich aber nichts anmerken.

Sigurður schien es, als ob Vigfús' Blick ihm durch Mark und Bein ginge. Er wurde verlegen und wusste erst einmal nicht, was er tun sollte. Endlich fiel ihm ein, dass er woanders vielleicht nötiger gebraucht würde als hier, und so verschwand er zu denen, die die Sachen aus den Häusern bargen.

Vigfús ging zu Gudrun, beugte sich zu ihr und flüsterte mit bitterem Hohn in ihr Ohr: „Es soll dir wohl bekommen!“

Gudrun tat so, als ob sie nichts hörte. Aber Vigfús fühlte, als er sie verließ, dass sie hinter ihm herblickte.

Das entfachte eine brennende Unruhe in ihm. Er wollte am liebsten sofort verschwinden – oder Gudrun zeigen, dass es wert war, ihm zuzusehen.

„Kann ich euch irgendwie behilflich sein?“ rief er Sveinn Alexandersson zu, der ihm begegnete. Seine Stimme zitterte vor Erwartung.

„Ja, Fúsi, gesegnet seist du!“ sagte Sveinn, der gleich stehengeblieben war und sich den Schweiß mit dem durchnässten Ärmel aus dem Gesicht wischte.

„Du kommst wie vom Himmel gesandt. Jetzt haben wir doch endlich einen Mann von Holt bekommen, der mit den Händen zugreifen kann.“

Sigurður und seine Brüder waren in der Nähe und hörten, was Sveinn sagte.

Vigfús fand das besser als gar nichts.

„Jetzt sind wir in Schwierigkeiten", sagte Sveinn. „Diese gesegneten Weiber! Gott gebe ihnen einmal Weisheit und Verstand! Sie haben alle Kühe heute morgen in den Stall getrieben, damit sie von dem Regen nicht die Milch verlieren – als ob sie nicht sowieso schon ganz trocken wären! Und jetzt geht der Kuhstall im Wasser unter. Wer weiß, ob es einen Weg gibt, die Kühe zu retten."

Vigfús stand still und starrte auf den Hof. Ein breiter Sund hatte sich zwischen den Häusern und dem Berghang gebildet, und die Häuser standen bis an die Wände im Wasser. Aber kurz vor dem Hof wallte das von der Lava erhitzte Wasser.

„Meinst du, dass es einen Weg gibt, die Kühe zu retten, Sveinn?" sagte Þórarinn Isleiksson, der jetzt mit einigen Männern herankam.

„Ich weiß nicht", sagte Sveinn. „Jetzt haben wir einen tüchtigen Mann mehr. Man kann es versuchen."

„Wenn auch keiner von euch mit mir kommen will, so will ich die Kühe retten – oder ich komme nicht zurück", sagte Vigfús.

Im selben Augenblick war er im Sund und watete in dem bis über die Hüften reichenden Wasser auf die Häuser zu.

„Ist das Wasser nicht heiß?" riefen sie ihm zu.

„Die, die diese Hitze nicht aushalten, sind besser im Trockenen aufgehoben", sagte Vigfús und ging weiter.

Þórarinn Isleiksson und dann einer nach dem anderen sprang ihm nach. Das Wasser bildete ein Gemisch von heißen und kalten Strömen aus den Bächen oder der Lava, aber nicht so heiß, dass es brannte. Vigfús watete zuerst zur Kuhstalltür, aber sie war tief im Wasser. Auf der anderen Seite war das Wasser so heiß, dass er es nicht aushielt. Als er wieder an den Stall kam, waren Þórarinn, Sveinn und einige andere, darunter die Rannveigssöhne, an die Stallwand gekommen und fingen an, sie herunterzureißen. Aus dem Kuhstall hörte man klägliches Muhen.

Þórarinn hielt beide Hände um den Mund und rief denen zu, die noch am Hang standen: „Kommt – kommt! Bringt Seile!"

Nach kurzer Zeit hatten sie ein großes Loch in die Wand gerissen. Aus dem Kuhstall stieg heißer Dampf.

Vigfús und Þórarinn ließen sich in den Stall hinab. Das Wasser reichte ihnen fast an die Hände und war so heiß, wie es heißer nicht zu ertragen gewesen wäre. Manche Kühe standen mit den Vorderbeinen auf ihren Krippen, andere hatten sich losgerissen und liefen frei im Stall umher. Vigfús fühlte seit langem das unklare Bedürfnis, etwas Großes zu vollbringen, das alle seine Kraft verlangte, bei dem er seine Gedanken vergessen konnte, wenn auch nur kurze Zeit, das das Feuer löschte, das immer in seinem Kopf brannte: etwas zu tun, über das noch lange geredet wurde. Jetzt hatten die Ereignisse ihn in solch eine Prüfung geführt, wenn auch die Tat nicht mehr einbringen würde, als die Tiere jener Menschen zu retten, von denen er wenig Gutes erfahren hatte und die ihm den Weg abgeschnitten hatten, der allein zum Glück geführt hätte. Nicht, weil er den Leuten aus Skál wohlwollte, wagte er soviel für ihr Vieh, sondern aus dem Verlangen nach einer großen Tat heraus. Auch diese Leute sollten nicht daran vorbeikommen, von ihm zu erzählen. Gudrun und Valgerður und Sigurður und all die anderen sollten bekennen müssen, wer am besten geholfen hatte, als die Not am größten war.

Bei dieser Arbeit war es gut, dass Vigfús bärenstark war. Die Kühe machten Schwierigkeiten, als ihnen die Stricke umgebunden und sie aus dem Stall gezogen wurden. Sie traten um sich und stießen mit den Hörnern und liefen völlig verschreckt herum. Und schwer waren sie auch. Die Männer, die draußen standen, waren schlecht dran und konnten ihre Kräfte nicht voll einsetzen, obwohl es viele waren. Der größte Teil der Arbeit lastete auf den beiden, die drinnen waren. Obwohl auch Þórarinn ein bärenstarker Kerl war, war Vigfús ihm doch überlegen.

Kein Wort fiel zwischen Vigfús und Þórarinn, aber sie arbeiteten wie ein Mann bei jeder Bewegung. Draußen an der Wand hörte man das Geschrei der anderen, da feuerte einer den anderen zu neuer Anstrengung an.

Vigfús war fast immer im Wasser und kümmerte sich nicht darum, dass es schlammig war. Mit einzigartiger Zähigkeit hielt er den Atem an, tauchte und mühte sich mit dem Vieh ab, und oft musste er sich unter die Bäuche der Kühe krümmen und sie mit seiner Körperkraft hochheben.

Nach einer Weile hatten sie acht Kühe und einen Jungbullen aus dem Stall gezerrt, zwei Kälber waren ertrunken und wurden tot hochgezogen.

„Du hast Kraft in den Muskeln, Fúsi", sagte Þórarinn, als sie sich am Ende der Rettungsaktion an der Stallwand ausruhten.

„Einmal muss dir deine Stiefmutter doch zu essen gegeben haben. Ich habe mich bis jetzt für einen vollkommenen Mann gehalten. Aber an dich komme ich nicht heran."

Vigfús entgegnete nichts, aber das Lob freute ihn, da so viele zuhörten.

Während sie bei dieser merkwürdigen Kuhstallarbeit waren, war das Wasser zwischen Hof und Berghang dermaßen gestiegen, dass es an der tiefsten Stelle kaum zu durchwaten war. Die Kühe schwammen, nachdem sie aus dem Stall gezogen worden waren, an Land. Aber jetzt mussten noch die Männer an Land gebracht werden. Die Kräftigsten mussten den Kleineren über die tiefsten Rinnen helfen. Dazu wurden Þórarinn und Vigfús ausgewählt.

Vigfús hätte am liebsten Sigurður unter Wasser gedrückt, als er ihm half, tat es dann aber doch nicht. Stattdessen packte er ihn bei seinen Kleidern an der Brust und hob ihn hoch aus dem Wasser, als er ihn über die Tiefe schwang.

Den Kraftunterschied sollte er doch spüren! Als alles aus dem Hof geborgen war, waren die schwersten Gegenstände nicht weiter als bis zum Fuß des Berghanges getragen worden.

Jetzt flutete das Wasser bis dorthin, und sie mussten von neuem geborgen werden. Vigfús machte sich mit anderen an die Arbeit und schonte sich nicht. Immer noch freute es ihn, zu zeigen, dass er Kraft und Ausdauer wie zwei oder drei der Rannveigssöhne hatte.

Die Hausfrau Valgerður war in der Zwischenzeit nicht müßig gewesen. Die meisten anderen Frauen, die in Skál zu Hause waren, verloren den Mut, manche weinten und jammerten dermaßen, dass sie kaum wussten, was sie taten. Darunter war Þóra, Valgerðurs Schwester und Þórarinns Frau. Es wurde ihr schwer, ihr Land von Lava bedeckt, ihren Hof im Wasser untergehen und all ihren Besitz verstreut zu sehen, und sie konnte ihre Tränen nicht zurückhalten. Aber sie fasste sich, sprach ihren Kindern Mut zu, sagte ihren Leuten, was sie tun sollten, und arbeitete selber mit ihrer Schwester zusammen. Valgerður sagte nicht viel, wie es auch sonst nicht ihre Gewohnheit war, aber ihre Miene war hart und schwermütig. Mit heldenhafter Ruhe ging sie über ihren Besitz, passte auf alles auf, half und barg für sich und andere. Sie war überall dort, wo Voraussicht und Fürsorge gebraucht wurden. Zugleich bewirtete sie ihre Gäste. In der Hütte, dem einzigen Haus ihres Hofes, an das man herankam, stand ein Tisch, der in Eile aus der Tür gemacht worden war. Er bog sich unter dem besten und üppigsten Feiertagsessen, das in ihrer Speisekammer zu finden gewesen war. Das war von ihr für die Rettungsleute bestimmt, wenn sie Zeit dafür hätten.

Als ihr der Augenblick geeignet schien, schickte sie eine Magd zu den Männern und bat sie, zum Essen zu kommen. Die meisten waren so erschöpft und zerschlagen dass sie sich über die Mahlzeit und die Pause freuten, die dazu gehörte.

Vigfús blieb draußen, bis alle hineingegangen waren. Dann ging er schweigend los – nach Hause.

Er hatte keine Lust, sich von Valgerður beköstigen zu lassen.

Als er ein kurzes Stück zurückgelegt hatte, wurde er von hinten angerufen.

Er blieb stehen und drehte sich um. Es war Þóra. Valgerður hatte ihn beobachtet. Sie selber wollte kein Wort mit ihm wechseln, sondern hatte ihre Schwester geschickt, ihn zu rufen.

Vigfús wartete, bis Þóra zu ihm kam.

„Meine Schwester Valgerður bittet dich, bei ihr mit den anderen Männern zu essen", sagte sie.

Vigfús wollte erst etwas Boshaftes erwidern, etwa, dass es besser wäre, ihrem Schwiegersohn und seinen Brüdern etwas zu essen zu geben, oder ähnliches. Aber als er sah, wie traurig und wie herzlich ihm gegenüber Þóra war, konnte er ihr nichts Unhöfliches an den Kopf werfen, sondern antwortete bescheiden und bedankte sich. Doch wolle er nach Hause.

„Du bist erschöpft, armer Mann, nach dieser Arbeit", sagte Þóra. „Und du bist barhäuptig."

„Meine Mütze ist dort im Kuhstall geblieben", sagte Vigfús.

„Soll ich dir nicht eine Mütze von meinem Þórarinn leihen?"

„Ich habe zu Hause eine Mütze und komme heim, auch wenn es ein wenig auf meinen Kopf regnet", sagte Vigfús.

Dann verabschiedete er sich von Þóra und machte sich auf den Weg.

Während Þóra und Vigfús zusammen redeten, kam Gudrun aus der Hütte und sah zu ihnen hin. Sie stand still und blickte Vigfús nach, als er den Berg hinaufging.

Nach einer Weile band sie sich ein Tuch um den Kopf und lief den Berg hinauf, auf der anderen Seite. Dort standen die Pferde auf der Weide.

6. Der Propst unterwegs

An der Ostseite des Berges traf Vigfús Séra Jón Steingrimsson. Er kam aus seiner Kirche und wollte nachsehen, ob der Kirchenbesitz in Skál gerettet worden war. Das war seine Aufgabe als Propst des Gebietes: nach ihm zu schauen und ihn entgegenzunehmen. Séra Jón ging den Berg hinauf und zügelte sein Pferd. Als er Vigfús traf, blieb er stehen, grüßte ihn und fragte nach Neuigkeiten. Vigfús erzählte alles klar und deutlich. Séra Jón hörte ihm schweigend zu und sagte dann: „Oft zeigt der Allwissende den Menschen, wie er es haben will. Dieser westlichste Teil von Síða hat seit vielen Jahren auf Anraten unweiser Menschen zum Pfarramt einer anderen Gemeinde gehört, von der Hauptkirche durch einen der größten Gletscherflüsse des Landes, der oft nicht zu überqueren ist, getrennt. Jetzt hat Er ihn von der Hauptkirche durch Lava, die vorläufig nicht zu überqueren ist, getrennt, um den Menschen zu zeigen, was Er, der alle Dinge kennt, vereint haben will. Merkt Euch meine Worte, Fúsi, Ihr lebt länger als ich. Nach diesem Unglück wird die Skálgemeinde nicht zum Áspfarramt gehören, sondern zu Kirkjubæjarklaustur."

Séra Jón schwieg eine Weile und sprach dann weiter: „Und es geschah an einem Sonntag. Ausgerechnet zur Hochmessezeit müssen die Höfe und die Kirchen verlassen werden. Seit ich nach Síða kam, ist nur an wenigen Sonntagen in der Skálkirche die Messe gelesen worden – wer auch immer schuld daran sein mag! Aber Gott will sein Haus nicht leerstehen haben, es soll nicht nur aus Dünkel gebaut worden sein. Wenn keine Kirche gebraucht wird, sollte auch keine bestehen. Mir scheint es sicher, dass in Skál nie wieder eine Kirche gebaut wird."

„Ihr seid nach der Meðallandsfahrt nicht wieder zu mir gekommen", sagte Séra Jón etwas später.

„Mich erschreckten die vielen Gäste, die bei Euch in der Nacht, die ich dort war, ein- und ausgingen", sagte Vigfús.

Séra Jón lächelte.

„Lieber will ich, dass ich zu viele als zu wenige Gäste habe", sagte er. „Gott hat mir die Gabe gegeben, vielen zu helfen und viele zu heilen, manche am Körper, manche an der Seele. Und er hat mir Besitz gegeben, damit ich anderen davon gebe, solange er reicht. Seid willkommen bei mir, wann immer Ihr wollt. Einen Mann Eures Formats kann ich immer brauchen."

Vigfús dankte ihm herzlich für diese Worte, und damit trennten sie sich dieses Mal. Vigfús blieb stehen und sah ihm nach, wie er sein Pferd schräg den Pfad hinauflenkte. Er legte sich bei jedem Schritt nach vorn und schöpfte tief Atem, denn er war vom Alter gebeugt und seit Jahren kurzatmig. Seine Schultern waren breit und seine Gestalt männlich, doch seine Kleidung war wie üblich einfach und schmucklos.

In Vigfús' Augen vereinigte dieser Mann all die Eigenschaften, die einen Mann auszeichnen. Körperlich war er den Bauern nicht überlegen, aber seine Weisheit und Klugheit umfassten die aller zusammen. Er wusste selber nichts von seinen Vorzügen und war nicht überheblich. Er war ein Fahrtenführer gewesen und nie in ein Unglück geraten. Er galt als ein ausgezeichneter Wanderer und Flusskenner, dem kein Weg unmöglich war. Er war in viele Abenteuer geraten, auf See und auf dem Land und hatte immer einzigartigen Mut, Ausdauer und Klugheit gezeigt. Unzählige Geschichten hatte Vigfús über ihn gehört. Außerdem wurde er für einen ausgezeichneten Gelehrten und einen geschickten und guten Arzt gehalten. Kein Pastor, der in Síða gelebt hatte, war, soweit die Menschen sich erinnerten, so beliebt, so verehrt und bewundert worden wie er. Das, was die Leute nicht genau über ihn wussten, wurde dennoch unter ihnen beredet, wenn auch nicht öffentlich. Die Leute meinten zu wissen, da er ein Dichter sei, wenn er es auch geheimhalte, dass seine Reime kräftig und treffend seien, und es sei nicht gut, von ihnen getroffen zu werden. Und manche sagten, dass er zaubern könne. Er war zumindest Schüler in Hólar gewesen, und dort wurde die Gráskinna[21] aufbewahrt. Und es war unwahrscheinlich, dass er nicht einmal hineingeblickt hätte. In Mýrdalur meinten sie bemerkt zu haben in den 17 Jahren, die er dort Pastor war, dass es nicht jedermanns Sache war, sich mit ihm anzulegen. Niemand war dort so lange Pastor gewesen. Aber wie es auch immer damit stand, es war sicher, dass Séra Jón sein Wissen nur zu Gutem anwandte. Er war ein Mann, der nichts anderes kannte als Fürsorge und Hilfsbereitschaft.

Vigfús fand, dass, jedesmal, wenn er mit ihm sprach, er nicht anders konnte, als ihm sein Herz zu öffnen. Er fühlte, dass er es merken würde, wenn er ihm etwas verschwiege. Er war der einzige Mensch, dem er ganz und gar vertrauen und dem er Liebe und Verehrung entgegenbringen konnte wie einem guten Vater, der einzige Mensch, der ihm Stärke und Mut gab. Oft hatte er sich danach gesehnt, solch einen Mann kennenzulernen und ihm zu dienen. Er segnete die Stunde, in der er ihn getroffen hatte.

Séra Jón ging langsam weiter den Berg hinauf, bis er oben an der Kante verschwand. Dann machte Vigfús sich auf den Weg nach Hause.

7. Alexanders Sarg

Gegen Nachmittag hörte es auf zu regnen, und es wurde bestes Wetter. Séra Jón Steingrimsson kam nach Skál, gerade als die Männer mit dem Essen fertig waren. Er blieb nicht lange dort. Als er seine Angelegenheit beendet hatte und die Bewirtung, die man ihm hatte anbieten können, angenommen hatte, ritt er wieder nach Hause.

Nun war der ganze Hof Skál unter Wasser. Wie ein rostschwarzer Eisenwall sperrte die Lava den See am vorderen Ende ab. Das Wasser wurde von ihr in kochender Gischt zurückgeworfen, kam aber immer wieder.

Die Bauern von Skál und die Rannveigssöhne aus Holt gingen im Osten des Stausees entlang, denn dort trieb etwas, das vielleicht aus dem Hof oder aus der Kirche stammte.

Der Hof glich einem versunkenen Schiff, das das Meer langsam zerschlug.

„Aber was ist das dort weit draußen im Wasser?" fragte jemand.

Alle blickten dorthin. Draußen vor der Lava war etwas, das schwimmenden Vögeln glich. Diese „Vögel" schwammen heftig und immer im Kreis und tauchten dort ins Wasser, wo es am stärksten kochte.

„Das sind keine Vögel", sagte Þórarinn.

Darüber stritten sie untereinander. Die meisten bestanden darauf, dass es Vögel von der Farbe und Größe einer Eisente seien.

„Das können keine Vögel sein", sagte Þórarinn noch einmal und blickte scharf auf den See hinaus. „Und doch gleicht es Vögeln. Keine lebenden Tiere können diese Hitze aushalten."

„Das sind keine natürlichen Vögel", sagte der Verwalter Bjarni mit philosophischer Miene.

Alle blickten auf ihn.

„Was für Vögel sind es dann?"

„Ähnliche Vögel wie diese sieht man oft auf den heißen Quellen in Ölfus", sagte Bjarni. „Keiner kann sie fangen. Sie tauchen immer in der Mitte des kochenden Wassers. Manche meinen, dass es böse Geister in Vogelgestalt seien oder –"

„Oder was?"

„Oder die Seelen toter Menschen."

Erst schwiegen alle bei dieser Erklärung. Dann brachen allen in schallendes Gelächter aus.

„Lacht nur, Jungs", sagte Bjami, halb ärgerlich und halb beleidigt. „Aber ihr habt von diesen Vögeln nichts Gutes zu erwarten."

„Hol dein Gewehr von zuhause, Sveinn!" sagte Þórarinn.

Sveinn lief nach Hause zu den Zelten und holte das Gewehr. Währenddessen standen die anderen da und beobachteten die „Vögel". Sie schwammen immer an derselben Stelle und tauchten im kochenden Wasser.

„Das sind Torfstücke aus unserem Küchenschornstein", sagte Þórarinn.

Während sie diese merkwürdigen Vögel in die Schusslinie nahmen, entdeckten sie etwas anderes, was noch stärker ihre Aufmerksamkeit auf sich zog.

Ein schwarzer Gegenstand schwamm draußen im Wasser und wurde mit dem Strom nach Osten getrieben. Es bestand kein Zweifel, was das war.

Das war ein Sarg aus dem Friedhof.

Und kein Zweifel, wessen Sarg das war. Niemand war dort seit langem begraben worden, außer Alexander, Valgerðurs Ehemann und Vater von Sveinn und Eyjólfur.

Die Männer verstummten bei diesem Anblick, und es war, als ob niemand das Schweigen brechen wollte.

Es war offensichtlich, dass der Friedhof vom Wasser aufgequollen und die Erde aufgerissen war, so dass sich die Gräber geöffnet hatten.

Vielleicht war der Hügel, auf dem die Kirche und der Friedhof gelegen hatten, weggeschwemmt worden, deswegen trieb so vieles aus der Kirche umher.

Dort draußen war niemand, der davon berichten könnte, und vom Land aus war nichts zu sehen.

Aber es weckte ein ungemütliches Gefühl, den Grabfrieden der Toten so gewaltsam gestört zu wissen. Der Sarg trieb in rasender Fahrt mit dem Wasser nach Osten. Endlich kam er so nah, dass man ihn greifen und an Land ziehen konnte.

Es war richtig. Es war der Sarg des seligen Alexander.

Aber – er war leer. Der Boden fehlte.

Niemand sagte etwas. Sveinn war blass im Gesicht und ungewöhnlich niedergedrückt. Es schauderte ihn bei dem Gedanken, dass der Körper seines Vaters dort in dem See zerkocht würde.

Und über diese „Vögel“ konnte man manches denken. Wer wusste, ob nicht bei solch einem Geschehen die Seelen der Toten nach ihren körperlichen Überresten ausschauten? Wer wusste, welche Gestalt ihnen dann gegeben würde? Wer wusste, ob nicht der Tag nahe wäre, an dem sich die Seelen und die Körper der Toten wieder vereinigen sollten?

Es konnte gut etwas Wahres an dem sein, was die Pastoren vom Jüngsten Gericht und der Auferstehung des Fleisches erzählten.

Es war eine ernstere Angelegenheit, als die Männer anfangs vermutet hatten. Sie ließen den Sarg los, und er trieb, wohin er wollte. Er trieb weiter nach Osten am Berg entlang.

Dieses Ereignis hatte alle tief beeindruckt. Schweigend gingen sie nach Hause und hörten auf, sich mit den „Vögeln“ zu beschäftigen.

Gudrun Alexandersdóttir hatte die ganze Zeit allein oben auf dem Berg gesessen. Als die Männer unten vom Stausee zurückkamen, ging sie ihnen nahe bei den Zelten entgegen und hielt Bleikur am Zügel. Sie blieb bei ihnen stehen, drehte sich zu Sigurður und sagte fest und deutlich: „Nimm deinen Bleikur zurück, Siggi. Ich werde nie deine Frau.“

Dann ließ sie Bleikur bei Sigurður stehen und ging geradewegs in das eine Zelt hinein.

VII. Teil

1. Hofgeflüster

Vigfús' Gedanken waren ausgefüllt von der Ungewissheit darüber, ob Sigurður von ihrem Treffen oben auf der Heide zu Hause oder anderswo erzählt und auf welche Weise er es getan hätte.

Noch immer quälte ihn der Mordversuch. Jedesmal, wenn er daran dachte, erlebte er von neuem all die Reuequalen, die er in der Nacht darauf durchlitten hatte. Er kam nicht zur Ruhe. Dass Sigurður davon wusste, war schlimm genug, aber was war das im Vergleich dazu, wenn alle Leute davon wüssten? Er hatte zwar bei den Leuten an Ansehen wenig zu verlieren, aber danach würde er als Verbrecher und Abschaum gelten, mit dem keiner verkehren wollte und den alle mieden oder fürchteten. Niemand könnte verstehen oder würde verstehen wollen, welche Qualen er wegen dieses Vorfalls litt.

Niemand außer Séra Jón Steingrimsson. Sicher wog er viele auf, aber er konnte ihm doch nicht die Achtung der anderen Leute ersetzen. Und genauso unerträglich wäre es, wenn Sigurður von einem Verwandten und Bekannten zum anderen liefe und von ihrem Zusammenstoß so erzählte, als ob er die Überhand bei der Begegnung behalten hätte: Zwar hätte Vigfús ihn zu Boden und sich über ihn geworfen, aber Sigurður hätte ihn mit Geistesgegenwart und Zähigkeit von sich abgeschüttelt und in eine Schlucht hinabgestoßen, so dass er sich das Gesicht aufgeschrammt hätte.

Solche Prahlereien, fand er, würden zu solch einem Feigling wie Sigurður passen. Es gab keinen direkten Weg, es herauszufinden. Er konnte niemanden fragen, denn das würde die ganze Geschichte aufdecken. Er musste Umwege gehen, dem Geflüster der Leute zuhören, auf unzählige Kleinigkeiten achten und daraus seine Schlüsse ziehen.

Aber wie er sich auch anstrengte, er erfuhr nichts, was darauf hindeutete, dass Sigurður von ihrer Begegnung erzählt hatte. Als er nach Skál gegangen war, hatte sich Sigurðurs zukünftige Familie über sein Kommen gefreut und seine Hilfe mit Dank angenommen. Das hätten sie nicht getan, wenn sie gewusst hätten, dass er Sigurður hatte töten wollen. Zu Hause in Holt war es das gleiche. Er sah Sigurðurs Geschwister und auch seine Mutter tagtäglich, aber sie benahmen sich ihm gegenüber, wie sie es immer getan hatten.

Es war nur Sigurður, der ihn in Skál und in Holt mied, aber wiederum nicht so sehr, dass es anderen aufgefallen wäre.

Aus alledem schloss Vigfús, dass Sigurður bisher niemandem davon erzählt hatte. Deswegen stieg er in seiner Achtung, und er hätte gern eine Gelegenheit wahrgenommen, ihn um Verzeihung zu bitten und sich mit ihm zu versöhnen. Aber es bot sich keine Gelegenheit, da Sigurður ihm nie allein über den Weg lief.

Kurz nachdem Skál vom Wasser verschlungen wurde, fand Vigfús heraus, dass es im Hause Rannveigs zu Uneinigkeiten gekommen war. Es betraf die Verschwägerung mit den Leuten von Skál.

Es war schwierig für ihn, etwas zu erfahren, aber so viel bekam er doch unauffällig bei den Arbeitsleuten in Holt heraus, dass alles in Aufruhr sei, in Skál wie in Holt, weil Gudrun ihre Verlobung mit Sigurður gelöst hatte. Ihre Mutter war zu Sigurður gegangen und hatte ihn gebeten, das nur als Laune anzusehen, sie würde mit ihrer Tochter reden. Aber Sigurður wollte davon nichts wissen. Als er nach Hause kam, beschwor ihn Rannveig, seine Mutter, sich wieder mit Gudrun zu versöhnen, damit alles wieder so wie vorher würde. Aber Sigurður wollte nichts davon hören.

Er war überzeugt, dass Gudrun ihn nicht liebte und ihn weder sehen noch hören wollte, und weigerte sich, sie zu zwingen. Er sagte nichts von seiner Ahnung, dass sie einen anderen Mann liebte.

Dann sickerte von Skál durch, dass Valgerður versucht habe, ihre Tochter zu zwingen, ihr Wort zurückzunehmen und Sigurður um Verzeihung zu bitten, dass aber Sveinn dazwischengekommen sei.

Aus diesem Grunde gingen ständig heimliche Botschaften zwischen Holt und Skál hin und her. Rannveig sandte ihre jüngeren Kinder oftmals am Tag, manchmal mit einer Nachricht, manchmal mit einem Brief, aber Sigurður war zu nichts zu bewegen. Deswegen kam es zu Uneinigkeiten zwischen Mutter und Sohn. Rannveig selber war so krank, dass sie es sich nicht zutraute, nach Skál zu gehen, da der Weg jetzt so beschwerlich war, denn man musste über den Berg laufen. Und sie hatte auch nicht die Kraft, weiterhin Sigurður zu drängen. Die vergiftete Luft, die dem Vulkanausbruch gefolgt war, hatte sie brustkrank gemacht. Vor Husten und Atemnot kam sie kaum über den Hof.

Trotz dieser Nachrichten, die Vigfús sich aus vielen kleinen Bruchstücken zusammensetzen musste, blieb von Skál immer etwas ungesagt, etwas, das entweder niemand erzählen wollte oder niemand genau wusste.

Am Dienstag nach vorhergenanntem Sonntag machte sich Sveinn Alexandersson auf eine weite Reise. Er wollte in die Gemeinden nach Westen, niemand wusste wie weit. Er wollte sich nach Landbesitz für sich und seine Mutter umsehen, denn wenn auch das Wasser vom Hof in Skál abfließen sollte, so dass man wieder in den Häusern leben könnte, wären doch die Felder und Weiden Skáls dermaßen zerstört, dass es sich nicht lohnen würde, dort weiterzuwirtschaften.

Um an der Lava vorbeizukommen, musste er über Meðalland ziehen. Das war ein neuer und ungewohnter Weg von West-Síða aus nach Westen.

Dabei führte sein Weg an Holt vorbei. Sigurður benutzte die Gelegenheit, von zu Hause wegzukommen, und schloss sich Sveinn an. Auf dem Hofplatz verabschiedete er sich mit großer Liebe von seiner Mutter. Es geschah zum letztenmal. Er kam nie wieder nach Holt, während sie lebte. Und auch ihre Tage in Holt waren gezählt.

Guðfinna wurde zu dieser Zeit auf seltsame Art geplagt. Sie war von den Qualen, die der Luftvergiftung folgten, nicht verschont geblieben, und es ging ihr nicht gut, aber am schlimmsten war es nachts.

Alle möglichen schlimmen Träume setzten ihr zu. Sie glaubte fest daran, dass der selige Alexander von Skál wiederginge und etwas mit ihr, vor allen anderen, zu schaffen hatte. Sie meinte ihn sowohl im Hellen wie im Dunkeln zu sehen, wenn er sie auch nicht direkt verfolgte. Sie konnte diese Angst nicht alleine ertragen und erzählte den Mägden auf den anderen Höfen im Vertrauen davon. Sie glaubten nicht weniger daran als Guðfinna. Dort fielen ihre Geschichten auf fruchtbaren Boden. Auch sie fingen an, von Alexander zu träumen und seiner gewahr zu werden. Alexander ging auf dem Hof in Holt um wie eine graue Katze. Seine Schritte waren in jeder Nacht auf den Gängen zu hören. Und manchmal sah man ihn vorbeihuschen. Es blieb allen verborgen, dass Guðfinna jede Nacht auf den Beinen war, irgendwann, wenn sie nicht schlafen konnte. Manchmal schlich sie sich vom Hof fort den ganzen Weg zu den Hügeln. In der Geldhöhle war alles ruhig, und Guðfinna rührte nicht an das Fass.

Am Tage nach solchen nächtlichen Ausflügen hatten die Mägde in Olafs Badestube immer neue Geschichten von dem Gespenstergang zu erzählen. Sie hatten wach gelegen, schweißgebadet vor Angst und genau gehört, dass jemand auf den Gängen herumtappte.

Guðfinnas größtes Vergnügen war es, den Glauben anderer an die Geister zu schüren, und doch war ihr eigener Aberglaube ihr mehr als eine Last. Sie meinte, dass so die Mägde die Bürde mit ihr trügen.

Dann kam die Nachricht aus Skál, die alle bisherigen Schauergeschichten übertraf: Der Sarg Alexanders war leer in der Flut gefunden worden.

Danach erzählten die Arbeitsleute auf beiden Höfen laut und öffentlich davon, dass Alexander wiederginge. Nun gab es keinen Zweifel mehr. In der Nacht zum Dienstag schlief Guðfinna sehr unruhig. Sie zerwühlte ihr Lager und schrie und gurgelte, als ob sie erhängt würde. Vigfús musste sie wecken.

Als sie wach war, setzte sie sich mühsam im Bett auf und betete ohne Unterlass zu Gott.

„War das Alexander?“ fragte Vigfús.

„Nein – nein. Das war der alte Olaf. Ich bin sicher, dass er tot ist.“

Später fand Vigfús heraus, dass Olaf nicht vor dem nächsten Tage gestorben war.

Aber Guðfinna war anderer Meinung. Als sie von Olafs Tod erfuhr, bestand für sie kein Zweifel, dass er sie, gerade gestorben, heimgesucht hatte. Sie wusste am besten, in welchem Auftrag er zu ihr gekommen war. Im Tode musste er herausgefunden haben, wie sie ihn hintergangen hatte.

Seitdem hatte sie noch mehr Angst vor Olaf als vor Alexander.

Am Dienstagabend kam Bauer Olaf in die Badestube von Guðfinna und Vigfús. Er hatte eine kleine Erfrischung bei Sveinn von Skál und Sigurður bekommen, als sie sich auf den Weg machten, und er hatte mit ihnen den Abschiedstrunk genommen, so dass er ein wenig beschwipst war.

Er setzte sich auf den Rand von Vigfús’ Bett und strich sich mit der Hand übers Knie.

„Wie gefällt dir all das, was in den letzten und schlimmsten Tagen geschehen ist, Fúsi?“ fragte er.

Vigfús sagte, dass es ihm nicht gefalle.

„Das Jüngste Gericht kommt“, sagte Olaf.

„Meinst du?“ fragte Vigfús, und in seiner Stimme klang Zweifel.

„Das Jüngste Gericht kommt. Die Erde verbrennt und damit alles, was auf ihr ist. Siehst du nicht die Zeichen, die sich offenbaren? Die Sonne verdunkelt sich. Die Gräber der Toten öffnen sich und sie – ja, der Teufel soll wissen, ob meine Mägde die Wahrheit sagen. Die meinen, dass hier ein toter Mann umgeht. Jaja, das glaube ich nun nicht, bevor ich nicht den seligen Alexander selber gesehen habe. Aber sind das nicht die Vorzeichen, die der Erlöser prophezeit hat und die vor dem Jüngsten Gericht kommen sollen? Ich weiß nicht mehr so gut Bescheid in den heiligen Schriften. Ich lese nur meine gesegnete Jónspostille. Ich habe keine Angst vor dem Jüngsten Gericht. Es werden viele Böcke dort sein, wenn ich dort hinkomme. Merkwürdig, das mit den Böcken und Schafen. Sollten keine Hammel im Himmel sein? Aber ich wollte schon immer das Jüngste Gericht miterleben. Ich glaube, dass wir, die es erleben, gar nicht sterben werden, sondern dass wir uns in einem Augenblick in, ja in Böcke und Schafe verwandeln. Ich werde es mir sicher gefallen lassen müssen, ein Schaf zu werden. Aber lassen wir den Spaß, Fúsi. Kann gut sein, dass wir eines Nachts von der Trompete hochgerissen werden.“

Guðfinna wollte nun erzählen, was sie in den letzten Tagen gesehen hatte, aber Olaf wollte ihr nicht zuhören.

„Du bist verrückt", sagte er. „Verrückt mit deinem Gespensterglauben und deiner Angst vor dem Dunkeln wie alle Weiber. Kein Wort von dem, was ihr sagt, kann man ernstnehmen. Die Weiber in meiner Badestube sind auch alle verrückt, meine Frau auch. Alle werden verrückt. Verrückt vor Angst und – wer weiß wovor. Nun, jaja. Sie haben nicht viel zu verlieren. Ich finde es schlimmer, dass meine Gunna in Skál wahnsinnig geworden ist."

„Wahnsinnig – Gott helfe mir!" sagte Vigfús und konnte nicht verbergen, wie sehr ihn die Nachricht traf.

Olaf sah ihn mit großen Augen an. Guðfinna stieß ein kaltes, schrilles Gelächter aus.

„Weswegen lachst du?" fragte Olaf und drehte sich ihr zu.

„Über meine Gedanken", sagte Guðfinna.

„Ja, lange lacht, wer wenig weiß", sagte Olaf.

„Ist Gudrun wahnsinnig geworden?" fragte Vigfús.

„Ich glaube, dass etwas davon wahr ist, da ihre Schwester Hallbera es mir erzählt hat."

In der nächsten Nacht konnte Vigfús nicht einen Augenblick schlafen.

„Gudrun in Skál ist wahnsinnig!" klang es in seinen Ohren, gefolgt von den schrecklichen Gedanken, die solch eine Nachricht gebar.

Das war es also, was die Leute flüsterten und wovon niemand Genaueres erzählen wollte.

Guðfinna lag auch noch lange wach, aber keiner sprach mit dem anderen.

Und weil Vigfús nicht einschlief, traute sie sich nicht aufzustehen. In dieser Nacht merkten die Mägde in den anderen Badestuben nichts von Alexander.

2. Mutter und Tochter in Skál

Die Hütte, die in Skál oben am Hang stand und von der vorher erzählt wurde, war jetzt das Zuhause von Valgerður und ihren Kindern geworden. Dort hatten sie sich, so gut sie konnten und mit dem, was aus dem Hof gerettet worden war, eingerichtet. Drinnen an der Giebelwand lag Gudrun Alexandersdóttir, in einem Bett, das in Eile zusammengehauen worden war, und es ging ihr schlecht. Ihr Aussehen hatte sich verändert. Eine Zeitlang war sie blass und sorgenvoll gewesen. Jetzt brannten ihre Wangen in Fieberröte, und ihre Augen glänzten. Sie war verquollen und heiß, aber nicht verschwitzt, und ihre Brust hob sich oft und schnell. Durch eine Ritze im Hüttendach fiel ein Lichtstrahl auf sie. An die Wand hinter ihrem Bett war ein Betttuch gehängt worden, um sie vor der Feuchtigkeit des Torfes zu schützen. Sonst war es wenig anheimelnd.

Das Bettzeug war zerwühlt, denn sie war unruhig, konnte es vor Hitze und Schmerzen nicht aushalten und drehte sich ständig herum.

Dem Leser ist es wohl nicht verborgen geblieben, dass Gudrun, seit Bleikur gescheut hatte und sie sich von seinem Rücken werfen musste, nicht ganz gesund gewesen war. Dennoch waren keine anderen Krankheitszeichen zu finden als Schwindel und Kopfschmerzen, was die Leute nach einem schweren Fall wie diesem ganz normal fanden.

Trotzdem war Gudrun krank, und ihre Mutter sah sehr wohl, dass sich die Krankheit auf ihre Seele gelegt hatte.

Nach diesem Teufelsritt hatte Gudrun schreckliche Angst bekommen. Dann hatte sie sich den Kopf darüber zerbrochen und einen anderen Vorfall damit verbunden. Sie deutete die Krankheit als ein Zeichen irgendwelcher geheimer Mächte, vielleicht von Gott selbst. Er zeigte ihr seinen Zorn, indem er sie so krank machte. Dieser unglückselige Bleikur hatte sie dazu verführt, dem Mann untreu zu werden, den sie liebte und der sie liebte. Deswegen sollte Bleikur auch das Werkzeug der Rache sein. Das nagte an ihr Tag und Nacht. Ihre Gedanken waren laute Anklagen. Reue und Qualen füllten ihre Seele. Sie war selbst davon überzeugt, dass sie seltsam krank war. Irgendetwas war bei dem Sprung in ihr zerrissen. Sie wusste jedoch nicht, was. Sie wusste aber, dass es ihr nie wieder besser gehen würde. Sie würde kranker und schwächer werden und sterben.

Sie sah ihrer Mutter an, dass sie das ebenfalls glaubte. Sie hatte keine Angst davor zu sterben. Sie wollte sich aber vorher mit Vigfús versöhnen und ihn um Verzeihung bitten. Sie wusste, wie er wegen ihrer Leichtfertigkeit leiden musste. Darüber dachte sie beständig nach, und manche Nacht hatte sie keine Minute geschlafen.

Dennoch bestritt sie immer vor ihrer Mutter, dass etwas mit ihr los sei. Aber an dem Tag, als Skál im Wasser versank, verschlechterte sich ihre Gesundheit von neuem. Sie war viele Tage lang kaum vor die Tür gekommen. Tag musste sie mehr Strapazen und Nässe ertragen als je zuvor in ihrem Leben. Bei solchem Unglück war das nicht zu vermeiden. Und sie versuchte auch nicht, dem zu entgehen. An diesem Tag fühlte sie sich so gesund und stark, dass sie nirgendwo anders sein wollte als draußen. Sie wollte all das genau sehen, was an diesem Tag vor sich ging, wie schrecklich es auch sein wurde.

Schließlich war sie den Berg hinaufgegangen und hatte dort lange allein gesessen. Als sie von dort zurückkam, war der Gedanke in ihr gereift, alle Bande, die sie mit Sigurður verbanden, zu zerreißen, was auch immer danach geschehen würde. Am Abend war es zu einer ernsten Auseinandersetzung zwischen ihr und ihrer Mutter wegen dieses Vorfalles gekommen. Gudrun hatte sich in große Erregung gesteigert und war in heftiges Weinen ausgebrochen. In diesem Moment hatte Sveinn eingegriffen.

Das war der Vorfall, den die Arbeitsleute mitbekommen hatten und weitererzählten.

In der Nacht bekam Gudrun so starken Schüttelfrost, dass sie in fast alles vorhandene Bettzeug eingepackt werden musste, und es reichte dennoch nicht. Aus dem Schüttelfrost wurde ein Fieberanfall, und sie fantasierte dermaßen, dass ihre Mutter nichts anderes glauben konnte, als dass sie wahnsinnig geworden sei. Sie erkannte niemanden von denen, die zu ihr kamen, und redete von nichts anderem als von Vigfús. Deswegen wollte ihre Mutter möglichst wenige zu ihr lassen, damit ihr Geheimnis nicht weitergegeben wurde.

Die Folge davon jedoch war, dass sich aufgebauschte Geschichten von Gudruns Krankheit ausbreiteten und in Skál und Holt von einem Ohr ins andere geflüstert wurden, dass sie wahnsinnig geworden sei. Die Hausfrau Valgerður ertrug diese zusätzliche Belastung mit derselben Ruhe wie zuvor. Allerdings weinte sie viel, wenn sie allein war. Aber wenn jemand sie sehen konnte, kamen keine Tränen aus ihren Augen. Sie erfüllte ihre Hausfrauenpflichten wie eine Heldin, aufrecht und vornehm, mit mildem und ernstem Blick und war freundlich zu allen. Sie klagte nicht darüber, dass sich die Hofarbeiten verändert hatten. Sie sagte ihren Arbeitsleuten, was sie zu tun hätten, und kümmerte sich um sie, als ob sie alle ihre Kinder wären. Sie wollte nicht, dass es denen, die noch bei ihr waren, schlechter ging als ihr selber.

Aber jede Minute, die sie abkömmlich war, saß sie am Krankenbett ihrer Tochter und umsorgte sie mit einzigartiger Liebe.

Viele Male öffnete sie ihre Gebetsbücher an den Stellen, die für sie am bedeutsamsten waren, und legte sie mit dem Text nach unten auf Gudruns Bettdecke. Viele Male schob sie ihre liebsten Gebetstexte unter ihr Kopfkissen und ließ Gudrun darauf ruhen.

Alle ihre Gedanken und all ihre starke Willenskraft vereinten sich zu einem tonlosen Gebet für ihr Kind, riefen und schrieen nach Gott, und sie zweifelte keinen Augenblick daran, erhört zu werden.

Dazu kam, dass Sveinn sie verlassen musste.

Obwohl ihre Meinungen nicht immer übereinstimmten, liebte sie von ihren Kindern Sveinn am meisten und mochte nicht daran denken, ihn zu verlieren.

Bei ihm fand sie den Mut und die Männlichkeit, die nicht zögerten, sich auch ihr zu widersetzen. Aber da fand sie auch Gelassenheit und Klugheit.

Ihr Sohn Eyjólfur war ihr gehorsam, aber dennoch schätzte sie ihn lange nicht so wie Sveinn. Gudruns wegen hatten sie sich gestritten, sie und Sveinn.

Aber als er sich auf den Weg machen musste, war alles vergessen. Sie umarmte ihn mit mütterlicher Liebe und bat ihn, vorsichtig zu sein, sich vor allen Gefahren in acht zu nehmen, die auf seinem Weg lauerten, und nicht lange von ihr fernzubleiben.

Als Valgerður das nächstemal zu Gudrun hineinging, war sie wach und bei klarem Verstand.

„Liebe Mama, gib mir etwas zu trinken", sagte sie.

Valgerður tat das, und Gudrun befeuchtete nur die Lippen. Dann kniete Valgerður bei ihr nieder und fragte, wie es ihr gehe.

„Es geht mir jetzt besser", sagte Gudrun. „Ich habe geschlafen."

„Sage mir eins, mein liebes Kind, und sage mir die Wahrheit."

„Was meinst du?"

„Was war das, was Vigfús dir am Sonntag, als du hier draußen standest, zugeflüstert hat?"

Gudrun lächelte.

„Er sagte: Es soll dir wohl bekommen."

„Nichts anderes?"

„Nein, nichts anderes."

„Bist du sicher, dass nichts Schlechtes oder Unreines diesen Worten gefolgt ist?"

Gudrun sah ihr ins Gesicht.

„Ja, da bin ich ganz sicher", sagte sie. „Seine Stimme schwang voll tiefer Trauer, nicht Zorn. Die Worte rüttelten an meinem Gewissen, wie sie es tun sollten. Das war alles."

Valgerður schwieg und betrachtete ihre Tochter mit Sorge. Dann sagte sie: „Liebst du Vigfús?"

Gudrun drehte sich zu ihr. kindliche Freude flammte in ihrem Gesicht auf bei der Gelegenheit, eine solche Frage zu beantworten: „Ja, Mama, ich liebe ihn wie das Leben in meiner Brust. Ich wusste nicht genau, wie ich ihn liebte, bevor ich ihn verraten und seine Treue betrogen habe."

„Hast du ihm Treue geschworen?"

„Nicht mit Worten, Mama, aber desto stärker mit Küssen und Umarmungen. Das sind auch Eide.“

Valgerður runzelte die Brauen und schwieg eine Weile.

„Weißt du von dem Brandzeichen?“ fragte sie.

„Ich weiß alles über seine Verhältnisse, vermutlich mehr als alle anderen. Er hat keine Schuld an den Taten seines Vaters oder seiner Stiefmutter. Er selber ist ein guter Junge und wohlgestaltet an Seele und Körper. Das ist das wichtigste für mich. Und ich weiß, was er meinetwegen erleiden musste. Ich sah es ihm an, als er am Sonntag hierherkam. Er kam meinetwegen. Todmüde kam er von einer anderen Rettungsfahrt und gönnte sich keine Ruhe, als er erfuhr, dass es uns schlecht ging, und er wollte keinen Dank.“

„Da sind noch andere von Holt gekommen.“

„Aber keiner ungerufen wie er. Und war er nicht so viel wert wie alle anderen zusammen? Ich habe meine Augen kaum von ihm gewandt, während er hier war. Ich habe gesehen, wie jeder Nerv in ihm vor Erregung zitterte. Ich sah ihm nach, als er in den heißen See sprang und die anderen aufforderte, ihm zu folgen. Ich sah ihn in den Dampfwolken verschwinden, die aus den Trümmern des Kuhstalles hervorquollen, und ich sah ihn bis zu den Schultern im Wasser stehen und den anderen an Land helfen. Das waren breite und männliche Schultern, Mama! Und zuletzt sah ich ihn, wie er schweigend wegging, barhäuptig, durchnässt, in zerrissenen Sachen, müde von den Anstrengungen in unserem Dienst, und wie er allen Dank zurückwies. Er konnte nicht anders.“

Gudrun schwieg plötzlich und sprach dann weiter.

„Er ist ein unglücklicher Mann, hatte weder Vater noch Mutter. Ich war die einzige, die er liebte, die einzige, der er traute, seine einzige Hoffnung, sein einziger Trost, sein einziges Leben, und ich habe ihn verraten. Deswegen ist es mit mir so gekommen, wie es ist.“

In Gudruns Stimme klang ein Schluchzen. Die Gedanken, die sie so lange in sich geborgen hatte, wurden jetzt zum erstenmal zu klaren Worten. Valgerður hörte ihnen schweigend zu und sagte dann: „Aber bist du sicher, dass er dich liebt?“

„Ja, ja, ja, ich bin sicher. Ich habe den Beweis dafür, dass er vor Trauer und Ungewissheit von Sinnen war, seit er erfahren hatte, dass ich verlobt war. Mama, ich muss dir etwas erzählen, aber du musst mir versprechen, darüber zu schweigen, es nie jemandem zu sagen.“

„Ja, ich verspreche es.“

„Er ist über Sigurður oben auf der Heide hergefallen und wollte ihn töten.“

„Woher weißt du das?“

„Sigurður hat es mir im Vertrauen erzählt, aber er bat mich eindringlich darum, es niemandem zu sagen. Er sagte, dass er es niemandem außer mir erzählt habe, und wenn es jemals bekannt würde, dann wäre es meine Schuld. Liebe Mama, erzähle niemandem davon.“

„Nein, da kannst du sicher sein.“

„Sigurður verstand nicht, warum Vigfús das getan hatte. Er meinte, Vigfús habe den Verstand verloren.“

„Und was hat Sigurður gerettet?“

„Das weiß ich nicht. Aber als Sigurður mir das erzählt hatte, bat ich ihn, die Verlobung zu lösen. Er starrte mich verwundert an, und dann sagte er nein. Da nahm ich die Sache in meine Hände.“

Valgerður stand auf, und ihr Gesicht war düster.

„Du bist ein unfolgsames Kind, mein Liebes. Deswegen straft dich Gott.“

„Mama, liebe Mama, sei mir nicht böse!“

Gudrun streckte ihre Hände nach ihr aus, aber Valgerður beachtete sie nicht. Nach einer kleinen Weile verließ sie sie.

3. Der kleine Isleikur

Þórarinn Isleiksson hatte für seine Frau und seine Kinder, sieben an der Zahl, eins jünger als das andere, eine Bleibe in Mörtunga bei seinem Schwager Þórleifur und seiner Schwester Sigrid gefunden. Aber er musste sie noch dorthin bringen. Er selbst wollte vorerst noch mit seinen Arbeitsleuten in Skál bleiben. Aber an dem Tag, als er sie fortbringen wollte, geschah folgendes:

Die Pferde waren nach Hause getrieben worden, und Þórarinn war selbst dabei, sie mit dem Nötigsten, das seine Frau mitnehmen sollte, zu beladen. Nur ein Pferd trug einen Sattel, allen anderen war eine Decke übergelegt worden. Die Kinder sollten oben zwischen den Gepäckstücken sitzen. Þórarinn selbst wollte zu Fuß gehen. Die Pferde waren mager und schlecht genährt, so dass man ihnen keine schweren Lasten aufladen konnte.

Þórarinn arbeitete in den alten Torfrechten,[22] die dort oben am Hang standen. Über eine Ecke des Rechtes waren ein paar Bretter gelegt, um den Regen abzuwehren. In dieser armseligen Schutzhütte hatten Þórarinn und diejenigen seiner Leute, die keinen Platz im Zelt gefunden hatten, geschlafen, seit sie aus dem Hof geflohen waren.

Seine Frau befand sich in einem Torfrecht nicht weit davon. Da hatten sich die Schwestern eine „Küche“ unter offenem Himmel eingerichtet. Nur die Feuerstelle war gegen Regen geschützt, aber diejenigen, die dort arbeiteten, wurden durch und durch nass, wenn es regnete.

Seine älteste Tochter war im Zelt mit dem jüngsten Kind, das erst ein Jahr alt war. Den anderen war erlaubt worden, draußen zu spielen, bis sie gerufen würden. Das Wetter war mild, aber es war dunkel und sonnenlos wie jetzt immer. Die Regengüsse der letzten Tage hatten die meiste Asche von den Berghängen gewaschen, so dass das Gras fast überall sauber war. Aber es war vor Nässe gequollen und hing weich und kraftlos herunter. Es war von dem Gift, das es in den letzten Wochen aus der Luft und dem Wasser aufgenommen hatte, krank geworden. Es hatte keine Hoffnung auf ein Wiederaufleben. Überall ging das Spiel der Gewalten weiter. Die Luft zitterte vor Dröhnen und Heulen und häufigem Donnern, Tag und Nacht prasselten Regen- und Hagelschauer hernieder, so heftig, wie niemand je erlebt hatte. Das war der Wasserdampf aus der Lava, der sich hoch in der Luft verdichtete und in dieser Form wieder herabstürzte. Den Schauern folgten zuckende Irrlichter und zischende Schneeflammen. Der Berg über ihren Köpfen dröhnte von den Stößen aus den Kratern im Norden, als ob er zerspringen wollte, und der ganze Süden war ein Feuerteppich, fließend und brennend. Alles, was von der Hütte aus zu sehen war, war ein Meer von Rauch und Dampf, das nicht zu überblicken war. Überall hoben sich Dampftürme aus der Lava, bleigrau und dick, manche fast weiß von Wasserdampf, manche rot von den Feuerfontänen und Funken. All diesem Schrecken folgte ein Pfeifen und Blasen wie von den Schmiedeöfen der Trolle, und Krachen und Bersten, wenn halberstarrte Lavaplatten zerbrachen und in das flüssige Feuer rutschten.

Skál lag so in der Landschaft, dass man von dort nicht zu den Feuern im Rücken der Berge sehen konnte. Aber umso besser waren die Fortschritte des Lavastroms zu beobachten. Täglich und manchmal mehrmals am Tage sah man weißglühende Feuerwellen am Berg hervorquellen, die sich über die Lava ausbreiteten, die vorher ausgeflossen war. Dieser Lavastrom drängte mit aller Kraft am westlichen Vorsprung des Berges empor, während er um ihn herumfloss, und türmte einen Lavawall nach dem anderen vor der Hütte auf. Diese hohen Lavawälle schützten den Hof vor jenen Lavafluten, die zur selben Zeit vor ihnen entlangflossen, und es war sicher, dass die Lava in diesen Tagen nur nach Westen fließen konnte. Es war deshalb nicht ausgeschlossen, dass Skál ohne weitere Schäden davonkommen würde.

Die Kinder wurden jedesmal, wenn sie allein draußen spielten, näher an den Stausee gezogen. Es war verlockend festzustellen, ob sie den Hof noch sehen könnten, in dem sie geboren und aufgewachsen waren. Er tauchte ab und zu wie eine Schäre aus der Gischt hervor. Und auch der unglaubliche Lavawall, der vor Hof und See lag, zog sie an. Nachdem er sich abgekühlt hatte, glitzerte er gelb, rot, blau und braun, sogar in vielen Farbtönen ein und derselben Farbe. Das Wasser an der Lava kochte nun nicht mehr so heftig wie zuvor, und oben am Hang war es sogar nur noch handwarm.

Während Þórarinn die Lasten festband, kamen drei der Kinder weinend gelaufen und erzählten, dass der kleine Isleikur ins Wasser gefallen sei. Þórarinn sprang sofort auf und lief an den Stausee, wohin ihn die Kinder gewiesen hatten. Da sah er seinen Sohn. einen acht Winter alten, hellhaarigen Jungen, der den Namen seines Vaters trug, draußen im See kämpfen. Er kam abwechselnd hoch und tauchte wieder unter und entfernte sich gleichzeitig immer weiter vom Land. Þórarinn sprang in den See und watete in das Wasser, bis es an die Schultern reichte, aber er konnte das Kind nicht greifen. Gerade in dem Augenblick sank der Junge auf den Grund. Þórarinn wollte nach ihm tauchen, wurde aber immer wieder nach oben getrieben. Er konnte nicht schwimmen und rettete sich nur knapp an Land. Eine Weile stand er völlig ratlos und von Schmerz überwältigt da. Dann kam ihm die Idee, eines der Bretter aus dem Hof, die dorthin gerettet worden waren, zu nehmen und die Leiche damit zu sich zu ziehen. Das gelang auch nicht.

Der Mann, der mit ihm die Lasten festgebunden hatte, war ihm zu Hilfe geeilt. Er lief zu den Zelten und kam mit zwei langen Rechenstielen wieder. Sie banden sie in Eile zusammen und befestigten einen Haken an ihr Ende.

All das dauerte fast eine halbe Stunde. Soweit sie mit diesem Werkzeug kamen, tasteten sie den Grund ab und fanden schließlich die Leiche. Der kleine Isleikur lag da, als ob er schliefe, die Augen verdreht und mit offenem Mund. Der Körper war warm und noch nicht steif, aber bleischwer von eingedrungenem Wasser.

Þórarinn nahm seinen Jungen in seine Arme und küsste ihn. Die Tränen strömten ihm aus den Augen. Dann ging er nach Hause mit der Leiche im Arm.

Þóra war auf die Nachricht gefasst. Die Kinder waren zu ihr gelaufen und hatten ihr erzählt, was passiert war. Sie hatte den Rettungsversuchen vom Zelt aus zugesehen, und als sie sah, wie langsam es ging, wusste sie, dass alle Hoffnung vergeblich war.

Þórarinn sandte seine Tochter Ambjörg aus dem Zelt. Er wollte nicht, dass sie die Leiche durchnässt und vom Todeskampf verzerrt sah.

Dann trug er den Jungen in das Zelt, setzte sich nieder, legte ihn über seine Knie und starrte auf ihn. Er war weiß wie der Tod, und seine Lippen zitterten.

Þóra stand bei ihm und starrte auch auf den Körper. Tränen überströmten ihr Gesicht. Aber sie nahm sich zusammen und ließ nicht einmal einen Seufzer hören.

Keiner der beiden sprach ein Wort.

Schließlich sah Þórarinn auf, und ihre Blicke trafen sich.

Sie verstanden einander. Der gleiche Gedanke schien aus beider Augen, der gleiche erschreckende Gedanke.

Aber es war, als ob keiner von ihnen ihn in Worte fassen könnte.

Endlich sagte Þóra, halberstickt von Tränen:

„Heiß sind sie gewesen – die Verwünschungen des alten Olaf, deines Bruders."

Þórarinn schwieg zuerst, dann sagte er ruhig: „Seine Verwünschungen können nichts verursachen. Dies und alles andere ist Gottes Wille."

Þóra ging ein paar Schritte vor und zurück, schwankte und konnte kaum stehen. Dann ließ sie sich neben Þórarinn auf die Knie fallen, warf sich über die Leiche und weinte.

Þórarinn saß still, mit zusammengepressten Lippen und ließ sie sich ausweinen. Er wusste, dass sie sich nicht lange vom Kummer beugen lassen würde.

Später am Tage zogen sie los, wie es ausgemacht war.

Die Leiche Isleikurs war in ein Walltuch gewickelt und oben zwischen den Lasten auf dem Pferd festgebunden worden, das er hatte reiten sollen.

Aber sowohl in Skál, als auch auf den anderen Höfen wurde die Unfall-Nachricht

mir den gleichen Worten gedeutet: „Heiß sind die Verwünschungen des alten Olaf gewesen."

4. Die Lederbörse

In dieser Zeit war Vigfús fast nie zu Hause. Er hielt es dort nicht aus. Da bedrängten ihn Trauer und Unruhe, gegen die er nichts tun konnte. Er musste sich ablenken, um seine Schwermut zu vertreiben.

Jetzt hatte er herausgefunden, dass die Verlobung Gudruns und Sigurðurs ein für allemal aufgelöst war. Darüber wurde so viel um ihn herum geredet, dass auch er es hören musste. Diese Aufhebung der Verlobung schien umso merkwürdiger, da keiner den Grund kannte. Sigurður war von Holt weggezogen, und niemand wusste, wohin und ob er irgendwann wieder einmal nach Hause kommen würde.

Vigfús war damit nicht zufrieden. Seiner Meinung nach hätte er mit Sigurður noch sprechen müssen. Aber das, was er über Gudrun erfuhr, machte ihm noch mehr Sorgen. Niemand wusste Genaueres, als dass sie schwer krank liege.

Niemand wusste sicher, was mit ihr los war. Manche meinten, es sei die Brust, andere, dass sie gelbe und blaue Flecken bekommen habe und immerzu stöhne, und wieder andere, dass sie wahnsinnig sei. Keine Geschichte glich der anderen. Vigfús wusste nicht, was er glauben sollte. Seine Einbildungskraft bauschte die Krankheit Gudruns noch mehr auf, als die Gerüchte es getan hatten.

Er wusste, dass Séra Jón Steingrimsson geholt worden war, aber was er gemacht hatte oder ob er etwas erreicht hatte, wusste er nicht. Er traute sich nicht, ihn zu fragen, so gerne er es auch wollte.

Diese Gedanken ließen ihm keine Ruhe. Wenn er nicht zu Hause war, hielt er sich meist in Prestsbakki auf. Er war überall willkommen, und allen hatte er geholfen, die ihn gebrauchen konnten. Seine größte Freude war es, etwas zu tun zu bekommen, was seine Kräfte und Männlichkeit auf die Probe stellte. Das lenkte ihn von seinen Gedanken ein wenig ab.

Doch mochte er nach Möglichkeit nicht allein arbeiten. Denn dann ergriff ihn die Schwermut, so dass er darüber seine Arbeit vergessen konnte. Er fing an, sich zu fragen und zu überlegen, was die Zukunft bringen würde, und dachte über die Prüfungen der Vergangenheit nach. Dann setzte er sich hin und sank in sich zusammen, als ob sich ein Felsbrocken auf seine Schultern gelegt hätte. In einer solchen, Stunde nahm er das Messer und betrachtete es. Jetzt war die rote Farbe fast völlig verschwunden und der Stahl stattdessen blau – schwarzblau mit braunroten Flecken.

In all diesen Farbtönen waren Prophezeiungen und Denksprüche versteckt, über die er sich den Kopf zerbrach, die er aber nicht entschlüsseln konnte. Der alte Olaf hätte das alles ganz genau verstanden, aber jetzt war er tot.

Der alte Olaf, dieser seltsame Mann, der in irgendeiner unbekannten Welt zu Hause war, aber hier auf der Erde ein Fremdling und Ausgestoßener. Jedesmal, wenn er an ihn dachte, ergriff ihn eine seltsame Furcht.

Er hatte alle Dinge gekannt. Er hatte durch Berg und Tal geschaut und in die geblickt. Alles geschah so, wie er es voraussagte, und immer verstand Vigfús seine Worte, wenn auch immer noch etwas Geheimnisvolles auf ihnen ruhte. Er war ein merkwürdiger Mann gewesen. Es war richtig, dass er immer gut zu ihm gewesen war und dass sie sich in Freundschaft getrennt hatten. Bis heute hatte er ihn nie vermisst. Jetzt vermisste er ihn schmerzlich. Jetzt fühlte er, dass er ihm einen guten Rat hätte geben und vielleicht Gudrun hätte helfen können.

Plötzlich fiel ihm die Lederbörse ein, die der selige Olaf ihm an ihrem letzten Zusammentreffen mit so merkwürdigen Begleitworten zugesteckt hatte. Er trug sie immer noch an seiner Brust. Jetzt holte er sie hervor und betrachtete sie.

In ihr lag ein gedrucktes Gebetbüchlein. Es war mürbe und Blätter waren braun und hatten sich vom Rücken gelöst. Es war zwischen Holzdeckeln in ungegerbtes Leder gebunden gewesen. Jetzt waren die Deckel verschwunden, und das Leder lag um das Buch wie ein loser Mantel. Er konnte sich durch die gedruckten Gebete hindurchbuchstabieren, aber außerdem waren da einige handgeschriebene Druck- und Schreibbuchstaben, verziert mit Rosen und merkwürdigen Anfangsbuchstaben. Was auf ihnen stand, konnte er nicht lesen. Er hatte fast Angst vor diesen Blättern. Zwar hatte Olaf ihm gesagt, dass alles, was auf ihnen stand, gut sei. Aber es konnte zu gut, zu kräftig für ihn sein. Er konnte ihrer unwürdig sein, und dann wären sie sein Verderben.

Es fiel ihm ein, sie Séra Jón Steingrimsson zu zeigen und ihn zu fragen, was er damit anfangen solle. Aber dazu konnte er sich nicht aufraffen. Séra Jón würde darüber lachen, wie kindisch er war. Und vielleicht würde er ihm sogar befehlen, die Gebete zu verbrennen.

Dennoch konnte er den Gedanken nicht aus seinem Kopf verbannen, dass die Blätter oder das, was auf ihnen stand, eine übernatürliche Kraft haben konnten.

Aber wenn er sie zu Gudrun bringen würde?

Das schoss wie ein Blitz durch seine Gedanken. Er richtete sich auf und blickte um sich, wie nach irgendeiner Hilfe. Es war unmöglich. Er konnte sie Gudrun nicht bringen. Und es war auch ganz unsicher, ob sie ihr eine Hilfe sein würden. Sie sollten denjenigen, der sie trug, vor allem Schlechten, das auf seinem Weg lag, schützen. Aber es folgte ihnen kein Wort darüber, ob sie das Schlechte, das schon da war. vertreiben könnten.

Diese Idee setzte sich aber doch in seinem Kopf merkwürdig fest. Und sie zog ihn schließlich in der Nacht nach Westen quer über alle Heiden die ganze Strecke bis nach Skál. Dort verbarg er sich und wartete auf eine Gelegenheit.

Skál war jetzt menschenleer im Vergleich zu früher. Von Þórarinn und seinen Leuten war niemand mehr übrig als er selber, ein Knecht und eine Magd. Mehrere Knechte Valgerðurs und Sveinn waren auch fortgegangen.

Vigfús lag in seinem Versteck, bis sich eine Gelegenheit ergab, mit Þórarinn Isleiksson zu sprechen. Er bat ihn, ihm zu helfen, kurz zu Gudrun zu kommen, ohne dass jemand davon erführe.

Þórarinn blickte ihn erst verwundert an, aber als er sah, wie bekümmert er war, tat er ihm leid.

„Was willst du von Gudrun?“ fragte er.

„Ich mochte sie sehen. Ist sie sehr krank?“

„Ja, ab und zu. Ich habe heute nichts von ihr gehört. Es geht ihr manchmal besser, manchmal schlechter.“

„Oh Gott – hilf mir, zu ihr zu kommen!“

„Ich will es versuchen. Es wird schwierig sein, und du musst Geduld haben. Gudrun liegt in der Hütte dort, und ihre Mutter geht da immer ein und aus. Du musst bis heute abend warten, wenn Valgerður die Kühe melken geht. Sie sind zwar knochentrocken, aber sie melkt sie dennoch, aus Gewohnheit, und tut es immer selbst. Wenn ich eine Gelegenheit sehe, gebe ich dir ein Zeichen.“

Vigfús wartete geduldig bis zum Abend. Dann gab Þórarinn ihm ein Zeichen.

Er brauchte nicht lange, um zu der Hütte zu laufen und zu Gudrun zu gelangen. Sie schrak wie aus einem Traum auf, als sie die Schritte hörte. Als sie aufblickte, war sie einer Ohnmacht nahe, erholte sich aber sofort und war bei vollem Verstand.

„Vigfús, Vigfús!“ sagte sie und streckte ihm die nackten Arme entgegen.

„Vigfús – oh Gott sei gelobt! Du hast mich nicht vergessen. Du bist mir nicht böse. Du liebst mich immer noch.“

„Nimm das“, sagte Vigfús leise und reichte ihr die lederne Börse. „Leg das zwischen deine Brüste und trenne dich nie davon. Das soll dich beschützen, es sind gute und kräftige Gebete zu Gott. Ein Mann, der gut zu mir war, gab sie mir an seinem Todestag.“

„Vigfús, knie hier bei mir nieder und lass mich dich ansehen. Gott lohne es dir, dass du mich nicht vergessen hast. Kannst du mir vergeben?“

„Ja, von ganzem Herzen.“

„Liebster Freund, ich weiß, wie du gelitten hast. Jetzt bin ich wieder frei. Wenn ich weiterlebe, werde ich deine und keines anderen Mannes Frau.“

„Wir sprechen später darüber. Du bist so krank, meine Liebste. Gott der Allmächtige gebe dir deine Gesundheit wieder." Sie hörten Schritte.

Gudrun beeilte sich, die Lederbörse in ihren Busen zu stecken. Aber bevor Vigfús sich aufrichten konnte, stand Valgerður hinter ihm. Sie sagte nichts. Doch ihre Augen waren böse.

Vigfús stand auf.

„Ich musste sie sehen", stotterte er. „Ich hörte so viele schreckliche Geschichten."

Valgerður antwortete nichts, und Vigfús ging an ihr vorbei und hinaus. Seit langem war ihm nicht so leicht ums Herz gewesen.

5. Vigfús' und Guðfinnas Trennung

„Schläfst du, Fúsi?"

Vigfús hatte zu Hause Schutz gesucht, als er von Skál kam. Guðfinna und er hatten wie üblich am Abend nicht viel miteinander geredet. Aber in der Nacht sprach sie ihn an.

„Schläfst du, Fúsi?"

„Was willst du?"

„Ich will mit dir reden. Du bist nicht oft so gnädig, mir zuzuhören."

Vigfús blickte auf. Da richtete Guðfinna sich in ihrem Bett auf, stützte sich auf die Ellbogen und starrte zu ihm hinüber. Vigfús fühlte sich von ihren Augen und ihrem Anblick abgestoßen. Ihre Haut war irgendwie merkwürdig gelbgrün, und die Augen waren dunkel. Blickte man in dies Dunkel, glaubte man darin seltsame Bilderfetzen aufflimmern zu sehen, wie glühende Funken in halb erkalteten Kohlen. Er fragte sich, ob sie verrückt geworden sei.

„Komm, setz dich zu mir!"

Vigfús zog sein Unterzeug an und setzte sich an ihr Bett. Guðfinna legte sich wieder zurück auf das Kopfkissen und starrte ihn an.

„Was willst du?" fragte er widerwillig.

„Mit dir reden! Sei doch nicht so widerspenstig!" sagte Guðfinna, und ihre Stimme war heiser. „Das Problem ist folgendes: Ich will jetzt heiraten – den alten Olaf."

„Welchen Olaf?" fragte Vigfús. Ihm fiel kein anderer ein als Olaf Jónsson, der Bauer in Holt.

„Den alten Olaf Isleiksson", antwortete Guðfinna und lachte heftig. „Er lässt mich nie in Frieden. Er verlangt die Hälfte des Geldes. Er hat das verdammte Fass entdeckt. Es gehört ihm eigentlich ganz."

„Was für ein Fass?"

„Hahaha! Du weißt nichts. Aber ist das nicht komisch – einen Wiedergänger zu heiraten – einen echten Geist – was? Denk dir, er kommt und geht wie ein Bauer. Er sieht aus wie jeder andere lebendige Mensch – ein ganzer Mann. Aber – denk dir: Wenn er kommt und einen umarmen will, wird alles Fleisch zu Staub, und man umarmt ein vermodertes Gerippe! Hahaha! Ein vermodertes, blankes Gerippe mit leeren Augenhöhlen, das Maul bis an die Ohren, mit blitzenden Zähnen, voller Leichengestank – hahaha! Man umarmt ihn vorsichtig, denn die Knochen können auseinanderfallen und zerbrechen man kann sie mit den Händen zerkrümeln. Und sowas will heiraten – beischlafen. Ist das nicht verrückt? Warum sollte ich ihn nicht heiraten? Es ist sicher keine große Sünde, solch einen Mann zu hintergehen – hahaha!"

„Was soll dieser Unsinn bedeuten?"

„Hör mal, Fúsi, das ist kein Unsinn. Olaf ist so tüchtig wie der Böse selber, seit er gestorben ist. Er konnte auch so gut hexen. Er hat den seligen Alexander schachmatt gesetzt – natürlich ist der selige Alexander auch ein älterer Geist. Die Kraft ist schon ein wenig aus ihm gewichen. Jetzt träume ich nie von ihm, aber die Mägde träumen immer noch von ihm. Er wollte seinen Körper mitnehmen, da die Kiste leer war, hat ihn aber im See verloren – haha! Die Seele war an die Hitze gewöhnt, aber der Körper ist zu Mus zerkocht! – Aber Olaf! Weißt du, was er gerade jetzt macht? Er steht vor der Lava. Sie fließt keinen Schritt weiter, als er will. Ich zeige es dir später. Aber denk dir einen solchen Kerl für kleine Besorgungen. Das ist es wert, ihn zu heiraten. Er ist so schnell wie eines Menschen Gedanken. Er kommt in jedes Versteck, dessen Schlüsselloch nicht durch einen Segen versiegelt ist. Hahaha! Sie können ihn nicht fassen, die Mächtigen. Er lässt sich nicht festnehmen und brandmarken und nach Brimarholm schicken."

Vigfús hatte keine Lust, länger zuzuhören, und wollte aufstehen. Aber Guðfinna setzte sich im Bett auf, beugte sich zu ihm und fauchte wie ein Raubtier: „Ich habe deine Mutter getötet!"

Vigfús schrak zusammen.

„Was sagst du?" fragte er.

Guðfinna warf sich wieder zurück auf das Kissen und schüttelte sich vor bösartigem Gelächter.

„Sagst du die Wahrheit – oder bist du verrückt?"

„Hahahahaha! Sie hat sich nicht selbst umgebracht, wie erzählt wird. Dein Vater hat mir geholfen. Wir trugen sie an den Bach. Ich drückte sie unter das Wasser, während sie ertrank. Sie zappelte, biss und kratzte wie eine Katze, ertrank aber trotzdem. Haha!"

Vigfús stand auf und packte sie an den Armen.

„Sagst du die Wahrheit?“

„Au – au – au – au! Du reißt mir das Fleisch von den Knochen!“

„Sagst du die Wahrheit? Wenn du die Wahrheit sagst, bringe ich dich um, töte ich dich. Hörst du das?“

Guðfinna aber schrie nur lauter und lauter. Vigfús ließ sie los und zitterte vor Erregung. Er wusste nicht, was er glauben sollte. Er meinte sich zu erinnern, dass der Tod seiner Muter, wie man ihm erzählt hatte, ganz anderer Art gewesen war. Aber er erinnerte sich nicht, wer ihm davon erzählt hatte.

Vielleicht war es Guðfinna gewesen.

„Ich hätte dich auch töten können. Du warst damals ein winziges Kätzchen. Ich hätte nichts anderes zu tun brauchen, als mich ein kleines Weilchen auf dein Gesicht zu setzen. Hahaha! Aber dein Vater bat mich, es nicht zu tun. Jetzt verlangt es mich so seltsam stark, dich zu töten – mich an dich heranzuschleichen, wenn du schläfst, und in deine Kehle zu beißen. Denk dir, wie gut es sein muss, heißes Menschenblut zu trinken – es aus den Adern zu saugen – es aus der Wunde direkt in den Mund sprudeln zu lassen – hahaha! Und dabei die Todeszuckungen zu spüren! Aber hab keine Angst, ich werde es nicht tun!“

Vigfús hatte solche Angst vor seiner Stiefmutter, dass er nicht ein noch aus wusste. Er stand da, als sei er an den Fußboden genagelt.

„Jetzt sind meine Freunde aus der Fjaðurárschlucht weggezogen“, sagte Guðfinna weniger erregt. „Irgendwohin weggezogen. Ich weiß nicht wohin. Sie sahen etwas voraus. Ich bin gestern dort hingegangen. Sie haben alles zurückgelassen. Stell dir vor, dass du dorthin kämest und genau das Gleiche sähest wie ich. Stell dir all die teuersten Kostbarkeiten vor, die über alle Häuser verstreut liegen, Möbel aus reinem Gold, Spangen und Gürtel mit Edelsteinen besetzt. Aber wenn man die Hand ausstreckt, um sie zu greifen, stößt man nur an Stein. Haha!“

„Hör mal, Fúsi. Weißt du, was ich gerade mache? Nein, das weißt du natürlich nicht. Ich bringe gerade Gudrun in Skál um. Haha! Du sollst dich nie, nie ihrer erfreuen. Ich habe den alten Olaf zu ihr geschickt. Er ist immer mit einem Fuß in Skál. Er springt die ganze Strecke zwischen den Höfen in fünf Schritten. Er amüsiert sich damit, sie zu quälen. Er zieht sie abwechselnd auseinander und druckt sie wieder zusammen. Sie ist zerquetscht, ist völlig blau, gelb und grün – und – –“

„Jetzt zumindest lügst du“, sagte Vigfús, und sein Herz wurde leichter. „Ich war gerade bei Gudrun in Skál, bevor ich hierher kam. Sie ist nirgendwo blau oder gequetscht. Es geht ihr besser. Und – jetzt lässt Olaf sie in Frieden!“

Guðfinna richtete sich halb auf und starrte ihn verwundert mit wilden Augen an. Ihr Mund stand offen, und ihr Blick war der einer Irren.

„Ist sie hübscher als ich?" fragte sie.

„Ich weiß nicht, ob du verrückt bist oder dir irgendwelche Verrücktheiten ausdenkst", sagte Vigfús. „Außerdem interessiert es mich wenig. Das eine weiß ich, der Teufel sucht dich heim – denn du gehörst ihm mit Haut und Haaren. Schau in den Spiegel, dann siehst du sein Zeichen an dir selbst. Ich höre dir nicht mehr langer zu. Jetzt gehe ich weg von hier und komme nie wieder hierher zurück. Ich will mich nicht damit besudeln, dass ich Hand an dich lege. Ich weiß, dass du meine Mutter getötet hast, ob du sie nun ertränkt hast oder nicht. Du hast auch meinen Vater getötet, wenn auch andere für dich gehandelt haben. Und du wolltest mich auf gleiche Weise töten. Jetzt kannst du allein daliegen und von teuflischen Träumen gequält werden. Es soll dir so ergehen, wie du es verdient hast!"

Vigfús kümmerte sich nicht um das, was Guðfinna weiterhin sagte. Er nahm seine Sachen, warf sie auf das Bettzeug, wickelte alles zu einem Bündel zusammen und trug es nach draußen auf den Hofplatz. Dort zog er sich vollständig an. Dann band er das Bettzeug zusammen, legte es auf seinen Rücken und trug es nach Osten bis nach Prestsbakki.

6. Skáls Untergang

Am 29. Juni, dem 2. Sonntag nach Trinitatis, drang noch einmal eine unglaubliche Feuersflut aus der Skaftárschlucht.

Dieser neue Lavastrom war noch heißer und noch dünnflüssiger als der vorangegangene, denn er floss von den Ausbruchsherden den ganzen Weg auf heißer Lava, so dass er unterwegs kaum abkühlte. Er schwamm wie Öl über dem ganzen Lavameer, das sich vorher ausgebreitet hatte und jetzt anfing zu erstarren. Dann nahm er drei Hauptrichtungen, von denen jetzt berichtet werden soll.

Ein Hauptzweig strömte westlich und südlich am Lavameer vorbei. Sein westlicher Teil floss den ganzen Weg bis zum Kúðafljót zwischen Leiðvöllur und Hrifunes. Er ergoss sich über den Hof in Eystri-Ásar, so dass die Leute von dort fliehen mussten. Dann staute er den Tungufljót, und die Lava floss über die Wiesen von Flaga und verbrannte schließlich die Insel bei Hrifunes, von der schon erzählt wurde. Das, was die Lava von ihr übrigließ, nahm später der Fluss. Aber der andere Teil dieser Lavabäche wälzte sich im Süden der früheren Lava dahin und floss im Bett der Landá zwischen Leiðvöllur und Hraun. Da blieb er stehen.

Der zweite Hauptzweig strömte nach Osten im Skaftábett auf der Lava, die in den ersten Tagen des Ausbruches geflossen war und nahm Richtung auf Landbrot.

Aber der dritte Zweig strömte nach Osten an den Hängen entlang, staute sich am Skaftárfjall und auf dem Land von Holt und leitete das Geschehen ein, von dem hier erzählt werden soll.

Am Mittwochvormittag, dem 2. Juli, saß Valgerður drinnen bei ihrer Tochter und kämmte ihr das Haar. Gudrun war ausgeruht und frisch. Sie hatte die letzten Nächte gut geschlafen, und ihre Mutter hoffte auf Besserung.

Mutter und Tochter sprachen nicht viel miteinander, aber es herrschte auch keine Missstimmung zwischen ihnen. Noch hatte Valgerður ihre Tochter nicht dafür getadelt, dass sie Vigfús erlaubt hatte, sie zu besuchen. Und Gudrun merkte an der Fürsorge und Rücksichtnahme ihrer Mutter, dass sie ihr nicht böse war.

Da kam Þórarinn aufgeregt zu ihnen herein.

„Fort von hier, schnell!“ sagte er. „Rettet euch in Gottes Namen. Es geschieht ein Unglück.“

„Was ist los?“ fragte Valgerður.

„Die Hügel unterhalb des Hofes spucken Feuer.“

Dann griff Þórarinn Gudrun, wickelte sie in das Bettzeug, das er erreichen konnte und nahm sie in seine Arme.

Valgerður griff das restliche Bettzeug und trug es hinter ihm hinaus. Sie brachten Gudrun ein Stück den Berg hinauf, bis man annehmen durfte, dass sie außer Gefahr sei. Dort richteten sie ihr im Freien ein Lager und packten sie in das Bettzeug ein. Die anderen Leute waren eifrig dabei, alle bewegliche Habe noch weiter hinaufzuschaffen.

Von diesem hohen Sitz aus hatte Gudrun einen der großartig-schrecklichen Ausblicke, die jetzt in Síða alltäglich waren.

Die Lavawälle, die sich vor dem Hof aufgetürmt hatten, lösten sich in der neuen Feuersflut auf. Obwohl es anfangs so geschienen hatte, als ob sie die Flut aufhielten, hatte sich doch schnell herausgestellt, dass dem nicht so war: Die neue Lavaflut hatte sich in die Erde gefressen. Sie hatte sich unter die Lavawälle, unter den Stausee und unter die Häuser, die auf alten Lavahügeln standen, gegraben.

Das Wasser im See kochte wie eine wallende heiße Quelle, der Seegrund quoll auf, und die Häuser wurden plötzlich hoch aus dem kochenden Wasser gehoben. Dann sank der Hof wieder hinab und verschwand im Dampf. Das Wasser kochte heftiger und heftiger, so dass die sprudelnden Wellen weit ans Land geworfen wurden. Dann sprang es hoch in die

Luft, wobei die Wassersäule große Stücke aus der Wiese und Balken von den Hofgebäuden mit sich emportrug. Alles wurde auseinandergerissen und in alle Richtungen geschleudert. Aber der See wurde nach und nach kleiner – verwandelte sich in Dampf. Hinter der Dampfsäule war der Lavawall zu erkennen. Er wurde hochgehoben und schwamm wie Dreck auf der neuen Lava. Dann sank er langsam ins Wasser, schob sich über die Überreste des Hofes und der Kirche bis an den Hang, wo die Zelte gestanden hatten. Alles das geschah in wenigen Minuten.

Das war der Untergang Skáls – des alten Häuptlingssitzes von Ormur Svinfellingur. Hier hatte Snorri Sturluson Schutz gesucht und in gutem Einvernehmen und Freundschaft gesessen, als Sturla Sighvatsson, sein Neffe ihm seinen Besitz und seine Macht genommen hatte (1236), und hier wurde Gissur Þorvaldsson gefangengehalten nach dem Treffen am Apavatn. Die besten Ländereien waren jetzt verbrannt und der Hof mit ihnen. Das Skál, das dort wieder errichtet wurde, würde nichts anderes werden können als ein armseliger Schatten seines vorherigen Seins.

Valgerður kam zu ihrer Tochter und fragte, wie es ihr gehe. Sie war müde und sorgenvoll und stöhnte erschöpft. Denn sie hatte ihren Leuten bei den Rettungsarbeiten geholfen wie ein Held.

„Wie geht es dir, mein Liebes?“ fragte sie.

„Mir geht es gut“, sagte Gudrun. „Aber konntet ihr alles retten?“

„Fast alles jedenfalls. Aber jetzt ist es unnütz, noch länger hierzubleiben. Der Hof in Skál ist völlig zerstört. Irgendwohin müssen wir fliehen. Traust du dir zu, bis nach Holt im Sattel zu sitzen?“

„Ja, Mama.“

Dann wurde Gudrun angekleidet. Ein Pferd wurde für sie geholt, aber ihre Mutter ging zu Fuß und führte ihr Pferd den Weg nach Holt. Es war ein schlechter und unebener Pfad, denn jetzt mussten sie über den Berg gehen. Kein anderer Weg war begehbar. So zog die reichste Hausfrau in Síða von ihrem Häuptlingssitz.

Jung war sie Alexander gegeben worden. In Skál hatte sie alle ihre Ehejahre gelebt, ihre Kinder aufgezogen und viele verloren. Mit Skál waren alle ihre liebsten und heiligsten Erinnerungen verbunden. Nie hatte sie sich vorstellen können, woanders zu leben und zu sterben als dort.

Gudrun blickte mit mitleidigen Augen auf den Rücken ihrer Mutter. Sie kannte ihre Kraft und ihren Mut, aber noch nie hatte sie sie so gebeugt und müde gesehen. Sie war sicher, dass sie weinte, es aber zu verheimlichen suchte, indem sie weiterging und nie aufblickte.

Jetzt fing Gudrun an zu verstehen, weswegen sie wegen ihres Treffens mit Vigfús nicht getadelt worden war. Die Größe ihrer Mutter war dabei, nachzulassen. So viele schwere Schläge hatten sie in den letzten Tagen getroffen, dass sie über anderes nachdenken musste als über die Liebesgeschichten ihrer Tochter.

Etwas war aber doch noch vom Stolz der alten Frau übrig. Denn als sie nach Holt kamen, wollte sie auf keinen Fall die Einladung von Rannveig annehmen, in ihren Hof zu ziehen, obwohl Rannveig selber es ihr anbot. Sie konnte es nicht ertragen nach dem, was passiert war, wenn sie auch keine Schuld am Ausgang dieser Angelegenheit gehabt hatte.

Sie bat Olaf um Aufnahme und bekam sie sofort.

Und ihre Miene erhellte sich deutlich bei der Nachricht, dass Vigfús für immer von Holt weggezogen war.

7. Holts letzte Stunden

Alle Leute, die in Skál zurückgeblieben waren, zogen nach Holt. Täglich wurden Sachen dorthingeschafft, die zu beiden Höfen in Skál gehört hatten.

An diesen Tagen war es schlimmer als je zuvor. Im Rücken der Berge gingen die Ausbrüche weiter mit wachsender Heftigkeit. Der ganze Nordhimmel war Tag und Nacht von lodernden Flammen erleuchtet. Vom Rand der Heiden aus oberhalb der Höfe waren viele glühende Rauchsäulen zu sehen, die hoch in die Luft quollen, sich über den Heiden zu einer kohlschwarzen Wolke zusammenballten und so aussahen wie viele riesige Bergzüge, teilweise feuerrot vom Schein der Krater. Diese Riesenwolke trieb vor den Winden manchmal nach Süden. manchmal in andere Richtungen. Aber immer blieb sie mit der Erde durch die von unten aufsteigenden Rauchsäulen verbunden. Und überall regnete sie glühenden Bimsstein über den Boden.

Außerhalb dieser Wolke war die Luft nicht besser, sie stank und war dick vor Dunst, blau und zäh wie Brei. Die Sonne war rot und strahlenlos, der Mond wie Blut. Die Feuer waren das einzige Licht, das nach der Dämmerung leuchtete. Alles, was von ihm beschienen wurde, war scharlachrot, und die Schatten glühten in einem dunklen, rötlichen Blau. Diese betäubende Eintönigkeit der nächtlichen Farben blieb auch tagsüber fast völlig bestehen. Die Sonne hatte kaum die Kraft, sie zu durchbrechen, auch nicht, wenn sie hoch am Himmel stand. Eiskalte Regenschauer, gefolgt von Donnern und Blitzen, gingen täglich nieder, aber ein Regenbogen war nie zu sehen. Die Luft war von Dröhnen erfüllt, und zischende Blitze zerschnitten die Wolken. Und nichts konnte den Dunst vertreiben, aus der Luft wischen, vom Land, von der Sonne. Alle Winde waren gebunden.

Und von den Feuerquellen strömte die Lava ungehindert wie geschmolzenes Metall, so heiß und so flüssig, dass sie eher Luft als Wasser glich, und mit der Gewalt der Flüsse, die sich im Frühling einen Weg brechen. Als sie aus den Bergen kam, flutete sie in alle Richtungen, schmolz vorher ausgeflossene und halb erstarrte Lava, und 1000 Jahre alte Lavafelder, die sich in dieser Gegend zur Ruhe gelegt hatten.

Sie verschwand in dieser alten Lava und schmolz sie von unten. Die oberste Kruste wurde zu schwarzer Schlacke, die oben auf der Lava schwamm wie die Schlacke auf Eisen. Dann strömte sie unterirdisch weiter durch löcherige Lavafelder. Dort war es leichter voranzukommen als auf der unebenen Oberfläche. Weit vom Hauptstrom entfernt begann nun das Feuer aus der Erde auszubrechen. Grasbewachsene uralte Lavahügel weit östlich in Landbrot fingen an, Feuer zu spucken, spuckten so heftig wie kleine Vulkane und richteten so viel Schaden an, wie sie nur konnten. Inzwischen kroch der Hauptstrom weiter. Er kam nicht schnell voran, da er sich damit abfinden musste, über der Erde zu sein. Die ganze Zeit kämpfte er mit der Gefahr, zu erstarren. Jede Kruste, die sich auf ihm bildete, zerbrach sofort und sprang krachend in die Luft. Über dem ganzen Lavameer flogen ständig Funken, brachen kleine Feuer aus und lag eine beständige Dunstschicht. Überall folgten ihm Dröhnen und Bersten, als ob die Berge zersprängen. Überall verbreitete er stechende Hitze.

Schon lange war das Vieh von Krankheiten befallen, die von dem Gift im Aschefall herrührten. Die Tiere wurden von Schwefel gelb an den Klauen und am Maul. Dann entzündeten sich die Mäuler, und die Klauen lösten sich und fielen ab. Die Schafe hielten es am wenigsten aus. Nach ungefähr einem halben Monat starben sie massenweise. Und die, die weiter lebten, streunten jammernd durch die Büsche. Alle Tiere fielen vom Fleisch innerhalb weniger Tage. Die Pferde magerten ab und wurden zu schwach zum Arbeiten, und manchen schwollen die Gelenke an, die Zähne lockerten sich und ähnliches. Sie konnten vor Sand und Asche, die sich zwischen die Zähne setzten und wegen der Entzündungen auf den Lippen nicht fressen. Und wenn auch die Hufe nicht abfielen, waren sie doch kaum in der Lage zu laufen, denn der Schwefel hatte Haut und Fleisch weit die Beine hinauf zerfressen.

So war die Lage, als die Bauern von Holt und Skál zusammenzogen.

Alle wussten, dass der Hof in Holt in Gefahr war, wenn die Lava weiterströmte. Und sie strömte weiter. Jetzt war sie am Skálarfjall vorbeigekommen und verbrannte die schönen Wiesen und Rastplätze der Wanderer in den Holtstälchen.

Die Bewohner von Holt und Skál beschlossen, ein Haus oben an den Heidehängen in Richtung auf die Holtsborg zu bauen. um dort eine Unterkunft zu haben für den Fall, dass sie aus dem Hof flüchten müssten. Das Haus wurde oberhalb der Hänge auf ebenem Land errichtet. Alle halfen mit, Junge und Alte, sogar die Frauen. Olaf Jónsson, der Bauer in Holt, und Þórarinn Isleiksson, der ehemalige Bauer in Skál, leiteten die Arbeit.

Die Wände wurden schnell hochgezogen. Einige Hofgebäude wur den abgerissen, um Material zu bekommen. Drei Tage, nachdem sie angefangen hatten, die Torfwände aufzurichten, konnten sie das Dach aufsetzen. Aber jetzt mussten sie sich beeilen, denn das Feuer näherte sich mit rasender Geschwindigkeit.

Séra Jón Steingrimsson kam an diesem Tag mit einigen Männern, um ihnen zu helfen. Er hatte erfahren, was dort im Westen vor sich ging, und reagierte sofort, wie es seine Gewohnheit war.

Vigftús war mit ihm gekommen.

Jetzt teilten sich die Leute die Arbeit. Die einen schafften die Sachen aus den Häusern, die anderen bauten das Haus weiter.

Von der Stelle, an der das neue Haus erbaut wurde, hatte man das schreckliche Geschehen, das sich nun in den Holtstälchen abspielte, vor Augen.

Séra Jón stand dort betäubt vor Erstaunen.

Die anderen konnten nicht anders, als die Arbeit eine Weile ruhen zu lassen und auf diese Zeichen des Zornes zu schauen.

Große Flächen des fruchtbarsten Landes im Holtstal quollen zu hohen, runden Beulen auf, zersprangen und schossen hoch in die Luft. Das Feuer zerriss mannshohe Erdschollen wie ein wütendes Raubtier, schleuderte sie in alle Richtungen, zerfetzte sie in kleinste Teilchen und ließ Erde und Rauch eins werden, bis alles schließlich über den lodernden Flammen tanzend zersprang.

Aus jedem Lavahügel schossen himmelhohe Feuersäulen. Überall wellte sich die Erde wie Meeresbrandung, und überall loderte Feuer hoch und verbrannte alles, was ihm im Wege war, in grellen Flammen.

Solche Naturgewalten hatte noch kein sterbliches Auge in Island gesehen.

„Ihr werdet nicht lange hier aushalten“, sagte Séra Jón düster.

Die Leute, die bei der Arbeit waren, zögerten.

„Nein, macht weiter. Jetzt ist nichts anderes zu tun, als dieses Haus erst einmal fertigzustellen. Aber erinnert euch an meine Worte: Hier wird kein neues Holt gebaut. Mir gefällt der Platz dort oben im Osten auf der Höhe am besten, im Süden der Holtsborg. Ich habe diesen Platz bisher noch nie bemerkt. Aber dort ist ein schöner Platz für einen Hof."

Dann ließ er sein Pferd zurück und ging zum Hof, um den Frauen Mut zuzusprechen. Dort bedurfte es keiner Ermutigungen. Valgerður hatte so viel in den letzten Tagen ertragen müssen, dass sie vor nichts mehr Angst hatte.

Gudrun war fröhlich und hielt sich gut, obwohl sie wusste, dass man sie nun von neuem aus dem Haus treiben würde. Séra Jón griff um ihre Handgelenke und zählte die Schläge. Er machte eine ernste Miene, sagte aber nichts.

Ragnhildur, Olafs Frau, trug ihre Verzweiflung mit Fassung, konnte sie aber nicht ganz verbergen. Sie hatte in Holt gelebt, seit sie ein junges Mädchen gewesen war, Der Hof war mit ihr verwachsen, und jetzt sollte sie ihn für immer verlassen und sogar zusehen, wie er verbrannte und von Lava bedeckt wurde. Das waren schwere Gedanken.

Rannveig ging es am schlechtesten. Sie hustete die ganze Zeit und wollte vor Kurzatmigkeit zerspringen, sie weinte, wenn es auch nicht sehr auffiel. Ihre jüngsten Kinder folgten jedem ihrer Schritte und ließen sie nicht los.

Hallbera ging an die Rettungsarbeiten mit gleicher Kraft wie die Männer.

Valgerðurs einzige Sorge zu dieser Zeit war die Gesundheit ihrer Tochter Gudrun. Sie bemerkte die Miene Séra Jóns, als er ihre Handgelenke umfasste, und als er hinausging, folgte sie ihm zur Tür.

„Was haltet Ihr von meiner Gunna?" fragte sie, und ihre Augen schwammen in Tranen. „Am schlimmsten wäre es für mich, sie zu verlieren."

„Seid ruhig", sagte Séra Jón. „Gott ist barmherzig in seiner Strenge. Gudrun ist sehr krank, und sie braucht vor allem Ruhe und gute Pflege. Aber sie ist kräftig und auf dem Weg zur Besserung. Ich habe beste Hoffnung, dass sie trotz aller Strapazen genesen wird."

Séra Jón schwieg und dachte nach. Dann sagte er: „Ich biete euch an, sie zu mir zu bringen, solange sie krank ist. Ich werde ihr alle Fürsorge zukommen lassen, derer ich mächtig bin."

„Ihr habt in dieser Zeit gewiss genug Sorgen in Eurem Heim", sagte Valgerður.

„Noch gibt Gott mir die Kraft, mein Haus ohne Not zu versorgen", sagte Séra Jón. „Meine Sorgen sollen kein Hindernis sein. Ihr könnt mit ihr kommen und sie bei mir pflegen, wenn Ihr wollt. Alles, was ich für Euch tun kann, wird gern getan."

Valgerður dachte nach. Es fiel ihr ein, dass Vigfús nach Prestsbakki gezogen war. „Ich fürchte, dass sie im Moment keine weiteren Umzüge verträgt", sagte sie. „Das kann gut sein", meinte Séra Jón. „Aber mein Angebot soll bestehen bleiben für den Fall, dass Ihr es später annehmen möchtet."

Damit beendeten sie ihr Gespräch.

Niemand ging an diesem Abend zu Bett, bevor das Schicksal des Hofes entschieden war.

Es war Nacht geworden, und Séra Jón hatte sich mit seinen Leuten auf den Weg nach Hause gemacht. Das Wetter war still und mild. Die glühende Lava war in das Bett der Holtsá gelangt und hatte sie aufgestaut. Es war ihr Schicksal, wie das vieler anderer Flüsse, als dichter Dampfpilz in den Himmel zu steigen. Sie erreichte nicht viel gegen diese Feuersflut.

Jetzt war nur noch die Mähwiese am Hof übrig.

Alles Bewegliche war aus dem Hof geschafft worden, sogar die Türen waren aus den Angeln gehoben und fortgebracht worden. Alle Hofgebäude standen offen, leer und verlassen. Aber immer noch blieben einige Leute unten am Hof, als ob sie sich vergewissern wollten, dass auch nichts vergessen sei.

Der alte Olaf Jónsson stand auf dem Hofplatz und löste die Glasscheiben aus den Stubenfenstern.

„Warum machst du das, mein Lieber?" fragte seine Frau Ragnhildur. „Ich meine. diese Scheiben sind nun nicht das Wichtigste."

„Sie sind das einzige in Holt, das aus der Stadt geholt wurde", sagte Olaf ruhig und machte weiter.

„Es ist hier so heiß geworden, dass du es nicht verträgst, mein Guter."

„Ich friere leicht, und mir tut die Hitze gut", sagte er.

„Komm jetzt mit uns", sagte Ragnhildur sanft und zog ihn am Arm.

„Ruf Siggi, dass er mir die Scheiben tragen hilft", antwortete Olaf.

Siggi war sein Knecht.

Das tat Ragnhildur. Siggi kam und nahm die Scheiben.

„Geh nun hinauf, meine Liebe", sagte Olaf. „Ich komme gleich. Ich will nur kurz in den Hof hineinschauen. Siggi wird auf mich warten."

Ragnhildur gehorchte schweigend. Sie wusste, dass Olaf, wenn es zu heiß für ihn würde, um aus der Hoftür zu kommen, immer noch durch die Kuhstalltür, die hinten am Haus war, ins Freie gelangen könnte. Die einzige Gefahr war, dass das Feuer unter dem Hof hervorbräche wie in Skál.

Olaf ging durch das gesamte Anwesen, um von ihm endgültig Abschied zu nehmen. Jedes Gebäude war ein alter Bekannter und barg viele Erinnerungen.

Die meisten waren das Werk seiner eigenen Hände und immer noch in gutem Zustand. Alles dort war ihm lieb, als ob es Fleisch von seinem Fleische und Knochen von seinen Knochen wäre. 40 Jahre hatte er hier gelebt und war mit dem Hof verwurzelt.

Jetzt war all das zum Tode verurteilt. Jedes Gebäude stand offen und nackt. Überall war es totenstill und öde.

Endlich kam er in Guðfinnas Badestube. Auch von hier war am Tage zuvor alles weggebracht worden. Es war düster. Dennoch schien ihm ein dunkler Haufen an einem Bettpfosten zu liegen. Er ging hin, um ihn genauer zu betrachten.

Es war Guðfinna. Sie lag da, vollständig angezogen.

Sie hatte sich in den Hof geschlichen zu der Zeit, als die anderen ihn verließen.

„Warum liegst du da?“ fragte Olaf.

„Lass mich hier liegen“, sagte Guðfinna leise, in heiserem Ton und blickte ihn mit seltsamen Augen an. „Meine Pferde kommen. Sie tanzen auf den Hügeln, rote und gelbe. Jetzt begreife ich den Traum richtig.“

„Ich bin eines Nachts losgegangen“, sprach sie weiter und stützte sich auf die Ellbogen. Die Worte kamen ohne Zusammenhang, als ob sie im Schlaf spräche.

„Ich wollte retten. Ihr wusstet nichts davon. – Ich schlich nach Westen in meine Hügel. – Es ist unnütz, darüber zu reden. – Die Erde schwankte unter meinen Füßen, gab bei jedem Schritt nach, als ob ich auf dem Moor ginge.

Überall um mich herum brodelte geschmolzenes Gestein aus der Erde. Welch ein Anblick. Olaf! Steine, Dampf und Feuer spritzten aus den Hügeln. – Ich wollte dennoch nicht aufgeben – nicht die Finna! Weißt du, was ich tat? Ich bat – den Alten, mir zu helfen. Ich schlug ihm einen Vertrag vor – denk dir – im vollen Ernst. Aber er hörte es nicht, der verdammte Dummkopf. – Ich kam natürlich zu spät – und es war passiert, so dass ich wieder nach Hause stolperte.“

„Hör auf mit diesem Unsinn und komm“, sagte Olaf.

„Lass mich hier liegen, Olaf. Alle meine Hoffnungen sind verbrannt. Der alte Olaf Isleiksson, der verfluchte Kerl, hat mir nichts genützt, als es darauf ankam. Ich sah die Feuersäule aus unserer Höhle, ich erkannte sie von weitem. Sie glänzte vor Gold und Silber – geschmolzenem Gold und Silber – denk dir –“

Olaf verstand nichts von diesem Durcheinander.

„Komm jetzt!“ befahl er.

„Lass mich im Hof sein, Olaf, wenn meine Pferde kommen.“

Olaf wartete nicht mehr ab. Er hob Guðfinna auf und trug sie aus dem Hof.

Guðfinna murmelte etwas von „dem verdammten Geldfass“, wehrte sich aber nicht.

Auf dem Platz war es unerträglich heiß. Olaf rannte wie ein Junger mit Guðfinna auf den Armen an den Häusern vorbei die Wiese hinauf. Siggi folgte ihm mit den Glasscheiben.

Oben auf der Wiese setzte Olaf Guðfinna nieder, beugte sich aber selber vor und hustete Blut. Die Leute liefen zu ihm den Hang hinab und fragten, wie es ihm gehe.

„Es ist nichts“, sagte Olaf und stand auf. „Aber es ist wohl klar, dass ich meinem Hof bald nachfolgen werde.“

Dann gingen sie alle hinauf zu den Leuten in der Hütte. Als sie dort ankamen. war Olaf blaurot im Gesicht und hustete immer noch Blut.

Er legte sich jedoch nicht hin, sondern wartete wie die anderen, um zu sehen, was geschehen würde.

Als die Nacht weiter fortschritt, fingen unten die Giebel wegen der Hitze und der Funken Feuer. Nach einer kleinen Weile brannte der ganze Hof. Aber bevor er heruntergebrannt war, fiel die Lava auf ihn. Dann kroch sie langsam über die Wiese und die Ställe und blieb erst an den Heidehängen stehen.

VIII. Teil

1. Der Wegzug

Wenige Tage nach dem Untergang Holts kam Sveinn Alexandersson nach Hause. Er überbrachte seiner Mutter die Nachricht, dass er das Land im Mýrdalur gekauft habe. Es sei zu einem vernünftigen Preis feilgeboten worden, und die Hälfte sei sofort beziehbar.

Valgerður war damit sehr zufrieden. Sie sehnte sich jetzt vor allem danach, aus diesem Schwefel- und Feuerdunst herauszukommen, was auch immer danach geschähe. Ihre einzige Sorge war, ob es möglich sein würde, mit Gudrun wegzuziehen. Sie war immer noch so krank, dass es nicht sehr wahrscheinlich schien. Sveinn hatte einen Brief für den alten Olaf von dessen Tochter mitgebracht, die verheiratet war und draußen in Álftaver wohnte. Sie bat ihn, bei ihr Unterschlupf zu suchen, wenn er dessen bedurfte. Und er bedurfte dessen. Jetzt hatte das alte Ehepaar keine andere Wahl, als arm und mittellos zu Schwiegersohn und Tochter zu ziehen. Die Leute, die bei ihnen gearbeitet hatten, mussten selbst sehen, wie sie weiterkamen.

Nun wurden die Tage dazu benutzt, sich für den endgültigen Abzug von Holt und Skál vorzubereiten.

In diesen Tagen tobten die Feuer noch schlimmer als je zuvor. Die Feuerschlucht im Rücken der Berge spuckte ununterbrochen, Tag und Nacht, ohne die geringste Pause. Und eine Lavaflut nach der anderen kam von oben in die bewohnten Gebiete hinunter. Jetzt staute sich zwar die Lava mehr auf als zuvor, denn viele von den älteren Strömen begannen zu erstarren, aber dennoch floss sie weiterhin nach allen Seiten.

Da die Holtsá verstopft war, hatte sich ein riesengroßer Stausee gebildet, der das ganze Tal vom Skálarfjall bis nach Osten an die Hänge der Heiden füllte. Nach Skál konnte man nun nicht anders gelangen, als oben im Norden am Talende über die Heiden zu klettern.

Aber jetzt war auch die Fjaðurá von der Lava verstopft, und ein zweiter Stausee hatte sich im Osten von Holt gebildet. Die Huldrenschlucht, die Guðfinna so schätzte, stand voller Wasser. Dort hinüber kam man nur weit oben über die Heiden.

In ganz Síða hörte man ein derartiges Schmatzen und Knallen, dass es das Getöse von den Heiden im Norden übertönte. Es stammte von der Lava, die jetzt den Stapfoss, der in der in der Skaftá zwischen Heiðarnes und Dlabæjarstapi gelegen hatte, hinunterstürzte. Unter dem Wasserfall befand sich eine tiefe Aushöhlung, die der Fluss in den weichen Berg gegraben hatte. Dieses Loch stand voller Wasser, obwohl das Flussbett ausgetrocknet war. Der Lavastrom schob große, halbgeschmolzene Stücke über die Fallkante.

Wenn sie vom Hauptstrom abrissen und in das Wasser klatschten, gab es diesen unglaublichen Knall. Das Wasser, auf das sie fielen, fing an zu kochen und zu verdampfen. Unter den Lavabrocken brodelte es mehr und mehr, bis der Dampf sie hochschleudern und unter ihnen entweichen konnte. Und ein solcher Ringkampf ging nicht geräuschlos vonstatten. Weitere Brocken fielen von oben auf die ersten und drückten sie beiseite wie weichen Teig, und wieder andere fielen dann auf diese. Vier Tage und vier Nächte folgte ein Knall dem anderen, dann war das Loch endlich ausgefüllt, so dass die Lava ohne Mühe nach Osten in das Skaftárbett vordringen konnte.

Aus dem Hof in Heidi waren die Leute geflohen und hatten sich oben an den Hängen eingerichtet, der Hof aber stand immer noch unbeschädigt. Nur etwas Wasser bedrängte ihn. Nachdem der Widerstand, den der Stapafoss geboten hatte, gebrochen war, mussten auch die Leute von Hunkubakkar fliehen. Die Lava schob sich an dem Hof vorbei und türmte sich zu einem dermaßen hohen Wall auf, dass dieser dem Berghang, der doch dort am höchsten ist, nicht nachstand. Aber der Hof blieb unbeschädigt, vom Wasser aus den verstopften Bächen abgesehen.

Der nächste Ort östlich von Hunkubakkar war Kirkjubæjarklaustur. Dorthin strömte jetzt die Lava. Nun würde sie also auch diese Stätte – von alters her das Herz von Síða, an der nie Heiden gewohnt hatten – vernichten. Die Lava teilte sich vor dem Dalbæjarstapi und floss im unteren Flusszweig, der auch der Hauptbach war, über Dalbær in Landbrot und vernichtete den Hof völlig. Die nächsten Höfe im Osten, Hólmur und Nýibær, trugen ebenfalls großen Schaden davon.

Zu diesem Zeitpunkt fingen die Leute an, aus Síða und Landbrot zu fliehen. Viele hatten schon vorher die Gemeinde Fljótshverfi verlassen, denn dort war der Aschefall noch schlimmer als in Síða gewesen, und die Erdbeben hatten noch mehr zerstört. Unter denen, die wegzogen, war der Pastor in Kálfafell. Séra Jón Hjaltalin, der Dichter. Er hatte den Hof Hvammur im Norðurádalur erworben und machte sich nun mit allem Vieh und seinen Leuten dorthin auf, bevor die Lava alle Wege aus dem Bezirk nach Süden unbegehbar machte. Der größte Teil der Bauern seiner Gemeinde war entweder schon weg oder dabei wegzuziehen. Die meisten, ohne zu wissen, was sie erwartete. Nur ein Hof in Fljótshverfi, Núpsstaður, blieb bewohnt und bewirtschaftet.

Am Donnerstag, dem 17. Juli, zogen die Bauern von Holt und Skál endgültig mit allem, was sie mitnehmen konnten, von Holt weg.

In diesem Zug waren drei todkranke Menschen: Gudrun zwang sich mehr mit Willen als Kraft auf die Beine und ließ sich auf einem Pferd einen Sitz bereiten. Sie wusste, dass nur Schritt für Schritt geritten werden konnte.

Der Bauer Olaf war kaum zu einer Reise fähig. Er hustete ständig Blut und war von dem Blutverlust so schwach geworden, dass er nicht ungestützt gehen konnte. Aber er beklagte sich nicht und gab sein Letztes, um die anderen nicht zu behindern.

Rannveig war die Dritte. Sie war so kurzatmig und brustkrank, dass sie sich nicht rühren konnte. Dennoch kümmerte sie sich die ganze Zeit um ihre Kinder, von denen einige noch klein waren und ständig nach ihr verlangten.

Jemand blieb jedoch in Holt zurück – oder genauer gesagt in der Hütte, die jetzt allein auf dem Land stand, das früher zu Holt gehört hatte – und konnte auf keine Weise dazu gebracht werden, von dort wegzugehen.

Das war Guðfinna. Niemand wollte sie gegen ihren Willen von dort wegschaffen, alle hatten genug mit sich und ihrer Familie zu tun. Schließlich konnte sie selbst über sich bestimmen.

Am Abend zelteten die Leute von Holt und Skál an der Bergkette oberhalb von Kirkjubæjarklaustur. Dorthin wurde auch alles Bewegliche aus dem Kloster geschafft, denn nichts anderes war zu erwarten. als dass die Lava in den nächsten Tagen über das Kloster fließen würde.

Sigurður Olafsson, der zu der Zeit Klosterbauer war, riet zu dieser Arbeit und half selber mit seinen Leuten dabei. Séra Jón war ebenfalls dort gewesen und hatte beschlossen, dass noch nichts aus der Kirche weggeschafft werden sollte. Sie stand einen Steinwurf östlich vom Kloster.

Als die Leute von Holt und Skál nach Kirkjubæjarklaustur kamen, erhielten sie die Nachricht von Séra Jón, in der er sie bat, bis zum Sonntag dort zu verweilen und die Messe zu besuchen. Er wollte alle, die kommen konnten, in der Kirche versammeln und mit der Gemeinde zu Gott beten, dass Er sie von dieser Plage erlöse.

Die Leute von Holt und Skál folgten dieser Bitte umso lieber, als jetzt alle nächstliegenden Gemeinden ohne Pastor und manche sogar ohne Kirche waren. Außerdem musste noch vieles für die weitere Reise vorbereitet werden, so dass der Aufenthalt nicht unwillkommen war.

2. „Schließet die Kirche!“

Eine gute Stunde vor Mittag, am 5. Sonntag nach Trinitatis, der diesmal auf den 20. Juli fiel, war die Kirche überfüllt. Die Leute strömten aus allen Richtungen herbei, aus der Gemeinde Kirkjubær und aus Kalfafell, der nächsten Gemeinde im Osten. Viele, die von dort in die westlichen

Gegenden ziehen wollten, blieben noch eine Weile und warteten die Messe ab.

Das Schmatzen und Krachen der Lava, die sich immer noch im Osten an den Hügeln voranwälzte, drang bis in die Kirche. Durch die Kirchentür an der Westseite sah man den Dunstpilz vor der ganzen Landschaft und hörte das Brodeln und Pfeifen der Lava, aber sie selber war wegen des Rauchschleiers nicht zu sehen. Sie war an den Systrastapi[23] gelangt und floss gerade auf das Kloster zu.

Viele betraten die Kirche bangen Herzens. Es war ein verwegenes Unterfangen, gerade hier in unmittelbarer Nähe der gierigen, vorwärtsdrängenden Lava die Kirche mit Menschen zu füllen. Das Stückchen Wegs zum Ort und von dort nach Osten zur Kirche konnte sie bequem in einer Stunde oder noch kürzerer Zeit zurücklegen. Möglicherweise käme sie bis vor die Kirchentür, bevor es jemand bemerkte, so dass allen der Ausweg versperrt wäre. Möglicherweise würde sie still und schweigend über die Kirche fallen, während die Psalmen gesungen wurden. Möglicherweise waren alle, die in die Kirche gingen, dem Tode geweiht. Aber kein Mensch sprach darüber mit dem anderen. Die Kirche füllte sich langsam, bis jeder Platz besetzt war. Diejenigen, die später kamen, blieben auf dem Gang zwischen den Bänken stehen. Andere kamen nach ihnen und drückten sie weiter nach vorne. Schließlich füllte sich der Gang bis zum Altar.

Vigfús hatte sich vorn an die Tür gestellt. Dort stand er still und ließ die zu sich herein, die zuletzt kamen. In kurzer Zeit füllte sich der Raum vor ihm. Aber da er größer gewachsen war als die meisten von ihnen, konnte er immer alles gut überblicken.

Auf den Eckbänken an beiden Seiten saßen die Leute von Holt und Skál. Sie waren nicht aus dieser Gemeinde und folgten schweigend der uralten Sitte, sich auf die letzten Bänke zu setzen, damit sie nicht einem aus der Gemeinde den Platz wegnähmen. Der gleichen Regel folgten die Leute aus anderen Gemeinden und setzten sich ebenfalls dorthin, solange noch Platz war. Danach drängten sich alle überall in der Kirche zusammen.

Der Chor war mit Männern gefüllt. Sie saßen auf den Bänken, die an den Wänden entlang bis an den Altar und an die Chortür reichten, und die Sitzordnung richtete sich ungefähr nach ihrem Ansehen.

An der Südseite, dem Altar am nächsten, saß ein Mann in bunter Kleidung: rotem Rock und enganliegenden, hellgrünen Kniehosen, hohen, hellblauen Socken, die von Strumpfbändern mit vergoldeten Spangen unter dem Knie gehalten wurden. Der Kragen am Rock war mit Goldrosen bestickt, die schon etwas abgenutzt waren, und das Halstuch war weiß. Er trug eine weiße Perücke, war vom hohen Alter gebeugt und sehr würdig. Das war Sigurður Olafsson, der Klostervogt. Er war viele Jahre der Bezirksvorsteher des Skaftárfellsbezirks gewesen und hatte deswegen den Sitten und Gebräuchen gemäß das Recht, die anderen in seiner Kleidung zu übertreffen. Neben Sigurður saß Jón Vigfússon, der Bürgermeister von Foss, in blauem, goldgeknöpften Rock. Auf der anderen Seite des Altars saß Páll Jónsson, Bauer und Hospitalsvorsteher aus Hörgsland. Das war ein Mann wenig über 40, gutaussehend und männlich und ein wenig auffällig in seiner Kleidung. An seiner Seite saßen die Vettern Sigurður von Skaftárdalur und Sverrir Eiriksson von Rauðaberg.

Andere Bauern und geachtete Männer saßen neben ihnen auf beiden Seiten. Neben der Chortür an der Südseite saß der Messdiener Oddur Bjarnason aus Hörgsdalur, ein gutmütiger und kluger Mann. An seiner Seite konnte man über der Sitzlehne einen schneeweißen Nacken und vom Alter gebeugte, aber sehr breite Schultern sehen. Das war Snjólfur der Starke oder der alte Snjólfur Finnsson aus Bakkakot, der weithin wegen seiner Kraft und Männlichkeit bekannt war. Er wohnte damals nur noch dem Namen nach in Bakkakot, wurde aber von seinem Sohn versorgt, denn er konnte wegen seines hohen Alters nicht mehr arbeiten. Sein Sohn Þórgeir saß bei ihm, und Vater und Sohn brauchten den Platz dreier Leute. Auf der anderen Seite der Chortür saß Olaf Olafsson von Eystra-Hraun in Landbrot, der ebenfalls den Messedienst versah, wenn der andere verhindert war, ein tüchtiger und beliebter Mann, und neben ihm saß der Bauer Páll aus Mörtunga, ein Sohn des starken Snjólfur. Er war der Vorsänger.

Als die Kirche voll besetzt war, kam der Propst Séra Jón Steingrimsson, in seinen Talar gekleidet. Jetzt hatte sich sein Aussehen gewandelt. Jetzt trug er keinen indigoblauen Wollpullover wie die Bauern und eine Lodenjacke darüber. Jetzt hatte er eine weiße Perücke auf dem Kopf, die hinten zu einem Haarschopf gekämmt und mit einer seidenen Schleife zusammengebunden war. Er hatte sein Handbuch unter dem Arm und den steifen Mühlsteinkragen um den Hals. In dieser weißen Umrandung wurde seine ausdrucksvolle, nachdenkliche und kluge Miene noch deutlicher und klarer. Eine solch festliche Ruhe lag über seinem Ausdruck und seinen ganzen Gebärden, dass die Leute ihn unbewusst bewunderten. Séra Jón schob sich langsam durch die Menschenmenge den Gang entlang nach vorn. Als er ein paar Schritte gegangen war, drehte er sich um und sagte halblaut und ernst: „Schließt die Kirche!"

Niemand widersprach, doch zögerten die Leute. Es hatte sie beruhigt, den Lavastrom durch die offene Kirchentür zu beobachten und die Nachricht von seinem Vorankommen weiterzugeben.

„Schließt die Kirche, sage ich!“ sagte Séra Jón ein wenig lauter als zuvor. „Uns allen ergeht es so, wie Gott will.“

Noch immer widersprach niemand. Die Leute vermuteten, der Propst wolle in dieser Stunde nicht, dass die Gefahr von den Gedanken der Menschen Besitz ergreife, und obwohl manche das Gefühl hatten, ihre letzte Stunde sei gekommen, sagte niemand ein Wort dagegen.

Vigfús stand dicht an der Tür. Er griff nach dem Türflügel, der nach außen aufging, und schloss ihn.

Nun konnte niemand mehr aus der Kirche die Lava sehen.

„Ich übergebe Euch die Verantwortung für die Tür, Vigfús“, sagte Séra Jón. „Ich will nicht, dass unnötig hin- und hergelaufen wird.“

Dann schob er sich zum Altar. Dort kniete er nieder und verrichtete still sein Gebet, bevor er in das Messgewand gekleidet wurde.

3. Die Feuermesse

Die große, außergewöhnliche Stunde war angebrochen, eine der Stunden, in denen der Himmel auf die Erde niedersteigt, der Glaube wie ein Gipfel aus dem Nebel allen Zweifelns ragt, das Herz die Herrschaft über die Gedanken ergreift und sich die Ruhe kindlichen Vertrauens wie himmlischer Sonnenschein über viele Menschen gleichzeitig legt – mitten in der Gefahr.

Die Psalmen wurden mit Kraft und Tapferkeit gesungen. Die Männerstimmen trugen den Gesang. Die Frauenstimmen mischten sich mit ihnen und gaben ihnen einen weichen, sanften Klang. Dennoch war es die Kraft, die den Gesang auszeichnete.

Als Séra Jón sich den Leuten zuwandte und zu singen begann, war er ungewöhnlich unsicher. Von allem, was er tun musste, fiel ihm das Singen am schwersten. Dabei war er ein ausgezeichneter Sänger. Aber manchmal wollte die Stimme versagen, so dass andere Töne kamen, als kommen sollten. Und da er ein so empfindliches Gefühl für die Schönheit des Gesanges hatte, nahm er es sich sehr zu Herzen und versuchte mit aller Kraft, dagegen anzukämpfen. Aber gerade deswegen fiel es ihm noch schwerer, den richtigen Ton zu finden. Nachdem er die Lesung und das Evangelium gesungen und man ihm aus dem Messegewand geholfen hatte, wurde der Psalm gesungen, und er kniete am Altar nieder. Ein unbewusstes Bedürfnis zwang ihn dazu, sein Gebet noch einmal zu sprechen, bevor er die Kanzel betrat. Sein flehentlich ausgestoßenes Gebet drang durch den Gesang der Gemeinde.

Dann bestieg er fest und aufrecht die Kanzel. Das Gebet hatte ihm Kraft und Mut eingegeben. Oben stand er eine Weile still und trocknete sich den Schweiß ab. Aller Augen ruhten auf ihm – auf seiner klaren, runden Stirn, auf den breiten, buschigen Augenbrauen, der großen Nase, den dünnen, blassen Lippen und auf der Perücke, die sein Gesicht wie eine weiße Wolke einrahmte.

Am Beginn seiner Rede sprach er stockend und undeutlich, und seine Stimme zitterte. Aber bald verschwand das Zittern aus seiner Stimme, Séra Jón sprach fester, und alle Schwierigkeiten waren vergessen. Das Evangelium dieses Sonntags war der große Fischzug Petri. Aber Séra Jón ging in der heutigen Auslegung nicht davon aus. Er bezog seine Predigt wieder wie im Winter auf die Worte des Propheten Jesaja: „... und der Herr wird seine herrliche Stimme schallen lassen, dass man sehe seinen ausgereckten Arm mit zornigem Drohen und mit Flammen des verzehrenden Feuers. Mit Wolkenbruch und Hagelschlag."

Seine Auslegung bezog sich auf das Feuer. Im ersten Teil seiner Predigt sprach er davon, dass der allmächtige Herr in den Tagen des Bundes seine Herrlichkeit immer wieder durch Feuer offenbart hatte. Feuer hatte er über Sodom und Gomorrha regnen lassen, als er die Städte ihrer Sünden wegen zerstören wollte. Aus brennendem Feuer hatte er zu Mose am Horeb gesprochen, als der Busch in Flammen stand, aber nicht verbrannte, und er ihn mit diesen Worten verabschiedete: „Ich bin der Gott deiner Väter. Ziehe deine Schuhe aus von deinen Füßen, denn der Ort, da du auf stehest, ist ein heiliges Land."

In einer leuchtenden Feuersäule war er in der Nacht vor seinem Volk hergegangen, als er es aus Ägypten führte; mit Donner und Blitz hatte er ihnen die 10 Gebote auf dem Berg Sinai gegeben. In feurigen Wagen ließ er die himmlischen Heerscharen zu den Feinden seines Volkes fahren und sie vertreiben. Feuer vom Himmel durfte Prophet Elias vor den Augen der Heiden über das Brandopfer rufen, und mit feurigen Rössern holte Gott Elias in den Himmel. Mit Feuerzungen flüsterte er seinen Aposteln zu, als der heilige Geist über sie kam am Gründungstage der christlichen Kirche...

Und noch heute offenbart der Herr seine Herrlichkeit und Gerechtigkeit im Feuer, wenn die Menschen ihn, seine Gebote und seinen Willen in ihrer Gedankenlosigkeit und Leichtfertigkeit vergessen.

So nützlich und unentbehrlich das Feuer im Dienste der Menschen sei, leuchtend, wärmend und voller Schönheit, so schrecklich werde es, wenn sein Gott und Herr es auf die Menschen loslasse, um sie für ihre Schlechtigkeit zu verstrafen.

Deswegen sei es nicht unbegründet, wenn die Heilige Schrift die Strenge Gottes mit brennendem Feuer vergleiche und so zum Ausdruck komme, dass sein Zorn alles in die tiefste Hölle verbrenne. Und die Folterkammer der Verdammten sei eine von Feuer und Schwefel brodelnde Grube – das Sinnbild des unlöschbaren Zorns Gottes. Und immer wieder erinnerte er die Menschen mit der Geißel des brennenden Feuers an Reue und Buße. Aus Unachtsamkeit der Menschen im Umgang mit Feuer oder durch die Feuer aus den Gewitterwolken des Himmels brannten große Städte ab. Manchmal wütete das Feuer in den Wäldern, manchmal auf den Äckern und Ebenen, manchmal brach es aus den Bergen hervor und sandte glühende Lavaströme über die Länder der Menschen. Überall folgten ihm Schrecken und Vernichtung. Und wo solches nicht geschah, tobten die Feuer des Unfriedens über die Länder. Die Völker bekriegten sich gegenseitig mit Feuer und Schwert, mit Schüssen, Sprengungen und Brandschatzung. Wilden Stämmen war es erlaubt, mit Bränden durch die Länder hoher Kultur zu ziehen und dort zu rauben, zu morden und zu brennen. In all dem offenbarten sich der Zorn und die Liebe Gottes.

Hier, in diesem armen Land, waren es vor allem Feuer aus der Erde, die er den Menschen zur Strafe und Besserung sandte, wenn er es für nötig hielt.

Dann sprach Séra Jón davon, warum die Menschen in diesem Land eine solche Bedrohung durch das Feuer verdient hatten. Sie hätten durch ihr leeres Leben ohne Reue und ohne Glauben, durch Falsch und Betrug, durch die Vernachlässigung ihrer Pflichten gegenüber Gott und ihrem Nächsten, durch Kälte, Gleichgültigkeit und Unbarmherzigkeit seinen geringsten Jüngern gegenüber, durch unbeherrschte Verschwendung von Essen und Trinken und den Missbrauch seiner Gnadengeschenke, durch dummen Aberglauben und Angst vor der Stärke und List des Teufels, durch Faulheit, Trägheit und fehlendes Interesse an allem wirklichen Fortschritt, durch ihr liederliches Leben, ihre Unmoral und ihr Streben nach Besitz, den Begleitern des Nichtstuns, den Zorn Gottes über sich und ihre Familien herausgefordert. Die Gemeinden, die jetzt verödeten, seien seiner Meinung nach die traurigen Zeugen davon, dass andere Dinge im Vordergrund gestanden hatten, als wirkungsvolle Veränderungen zu ihrer Rettung und Abwehr gegen die Not. Gott ließ diese Fackeln des Schreckens brennen, um den Hochmütigen ihr eigenes Elend und ihre Verderbtheit zu zeigen. Er sandte diese Feuer, um das Unkraut auf seinem Acker zu verbrennen, um das Verfaulte und Verweste zu vernichten, damit es nicht wie abgestorbene Glieder am Körper der Kirche hinge. Aber er wollte segnen, was lebte und Lebensmut hatte und wie Gold im Feuer bestand. Und als letztes, sprach er, war das Feuer gesandt, um unnötige und kleinliche Landstreitereien, ständig wachsende Geldforderungen und lächerliche Besitzgier zu ersticken. Es sollte die Menschen von den Dingen, die zu Asche verbrennen würden, ablenken auf andere, beständigere. Und denen, die ihre Macht auf Besitz gründeten, zeigen, wie wertlos dieser sei.

Obwohl Gottes Zorn verzehrendem Feuer glich, war doch seine väterliche Liebe noch heißer. Seine Liebe zu den Menschen drückte die ganze Erde an sein brennendes Vaterherz und füllte alle Himmel mit dem flammenden Feuer der Liebe. Aus Liebe zu den Menschen züchtigte er sie mit Feuer und Landplagen, wenn er es für nötig hielt; aber er wollte nicht den Tod eines einzigen sündigen Menschen, sondern dass er sich bekehre und lebe – lebe mit ihm in Glanz und Glückseligkeit in Ewigkeit. Und so heiß liebe er die Menschen, dass er seinen eingeborenen Sohn in den Tod gab, damit jeder, der an ihn glaubte, nicht verlorenginge, sondern ewiges Leben bekäme.

Gott verändert sich natürlich nicht, aber die Vorstellungen der Menschen von ihm sind nicht unveränderlich. Sie haben sich seit dem 18. Jahrhundert verändert. Es war das Bild eines mächtigen und strengen Gottes, das in dieser Feuerpredigt erschien, so streng, so heilig, so gewaltig, furchterregend und doch so liebevoll, dass sich Gottes ganzes Sein in brennenden Flammen offenbarte, die Himmel und Erde umfassten. Entsetzlich war ein solcher Gott für den, den sein Zorn traf. Aber es war auch süß, sich mit ihm versöhnt zu wissen, sich seiner Gnade und seines Schutzes sicher zu sein, zu wissen, dass man wie Moses die Schuhe ausziehen und vor ihn im Gebet und in Demut treten durfte, ohne zu verbrennen. Solch ein herrliches Feuer, solch ein heiliges und reinigendes Feuer war Gott nach der Lehre des 18. Jahrhunderts.

Dieser feurige Gott füllte die Worte und den Geist Séra Jón Steingrimssons. Seine Augen brannten. Er blickte nicht auf die Blätter, die vor ihm lagen, sondern auf die Gemeinde. Jeder einzelne hatte das Gefühl, dass er ihn ansah, jeder einzelne meinte, dass die Feuerblitze aus seinen Augen ihn trafen und sagten: Deinetwegen ist das Feuer gekommen. Viele krümmten sich vor Gewissensbissen denn die Sünden, die er aufzählte, waren ihre Sünden. Viele vergruben ihr Gesicht in den Armen und weinten. Aber die brennenden Grüße aus des Pastors Mund regneten ständig auf sie nieder. Sie verletzten nicht. Sie waren die Worte eines Mannes, der Gottes Willen verkündigte, aber doch Mitgefühl hatte mit denen, die es schwer hatten. Seine Vorwürfe waren milde und voller Liebe, wenn auch ernst, die Ermahnungen streng, aber doch väterlich. Und über allen stand diese eindrucksvolle Erscheinung, von einer weißen Wolke umgeben, voller Strenge und väterlicher Liebe.

Der letzte Teil der Predigt tröstete und ermutigte. Die Menschen sollten den väterlichen Tadel Gottes mit Demut und Ergebenheit hinnehmen, aber auch mit Mut und Tapferkeit. Wohin konnten sie fliehen? Reichte seine strafende Hand nicht überall hin? Aus seinem Reich kennte niemand fliehen. Und was nützte es, zu verzweifeln? Das, was er den Menschen ihrer Sünden wegen aufbürdete, wurde nicht leichter, wenn sie es mit Kleinmut und Feigheit trugen. Nein! Kühn und ohne Arg sollten die Menschen vor ihren Gott treten, auch vor seinen Zorn. Kühn und ohne Arg sollten sie ihre Sünden zugeben, Vergebung erbitten und auf seine Gnade vertrauen, und kühn und ohne Arg sollten sie sich vornehmen, ihr Leben zu verbessern. Die wahre Gottesfurcht war auch die wahre Tapferkeit. Furchterregend war Gott in seinem Zorn, aber auch dann wollte er sein Bild in den Seelen der Menschen sehen. Wie das Feuer, das sich in ihren Augen spiegelte, wollte auch er in seiner Herrlichkeit und Größe aus ihren Seelen scheinen. Niemandem erlegte er eine schwerere Bürde auf, als dieser tragen konnte, und nichts war ihm fremder als Verzweiflung und Feigheit in den Zeiten der Gefahr. Mit Verehrung und Liebe sollten die Menschen vor ihm niederknien und sein Gewand küssen, aber gleichzeitig unerschrocken jeder Bedrohung gegenübertreten und bittend, hoffend und lobpreisend seiner Güte vertrauen. Nur das war Gottes Kindern und den wahren Jüngern Jesu Christi angemessen.

In diesem Teil der Predigt lag so viel Tapferkeit, Kühnheit und Edelmut, dass sie ihren Glanz über die ganze Gemeinde warf. Viele, die sich vorher niedergebeugt hatten, sahen mit tränennassen Augen auf, blickten auf Séra Jón und tranken jedes Wort von seinen Lippen wie ein seelisches Labsal. Er durfte so tapfer sprechen. Er stand immer noch mitten zwischen ihnen, predigte für sie und tröstete sie. Alle anderen Pastoren waren geflüchtet, niemand wusste wohin. Nur er wich nicht von seiner Gemeinde in diesem Elend. Er war dem Feuer am nächsten, der Pastor der Gemeinde, die am schlimmsten verwüstet war. Dennoch stand er jetzt in seiner mit Menschen gefüllten Kirche, direkt vor der heranfließenden Lava – selbstverständlich zum letztenmal, und sprach mitten in der Gefahr kühne und tröstliche Worte. Seine Worte waren keine leeren Laute. Sie wurden kräftig von seinem eigenen täglichen Beispiel unterstützt. Séra Jón Steingrimsson war in seiner Pfarre beliebt gewesen. Aber erst jetzt meinten viele zum erstenmal zu erkennen, was für einen ausgezeichneten Mann sie besaßen. Alles, was er bisher für sie getan hatte, war nichts gegenüber der Tatsache, dass er nicht flüchtete, sie nicht in der Not verließ, sie tröstete, für sie predigte und ihre Bürde mit ihnen trug. Jetzt liebten ihn viele mehr als je zuvor. Sie konnten sich nicht vorstellen, ohne ihn nur eine Stunde länger hier zu bleiben. Wenn er jetzt wegginge, würde der Síðabezirk in wenigen Tagen menschenleer sein. Er war ihr Hirte, ein geistiger und körperlicher Führer, dem sie in ihren Herzen zu folgen versprachen, was auch geschähe.

Séra Jón endete seine Predigt mit einem heißen Gebet zu Gott.

Und was für ein Gebet! Alles vorher Gesagte verblich bei diesen Worten durch ihren Reichtum an Geist und die Bejahung des Glaubens, die in dem Gebet ausgesprochen wurde. In diesem Gebet vereinigte sich das Bewusstsein der ganzen Gemeinde. Und es schien, dass Séra Jón es auf der Kanzel erfände. Es war, als ob er größer, mit jedem Wort mutiger und leidenschaftlicher würde. Es war, als ob er zwischen Gott und der Gemeinde stände und deren Sprache spräche, als ob er von Gott im Namen der Gemeinde Gerechtigkeit verlangte. Er bat Gott um Gnade, erinnerte ihn an seine Worte und Verheißungen, rief und flehte und vergaß doch nicht die Demut im Gebet. Seine Augen waren entschlossen nach oben gerichtet, als ob er die geöffneten Himmel sähe, als ob er Jesus selber sähe, der das Gebet mit sich nahm und seinen Vater auf die Nagelwunden und die Verletzung an seiner Seite aufmerksam machte. Séra Jóns Hände verkrampften sich ineinander, bis die Haut weiß wurde, und der Schweiß lief ihm das Gesicht hinunter.

Nach diesem gewaltigen Gebet war es totenstill in der Kirche. Séra Jón stieg von der Kanzel und ging zum Altar. Da kniete er nieder, kreuzte seine Arme unter seinem Gesicht und verrichtete schweigend sein Gebet.

Niemand hatte während der Predigt auf das Feuer geachtet. Jetzt hörte man das Heulen und Bersten durch die Kirchenwände. Aber es war leiser als zuvor, vielleicht. weil die Kirche geschlossen war. Aber die wenigsten achteten darauf.

Vigfús hatte die ganze Zeit während der Predigt an der Tür gestanden. Er konnte die Augen nicht von Mutter und Tochter aus Skál wenden. Valgerður weinte gefasst, und man merkte es kaum, aber Gudrun schmiegte sich an sie, und ihre Tränen flossen mit solcher Heftigkeit, als wollte sie zerspringen. Dann wandte sich seine Aufmerksamkeit mehr und mehr der Predigt selbst zu. Noch nie hatte er eine solche Rede vernommen. Nichts von dem, was er bisher gehört oder gelesen hatte, hatte seinen Geist zum Flug über alle Widrigkeiten des Lebens gehoben, hinauf in eine andere und höhere Dimension, hinauf zum Stuhle Gottes. Es war, als ob er in einem klaren Wasserfall badete und Kraft und Stärke, Glauben und Mut aus diesen schönen und gewaltigen Worten sog. Und mit brennendem Herzen nahm Vigfús an dem Gebet teil. Aber er betete nicht für sich. Er betete nur für – Gudrun.

Dennoch gab auch ihm das Gebet Kraft und Mut. Ein Sturm hatte seine Seele gereinigt. Nach dieser wunderbaren Wiedergeburt erkannte er sich selber kaum wieder. Undeutlich fühlte er etwas, was er noch nie in seinem Leben gefühlt hatte: Er glaubte und vertraute auf den allmächtigen Gott. Diese unklare Glaubenserkenntnis machte ihn ungewöhnlich glücklich, kühn und rein im Geist. Jetzt hatte er vor nichts Angst, denn er war mit Gott versöhnt.

Der Psalmengesang und der Messeschluss waren ausdruckslos und fade, fanden keinen Platz in den Gedanken der Menschen, die immer noch von der Predigt und dem Gebet erfüllt waren. Die Leute beendeten die Messe aus Gewohnheit, damit der Gottesdienst den Regeln gemäß abgeschlossen würde.

Als Séra Jón durch die Kirche ging, kam er wegen all der Hände, die ihm gereicht wurden, um ihm für die Predigt zu danken, kaum vorwärts. Er ergriff jede Hand und lächelte wie ein Kind.

Die Kirchentür stand nun offen, und einige waren schon hinausgegangen.

„Sigurður Olafsson und ich wollen zum Systrastapi gehen und sehen, was das Feuer macht", sagte Séra Jón laut. „Wollen noch andere mit uns gehen?"

„Ja, ja", erklang es aus der ganzen Kirche.

4. Das Wunder

„Willst du versuchen, mit uns zum Systrastapi zu gehen, Vater?" fragte Þórgeir den alten Snjólfur, seinen Vater.

„Ja, ich will es versuchen. Ich bin aber doch ziemlich kurzatmig", sagte der alte Snjólfur. „Ich habe die schlechte Luft nicht vertragen."

„Das ist verständlich. Möchtest du, dass ich dich führe?"

„Nein, das will ich nicht. Ich gehe langsam und passe auf."

Vater und Sohn gingen zusammen langsam weiter. Der alte Snjólfur war gebeugt und steif, war weißhaarig und völlig zahnlos. Er war ja auch nur ein Jahr jünger als das Jahrhundert. Dennoch wirkte er erstaunlich frisch und munter, erinnerte sich an vieles und konnte von vielem erzählen. Snjólfur ging schweigend, und ein Lächeln 1ag über seinem Gesicht. þorgeir sah ihm an, dass er sich auf etwas besann.

„Fandest du nicht, dass der Propst heute gut gesprochen hat?“ fragte er.

„Doch, sehr gut“, sagte der alte Snjólfur. „Er erinnert mich an seinen Namensvetter.“

„Welchen Namensvetter?“

„An den Bischof Séra Jón Vidalin.“[24]

„Nein, ist das wahr?“

„Ich habe ihn einmal gehört. Das war in þingvellir[25] – die berühmte Schimpfrede, als der Gesetzesmann Oddur und sein Verwandter Páll das Thing verließen.“[26]

„Warst du damals in þingvellir?“

„Zu der Zeit war ich ein junger Bursche, Pferdejunge bei Bjarni Nikulasson, dem Bezirksvorsteher, und ging zur Kirche wie viele andere auch. Daran habe ich mich gerade erinnert. Wie aufregend war es damals in þingvellir. Unruhe herrschte zwischen den Häuptlingen wie so oft in jenen Tagen. Dort schlitzte der Gesetzesmann Oddur þorleifur Arason mit seinem Degen das Maul auf, denn damals waren alle achtbaren Männer bewaffnet. Jetzt stirbt das Heldentum aus. Der Sturm blies um den alten Bischof, als er mit elf Vorladungen zur Gesetzesversammlung ging. Ich glaube, keiner hätte ihm gerne im Weg gestanden, wie alt er auch war. Und als Beigabe erhielten sie noch die Predigt.[27] Ich habe nie wieder eine Kirche so voll gesehen wie damals und heute, und wahrscheinlich erlebe ich das nicht noch ein drittes Mal. Und immer, wenn er seine Perücke aufgesetzt hat, erinnert Séra Jón Steingrimsson sehr an den Bischof Jón Vidalin. Aber noch nie war er ihm so ähnlich an Geist und Kraft wie heute.“

Der alte Snjólfur war bei diesen Erinnerungen so glücklich wie ein Kind. Er war der einzige Mann in Síða, der den berühmten Bischof gesehen hatte und sich an ihn erinnerte. 65 Jahre lang hatte er dieses Bild in seinen Gedanken bewahrt, aber heute war es wieder klar hervorgetreten, und er durchlebte noch einmal längst vergangene Tage. Als Vater und Sohn an den Systrastapi kamen, standen die anderen Leute schon oben am Hang und blickten auf das, was geschah.

Während der Messe hatte sich die Lava nicht um einen Fuß vorwärts bewegt. In dem abschüssigen Flussbett der Skaftá, gerade oberhalb des Felsens, war sie stehengeblieben, um sich zur ewigen Ruhe zu begeben.

„Ein Wunder Gottes!“, meinten die Leute.

Dennoch war das Wunder leicht zu erklären. Vor der Lava tobte eine schreckliche Wasserflut. Sie kam aus der Holtsá und der Fjaðurá. Beide Flüsse hatten Kräfte gesammelt und sich vereint. Auf der ganzen Strecke westlich von Holt hatte sich das Wasser zwischen der Lava und den Hängen aufgestaut, und dieser Stausee brandete jetzt mit Gewalt über die Lava. Die

Wellen türmten sich auf – zischten über das heiße Gestein und brachen sich den Weg vorwärts. Jede Welle jagte die vorherlaufende mit solcher Heftigkeit auf und über die Lava und in das Flussbett der Skaftá dass es sich von beiden Seiten füllte. Die kleinen Bächlein, die einem sonst nur bis zum Knie reichten, waren jetzt so angeschwollen, dass sie das Bett der mächtigen Skaftá zu füllen vermochten und gleichzeitig die Lava unter sich erstickten. In Landbrot floss sie zwar weiter, aber viel langsamer als vorher. In den letzten Tagen war keine Lava mehr aus dem Norden gekommen, soweit die Leute es beobachten konnten. Zumindest Kirkjubæjarklaustur war gerettet.

Im Westen am Skálarfjall stiegen riesige Dampfpilze empor. Dort floss die Skaftá über die glühende Lava. Der Fluss hatte sie jetzt bei Skaftárdalur soweit besiegt, dass er auf ihr bis an die Berge und an ihnen entlang weiterfließen konnte. Er kochte zwar, verdampfte aber nicht völlig und nahm die Wärme der Lava mit sich. Auch er war an dem „Wunder" beteiligt.

Über dem Lavastrom lag der gleiche Dunst wie zuvor. Aber im Süden der Lava sah man Pferdezüge. Das waren die Leute, die aus dem Bezirk wegzogen. Die meisten waren über das Skaftábett gelangt, bevor die Flut über die Lava strömte und es noch trocken war. Diejenigen, die später kamen, mussten eine Fähre benutzen.

Séra Jón stand ganz oben am Hang und strahlte vor Glück. Er rief den Leuten zu: „Lasst uns niederknien und Gott für dieses Wunder danken. Von jetzt an dürfen wir hoffen, dass diese Plage bald ein Ende hat."

Er fiel auf die Knie und die ganze Gemeinde mit ihm. Mit erhobenen Händen und lauter Stimme begann er sein Dankesgebet an Gott.

Danach standen die Leute wieder auf. Die Seligkeit des Glaubens leuchtete auf allen Gesichtern. Für die Menschen war dieses Ereignis ein unzweideutiges Zeichen, und sie fühlten sich fest mit Gott vereint. Eine unaussprechliche Freude darüber, dass dieses Elend vorüber war, ergriff manche so stark, dass sie sich kaum fassen konnten und anfingen, laut Lobes- und Dankeshymnen zu singen.

„Sigurður Olafsson und ich haben uns abgesprochen", sagte Séra Jón, „dass wir nie beide zugleich weggehen, solange noch irgendeine Gefahr besteht. Einer von uns wird immer zur schnellen Hilfe und Unterstützung hierbleiben, und jeder, der Hilfe braucht, soll sich an uns wenden und ist uns willkommen." Sigurður stand neben ihm und nickte zustimmend.

Die Leute brachen in Begeisterungsrufe aus.

„Ich werde nicht von hier fliehen, solange man hier noch leben kann", fuhr Séra Jón fort. „Und am liebsten wäre es mir, dass so viele wie möglich hierblieben, wenn sie nur irgend können."

„Ich bleibe, ich bleibe“, rief es hier und da aus der Menge. Kurz darauf kam aus dem Zelt der Leute von Skál ein Bote zu Séra Jón. Séra Jón wurde gebeten, wenn irgendmöglich, sofort zu kommen. Gudrun Alexandersdottir leide an heftigem Stechen in der Brust und sei dem Tode nahe. Séra Jón ging sofort mit dem Mann hin. Die Menge löste sich auf. In jedem Gesicht spiegelten sich Kraft, Mut und Tapferkeit.

Alle, die noch nicht losgezogen waren oder den Tag ihres Wegzuges noch nicht festgelegt hatten, schworen laut und in Gedanken, nicht zu fliehen, was auch geschähe.

5. Der Aderlass

Die Leute von Holt und Skál waren oben am Heidenrand in ihren Zelten. Þórarinn weilte immer noch bei Valgerður und ihren Söhnen, obwohl er nicht mit ihnen den Bezirk verlassen wollte. Es hatte sich so ergeben, dass der Bauer von Breiðabólstaður, dem nächsten Hof östlich von Prestsbakki, wegziehen wollte. Und Þórarinn hatte vor, diesen Hof zu übernehmen, im Vertrauen darauf, dass er ihn später kaufen könnte.

Der alte Olaf von Holt hatte den ganzen Tag schwer krank vor Schmerzen in der Brust in seinem Zelt gelegen und ständig Blut gehustet. Hallbera, seine Schwiegertochter, hatte dort bei ihm gesessen.

Gudrun aber lag in Valgerðurs Zelt, und es ging ihr sehr schlecht. Sie hatte, während sie in der Kirche war, schweres Stechen in der Brust verspürt und mit aller Kraft versucht, es zu unterdrücken. Auf dem Weg zum Zelt aber konnte sie ihre Schmerzen nicht mehr verheimlichen und musste den größten Teil des Weges getragen werden.

Als der Propst Jón Steingrimsson in das Zelt kam, lag sie glühend vor Fieber da und bekam wegen der Stiche in der Brust kaum Luft. Sie schrie nicht, sondern starrte mit großen, glänzenden Augen in die Luft und stöhnte ohne Unterlass vor Schmerzen.

Séra Jón ließ sofort einen kalten Umschlag nach dem anderen machen. Einen besseren ärztlichen Rat wusste er im Moment nicht. Die Umschläge wurden sofort heiß, aber die Schmerzen ließen ein wenig nach. Séra Jón nahm ihre Mutter beiseite und sprach leise mit ihr. Er machte ihr klar, dass sie die Reise mit Gudrun nicht fortsetzen könne. Es gebe keinen anderen Ausweg, als ihre Genesung abzuwarten, und wahrscheinlich werde das lange dauern. Er sehe jetzt keine andere Möglichkeit, als sie zur Ader zu lassen, und vielleicht müsse das mehrmals getan werden, bevor das Stechen nachlassen würde. Hier habe er das nötige Werkzeug nicht zur Hand und außerdem sei die Unterbringung im Zelt nicht günstig. Das Beste sei, sie zu ihm nach Hause, nach Prestsbakki, zu bringen, und wenn ihre Mutter sie ihm und seinen Töchtern anvertrauen wolle, werde er sie nach besten Kräften versorgen.

Valgerður nahm diese schlechte Nachricht mit Fassung auf. Nach einiger Überlegung sah sie, dass es keine andere Möglichkeit gab. Daraufhin wurde Gudruns Transport nach Prestsbakki in aller Eile vorbereitet. Eine Trage wurde aus Segeltuch hergestellt, das an zwei Stangen genagelt war. Darauf wurde Gudrun, in ein warmes Tuch gehüllt, gebettet. Vier Männer trugen sie, und vier weitere kamen als Ablösung mit. Bei der Überquerung der Flüsse Stjórn und Geirlandsá hoben sie die Trage auf ihre Schultern und wateten hindurch. Vigfús trug das eine Ende die ganze Strecke und ließ sich von niemandem ablösen.

Séra Jón und Valgerður folgten zu Pferde. Nach einer guten Stunde gelangten sie nach Prestsbakki.

Gudrun wurde in die Stube getragen. Aber als sie merkte, dass sie zur Ader gelassen werden sollte, wurde sie unruhig und wollte nichts davon wissen. Ihre Mutter versuchte, sie umzustimmen und Séra Jón Unterstützte sie dabei, aber es nutzte nichts. Gudrun wurde immer erregter, je mehr davon gesprochen wurde. Sie war nicht zu beruhigen, und sicher war sie sich ihres Verhaltens nicht bewusst: Sie fieberte und phantasierte. Bei dieser Aufregung wurde sie noch röter und noch heißer.

Sveinn machte seiner Mutter Vorwürfe, dass sie Gudrun Bescheid gesagt hatte. Der Aderlass hätte ohne ihr Wissen gemacht werden müssen. Jetzt sei sie so erregt, dass es ihr immer schlechter gehe. Nun bleibe kein anderer Rat, als ihr die Ader zu öffnen, was sie auch sage, und sie dabei festzuhalten.

Séra Jón wollte jedoch noch warten und sehen, ob sie sich nicht beruhigen oder einschlafen würde. Gudrun hörte dieses Gespräch, und in wirrer Verzweiflung rief sie, so laut sie konnte, nach Vigfús.

Vigfús war nicht weit entfernt. Er stand mit anderen an der offenen Tür. Aber als er hörte, dass Gudrun nach ihm rief, drängte er sich an ihr Bett und sagte: „Solange ich lebe, soll niemand Gudrun Gewalt antun."

„Vigfús – lieber Vigfús, du bist da! Oh wie habe ich mich nach dir gesehnt", sagte Gudrun. „Komm, bleib bei mir. Wenn du bei mir bist, wird mir niemand etwas antun."

„Ich werde bei dir bleiben, Liebste", sagte Vigfús. „Aber erlaube dem Propst, dass er dich zur Ader lässt. Er tut es, damit es dir besser geht. Tu es für mich."

„Ja, alles, alles will ich für dich tun. Ich will mein Leben für dich geben."

Gudrun streckte den nackten Arm aus, schmiegte sich an Vigfús' Brust und schloss die Augen.

Valgerður hatte genug gesehen. Sie drehte sich um und verließ die Stube. Die Ader wurde oberhalb des Ellbogens eingeschnitten. Der Blutstrahl spritzte weit in das Zimmer, und in kurzer Zeit hatte es mehr geblutet, als Séra Jón Steingrimsson wollte. Seine Töchter waren sofort mit feuchten Druckverbänden zur Stelle, um den Blutfluss zu stoppen und die Wunde zu verbinden.

Gudrun hatte das Bewusstsein verloren. Als sie wieder zu sich kam, war sie munterer und meinte, dass es ihr besser gehe. Aber sie wollte niemanden bei sich haben außer Vigfús.

Als Séra Jón aus der Stube kam, traf er Valgerður, deren Gesicht vom Weinen gerötet und nass von Tränen war.

„Ich muss meine Gudrun bei Euch zurücklassen", sagte sie. „Ich hätte sie gern selber gepflegt, aber ich will auch meinen Sveinn nicht alleinlassen. Er braucht mich vielleicht nie mehr so wie gerade jetzt. Ich muss Euren Töchtern die Mutterrolle überlassen. Ich hatte Hallbera gebeten, an meiner Stelle bei Gudrun zu bleiben, aber sie wollte ihren Schwiegervater nicht verlassen, solange sein Leben in Gefahr ist. Ich muss deshalb alle meine Sorgen in Gottes und in Eure Hände legen."

„Seid unbesorgt", sagte Séra Jón. „Ich will mich um Eure Gudrun kümmern wie um ein eigenes Kind. Und ich kann das auch für meine Frau und meine Töchter versprechen."

Valgerður dachte eine Weile nach. Dann sagte sie: „Wenn es Gudrun freut, dass Vigfús bei ihr ist, dann – dann soll es ihm nicht verboten werden."

IX. Teil

1. Grüße

Skaftfellingar!

Euch vor allen anderen sende ich meine Grüße mit diesem Buch.

Seit ich euren Bezirk gesehen habe, sind meine Gedanken immer wieder dorthin gewandert. Kein anderer Landesteil hat mich so gefangen genommen. Zwischen zwei Hauptgletschern eingeschlossen liegt der Bezirk, hafenlos, weglos, von Sandwüsten durchsetzt, von gefährlichen Gletscherflüssen durchzogen. Im Norden liegen die Berge, die einen der größten Vulkanausbrüche zu geschichtlicher Zeit hervorgebracht haben – und das mindestens zweimal, Berge, wie der Eldgjá und die Ulfardalskrater,[28] die von den schrecklichen Folgen des Vulkanismus gezeichnet sind. Im Süden ziehen

sich die Sande bis ans Meer. Tödlichere und gefährlichere Strände gibt es nirgendwo in der nördlichen Hemisphäre. Flach und heimtückisch ragen sie in das Meer hinaus und wachsen mit jedem Jahr. Jedes Jahr werden sie den Menschen zum Verhängnis. Sie sind mit Wracks und Treibgut übersät. Weit vom Meer entfernt schauen alte weiße Gerippe von Seefahrern aus dem Sand, die einst kühn durch die Wellen steuerten und jetzt hier zur ewigen Ruhe gebettet sind. Zu ihrer Zeit war hier das Meeresufer. Heute liegen unversehrte Dampfschiffe an den Stränden und versinken im Sand. Jedes Jahr kommen neue dazu.

Der Weg durch die Sahara ist von den verblichenen Gebeinen der Kamele gezeichnet, die vor Durst gestorben sind. Auf den Südlandsanden ist die Küstenlinie jedes Jahrhunderts durch Wracks der Schiffe gekennzeichnet, die hier strandeten. Wer kennt alle diese Geschichten! Über alledem thront die größte Gletscherfläche des Nordens – ein ganzes Königreich an Weite.

So ist der Bezirk – eindrucksvoll und wüst, aber doch schön und eigenartig. Alles, was Island auszeichnet und was ihm mangelt, ist hier großartiger, klarer und deutlicher als anderswo. Der Skaftáfellbezirk ist das Isländischste von allem Isländischen, der Kern isländischer Wildnis, die Krone isländischer Schönheit.

Deswegen liebe ich ihn.

Ich liebe ihn wegen der Prüfungen, der schweren und der tagtäglichen, die er den Menschen auferlegt. Wenige bedürfen der Tapferkeit und Geistesgegenwart mehr, als die Leute aus Skaftáfell. Wenige besitzen größere Ausdauer und Geduld. Kein Mensch in Island muss so oft wie sie dem Tod in tosenden Gletscherströmen, auf flachen Sandern, in Sandstürmen und in der Brandung ins Auge sehen.

Aber gerade diese Gefahren haben die Kühnheit und Ausdauer geschaffen, welche die Skaftfellingar während großer Katastrophen und im täglichen Leben auszeichnen. Schwer ist euer Schicksal, Skaftfellingar, und lange werdet ihr auf bessere Zeiten warten müssen. Aber eines Tages kommen sie doch. Eines Tages bezwingen die Menschen die Gefahren dieser klimatisch begünstigten Gegend. Eines Tages besiegen sie die schrecklichen Wüsten und reißenden Flüsse. Eines Tages wird die Landstraße nach Osten durch den Bezirk führen, mit Grasland an beiden Seiten, soweit das Auge reicht. Eines Tages wachsen Dämme an den Flüssen empor und weisen sie in ihr Bett, und ein isländisches Holland entsteht in ihrem Schutze. Eines Tages fahren Seeschiffe die Skaftá und den Kúðafljót hinauf wie jetzt den Rhein und die Elbe. Eines Tages wird die tödliche Verwünschung von den Stränden genommen. Eines Tages wachsen Wälder auf der großen Lavaflut von 1783 – friedliche, schöne Wäldchen, die sich der Sonne und dem südlichen Meerwind öffnen, den Blick freigeben auf beide Gletscher – ein Sommerparadies, wie man es nur selten findet.

Aber wie auch immer die künftige Geschichte der Skaftfellingar sein wird: Die Erinnerung an die Skaftáfeuer wird weiterleben – die Erinnerung an das größte Ereignis dieses Bezirkes, an die größte Herausforderung und die größte Tapferkeit einiger seiner Kinder. Und immer wird das Bild Séra Jón Steingrimssons erscheinen, des Nordländers, den das Schicksal zum Hirten und Führer der Síðaleute in ihrem größten Elend gemacht hatte, des großen Mannes mit dem kindlichen Herzen, der niemanden in jener Notzeit im Stich ließ und dann die Geschichte der Ereignisse klar und zuverlässig aufzeichnete.

Der Leser vergebe dem Autor diese Abweichung vom Thema.

2. Sie weiß, dass sie sterben muss

Den ganzen Sommer über wüteten die Feuer. Eine Katastrophe folgte der anderen. Die westliche Spalte hatte vor dem 20. Juli (dem Feuermessetag) aufgehört auszubrechen, und nach diesem Tag war keine Lava mehr aus dem Westen nach Síða geflossen. Aber kurz danach dröhnte und donnerte es im Norden, nicht weniger stark als zuvor aus dem Nordwesten, und am 3. August trocknete der Hverfisfljót völlig aus. Am 7. desselben Monats ergoss sich ein neuer Lavastrom in das Bett des Flusses und flutete über die Ebene durch das tief eingeschnittene Flusstal am Orustuhóll vorbei. Diese Lavaflut zerstörte zwei Höfe, die am Hverfisfljót lagen. Die Leute in Síða, die dort noch wohnen geblieben waren, packte erneut die Furcht. Ihre Höfe lagen jetzt zwischen zwei Feuern. Eine Zeitlang schien es so, als ob die Lavaströme sich vor Síða vereinigen und dort alles einschließen wollten. Dann standen die Höfe auf einer Insel, von einem glühenden Feuerring umschlossen, und wären hoffnungslos verloren, bevor die Lava so erkaltet wäre, dass man sie überqueren könnte.

Das geschah aber nicht. Der östliche Lavastrom kam auf dem Sander im Süden des Orustuhóll zum Stillstand und floss nicht weiter nach Westen. Die Lava, die später durch das Bett des Hverfisfljót lief, floss östlich des ersten Stromes und ergoss sich über die Ländereien in der Fljótshverfigemeinde. Aber nach kurzer Zeit hatte sie sich dermaßen hoch in dem engen und von steilen Hängen eingeschlossenen Flussbett aufgetürmt, dass es verstopfte. Die nachfließende Lava verschonte die bewohnten Gebiete und kam nicht weit voran.

Für die Leute in Síða war das Austrocknen des Hverfisfljót ein großes Glück. Zahlreiche Seehunde hatten im Fluss gelebt, bevor er austrocknete, und die wurden nun geschlachtet. Außerdem fanden die Leute an vielen Stellen Lachse, von denen nur wenige Leute gewusst hatten, dass sie überhaupt in diese Flüsse wanderten. Jetzt lagen sie in tiefen Pfützen und Aushöhlungen und konnten nicht weg. Viele machten deshalb einen guten Fang an Lachsen, was sich in der nachfolgenden Hungersnot als sehr nützlich erwies.

Am 20. August brach Séra Jón Steingrimsson zu einer großen Unternehmung auf. Er wollte an der neuen Lava entlang nach Osten zur Flótshverfigemeinde gehen, um die Besitztümer der Kirche in Kálfafell zu retten, denn die Leute fürchteten, dass die Lava die ganze Gemeinde vernichten würde. Séra Jón hatte schon seit langem aufbrechen wollen, aber er musste ein paar Tage warten, da sich eine tosende Wasserflut von der Lava stürzte und heftig kochte. Als das Wasser zurückging, machte er sich auf den Weg und hatte einen Jungen als Begleitung bei sich. Der ganze Sand vor der Lava war

von Wasser überflutet. Es war heiß, aber nicht zu heiß. Séra Jón brauchte einen ganzen Tag für den Hin- und Rückweg. Dennoch ging die Reise ohne Unfälle vonstatten, war aber trotzdem eine große Strapaze.

Die Leute von Holt und Skál waren weiter nach Westen geritten, außer þórarinn. Er zog nach Breiðabolsstaður.

Gudrun Alexandersdottir lag den ganzen Sommer über krank in Prestsbakki. Vigfús umsorgte sie zusammen mit Helga und Katrin, den zwei Töchtern Séra Jóns, die noch bei ihrem Vater wohnten. Er tat nicht viel anderes und konnte an nichts anderes denken. Wachend und schlafend war es seine einzige Sorge, dass es ihr so gut wie möglich ginge und dass alles Menschenmögliche getan wurde, damit sie wieder gesund würde.

Jeden Tag lief er weite Wege und versuchte, reines Quellwasser für sie zu finden. Das war zu dieser Zeit kein leichtes Unterfangen, denn alle Bäche waren von bläulichem Gift verseucht und die Erde überall von dem ungesunden Regen durchweicht. Man musste die Quellen finden, die tief aus der Erde kamen, und das Wasser direkt aus seinem Ursprung schöpften, bevor es mit der Luft oder der Erde in Berührung kam. Dennoch fand er selten Wasser, das keinen giftigen Beigeschmack hatte.

Er lief über die Weiden, um Kräuter zu sammeln, von denen Séra Jón meinte, dass sie ihr helfen könnten, reinigte sie, so gut er konnte, und gab sie ihm zur weiteren Behandlung. Er lief von einem Nachbarhof zum anderen, um Milch zu erbitten, denn er wusste, dass Gudrun sie unbedingt brauchte. Und in vielen Nächten ging er an den Flüssen entlang oder auf die Sander, um frisches Fleisch oder Fisch zu ihrer Stärkung zu besorgen. Tag und Nacht diente er nur ihr. Alle seine Gedanken waren darauf gerichtet, etwas zu finden, was ihr gefiele oder nützen würde, ihre Krankheit zu lindern, ihre Wünsche und Bitten anzuhören, um sie – ungesagt – zu erfüllen, wenn es nur irgend möglich war, und ihren Herzschlägen und Gedanken zu lauschen.

Wenn es nötig war, bei ihr zu wachen, wachte er mit denen, welche die Wache hatten, wachte allein, wenn die anderen müde waren, und bat darum, geweckt zu werden, wenn jemand gebraucht wurde. Sein Schlaf war mit Besorgnis erfüllt. Er nahm sie in seine Arme und hielt sie fest, wenn ihr Bett gemacht wurde. Er trug sie, in ihr Bettzeug gehüllt, auf seinen Armen nach draußen, wenn das Wetter gut war und Séra Jón meinte, dass es gut für sie wäre, frische Luft zu atmen, die allerdings nie ganz rein war. Und er stützte und führte sie, wenn sie so munter war, dass sie auf den Füßen stehen konnte und hinausgehen durfte – er trug sie buchstäblich auf Händen.

Gudrun hatte hauptsächlich Schmerzen in der Brust. Sie hustete andauernd, hatte ständige Beklemmungen und Stechen in der Brust und immer erhöhte Temperatur. Aber noch mehr belastete sie. Sie war nervös und ängstlich, litt unter scheußlichen Träumen, und manchmal fantasierte sie. Sie war nur ruhig, wenn Vigfús bei ihr war. Sie vertraute niemandem außer ihm.

Manchmal ging es ihr so gut, dass sie ein paar Stunden aufstehen konnte. Wenn dann Vigfús bei ihr war, war sie glücklich und aufgekratzt und redete viel. Dann ging es ihr wieder schlechter, und manchmal in solchem Maße, dass ihr Leben in Gefahr zu sein schien.

„Mein liebster Vigfús“, sagte sie einmal.

Vigfús saß bei ihr am Hang oberhalb von Prestsbakki. Dort konnte man den kraftlosen Sonnenschein am besten genießen. Vigfús hatte sie Schritt für Schritt dorthin geführt.

„Mein liebster Vigfús. Ich weiß, dass ich sterben muss.“

„Nein, mein Schatz. Ich bin sicher, dass Gott dir deine Gesundheit wiedergibt. Ich bitte ihn Tag und Nacht. Ich weiß, dass er uns in Gesundheit leben lässt, wenn all diese Schrecken überstanden sind.“

„Ich weiß, dass ich sterben muss“, sagte Gudrun noch einmal und legte ihren Kopf an Vigfús’ Brust.

„Ich habe keine Angst davor. Es kommt mir so vor, als ob ich schon oft gestorben sei und dann wieder zum Leben erweckt wurde. Während dieser Krankheit kam es mir oft so vor, als ob sich meine Seele vom Körper getrennt hätte und frei herumschwebte, wohin sie wollte. Aber immer wieder zögerte sie und blieb über dem Bett stehen. Es ist merkwürdig, Vigfús, so in der Luft zu schweben und auf seinen eigenen totenbleichen Körper zu blicken, nichts zu spüren und dann wieder zu Angst und Schmerzen zurückzukehren. Ich bin sicher, dass es schön ist zu sterben. Der Körper schläft ein und fühlt keine Schmerzen mehr, aber die Seele ist von allen Ketten gelöst, vollständig glücklich und von allen Sorgen befreit. Ich habe nur Angst davor, dich über meinem toten Körper weinen zu sehen. Ich bin sicher, dass du weinst. Ich habe so oft bemerkt, dass du geweint hast, wenn es mir schlecht ging. Und meine liebe Mutter und mein Bruder Sveinn – ich bin sicher, dass auch sie weinen werden – bald. Aber dennoch bin ich sicher, dass es schön ist zu sterben.“

„Sprich nicht darüber, meine Liebste, tu es für mich“, sagte Vigfús. „Sonst wird es dir wieder schlechter gehen.“

„Ich will alles für dich tun, worum du mich bittest. Auch das. Ich will dir keine Sorgen machen, solange es zu vermeiden ist. Kennst du das?“

Und Gudrun nahm die Lederbörse von ihrer Brust und zeigte sie ihm.

„Ja, das kenne ich. Bewahr es an deinem Herzen auf.“

„Ich trage es immer zwischen meinen Brüsten. Sie waren einmal groß und fest, wie du weißt – du hast sie gesehen. Du bist der einzige Mann, der sie gesehen hat. Aber jetzt sind sie kaum noch da. Schau, wie mager ich geworden bin.“

„Wickele dich gut ein, mein Herz! Du verträgst die Kälte nicht.“

„Ich will gehorsam sein – ich bin so oft ungehorsam gewesen. Aber du kennst dieses Büchlein nicht gut genug. Ich habe alle Gebete gelesen und einige auswendig gelernt. Sie dringen auf so seltsame Weise in uns ein. Überall scheinen Sätze zwischen den Zeilen zu stehen. Und die handgeschriebenen Gebete sind am besten. Ich bin überzeugt, dass sie von dem seligen Olaf selber stammen. Manche sind in Versen. Man hat das Gefühl, dass man durch diese Gebete die Schlüssel zur Halle Gottes bekäme. Aus diesen Gebeten spricht so viel Sicherheit und Stärke des Herzens, dass sie bestimmt Gottes väterliches Ohr erreichen. Ich bin davon überzeugt, dass dieses Büchlein gut ist. Weißt du, was es getan hat?“

„Nein, meine Liebste.“

Gudrun schlang ihre Arme um seinen Hals.

„Es hat mir dich wiedergebracht. Wenn du es mir nicht gegeben hättest, hätte ich vielleicht nie erfahren, wie heiß du mich liebst, nie erfahren, dass du mir vergeben hast. Es hat mir dich wiedergegeben. Deswegen liebe ich es so, wie ich dich liebe. Es ist das Zeichen unserer Treue. Nie werde ich es jemandem geben außer dir. Die Leute in Skál sagten, dass die Verwünschungen des alten Olaf heiß gewesen wären. Warum sollten seine Gebete nicht ebenso heiß gewesen sein? Du hast mir verboten, meine Brüste zu entblößen. Ich will es nicht tun, außerdem sind sie nicht mehr schön. Weißt du noch, wie du deine Lippen an meine Brust gelegt hast wie ein kleines Kind? Das war auf der Wiese an der Skaftá. Da hielt ich deinen Kopf in meinen Armen und sang

Kinderlieder für dich. Oh, wie war ich glücklich! Du hast gesagt, dass du meinen Herzschlag an deiner Wange fühlst. Ich meinte, mein Herz müsste vor Glück zerspringen. Erinnerst du dich, was ich damals zu dir gesagte habe? Ich weiß, du erinnerst dich. Ich wollte das Brandzeichen deines Vaters von dir küssen. Lass es mich jetzt fortküssen. Auf welcher Seite war es? Rechts? Links? Es spielt keine Rolle. Ich küsse eben auf beide Seiten. Ich wünschte, ich könnte dir den Glanz der Schönheit und des Glücks auf die Stirn küssen, so strahlend, dass es alle Erinnerung an das Unglück deines Vaters auslöschte. Treue und Edelmut stehen dort schon geschrieben. Aber du bist so besorgt. Kann ich nicht deine Sorgen wegküssen? Nein, dazu bin ich zu krank.“

„Niemand kann das außer dir, auch wenn du krank bist.“

„Ich danke dir. Soll ich dir etwas Komisches erzählen? Du darfst mich nicht auslachen. Ich habe dich nicht mit Siggi betrogen. Ich habe mich aus Gehorsam meiner Mutter gegenüber mit ihm verlobt und wusste nicht, was ich tat. Ich betrog dich aber nicht aus Liebe zu ihm, sondern aus Liebe zu einem Pferd. Es ist lächerlich, aber dennoch wahr.

Bis ich dich kennenlernte, liebte ich nichts so wie schöne Pferde. An einen schönen Mann hatte ich in meinem ganzen Leben noch nicht gedacht. Und diese Jugendliebe siegte eine kleine Weile – eine kleine Weile, zwei oder drei Tage. Dann war sie natürlich erloschen. Und wie ich mich seitdem dieser Kinderei geschämt habe!"

„Du wusstest nicht, was ich erlitt, als ich zu Hause bleiben musste, nachdem Bleikur mit mir durchgegangen war. Ich bin überzeugt, dass der Sprung von ihm mich irgendwie gelähmt hat. Um mich herum war alles so merkwürdig. Ich hatte ständigen Druck auf den Ohren. Alles schien an mir vorbeizufliegen wie die Hügel, über die wir gerast waren. Meine Mutter schien immer draußen auf dem Dach zu sein, wenn sie mit mir sprach. Und als Sigurður kam und mich küsste, fühlte ich es erst hinterher. Oh, es ging mir so schlecht. Ich schämte mich so sehr wegen meines Verrats. Ich quälte mich so aus Angst und Reue. Ich konnte nachts nicht schlafen und versuchte, es vor meiner Mutter zu verbergen. Und ich schämte mich auch wegen meines Benehmens Siggi gegenüber, mit dem ich ja nun verlobt war. Ich verabscheute ihn. Ich konnte es nicht ändern. Ich liebte dich und keinen anderen. Und es quälte mich so sehr, daran zu denken, wie es dir ginge. Ich sah es dir an, an dem Sonntag vor Pfingsten. Liebster Vigfús, vergib mir. Ich weiß, du hast es schon getan. Aber ich kann es nicht wieder gutmachen, denn ich weiß, dass ich sterben muss."

„Sprich jetzt nicht wieder darüber."

„Nein, nein – sei nur ruhig. Ich will dich küssen, wenn es dir Freude macht. Ich, will dich küssen, obwohl ich sterbe. Meine Küsse sollen dein Gesicht für alle Zeiten wärmen wie der Sonnenschein. Sie sollen dir die Freude und das Glück der Liebe bringen, so dass alle dich lieben. Sie sollen dein Gesicht erhellen, wenn die Sorgenwolken es überziehen. Mein liebster, liebster Vigfús!"

Vigfús lauschte diesen weichen Worten wie im Traum. Er fühlte, wie ihm die Wärme, die von ihnen ausging, durch alle Adern strömte. Es war, als ob gute Engel um ihn schwärmten und ihn mit unsichtbaren Flügeln einhüllten. Die dunstgeschwängerte, gifttriefende Feuerwelt verschwand, und Vigfús schwebte mit Gudrun in seinen Armen in ein blühendes Land voller Glück und Seligkeit. Aber durch alles drang es wie fernes Glockengeläut: „Ich weiß, dass ich sterben muss" – mit Gudruns weicher Stimme.

Am Abend nach dieser gemeinsamen Stunde ging es Gudrun wieder schlechter.

3. Die Einsiedelei in Holt

Von Holt hörte man um diese Zeit merkwürdige Geschichten. Guðfinna wohnte dort allein, und man erzählte, dass sie entweder verrückt sei oder so tue als ob. Es nahm sich allerdings niemand sehr zu Herzen, wie es Guðfinna ging. Was aber schlimmer war, war der Verdacht, dass Guðfinna in Wirklichkeit nicht allein in Holt wohnte, wenn sie auch tagsüber meistens allein war, sondern dass die Hütte, die jetzt in Holt stand, ein Treffpunkt für Diebe sei.

Die Leute wollten bemerkt haben, dass Sachen aus den Höfen verschwanden, aus denen die Leute geflohen waren oder gerade auszogen. In der Eile konnten sie nicht alles mitnehmen und mussten einiges in den Häusern, in den Ställen oder im Freien ungeordnet zuticklassen. Das taten sie natürlich in gutem Vertrauen auf die Ehrlichkeit ihrer Nachbarn. Aber jetzt nahmen die Diebstähle immer mehr zu.

Viele, die vorher in Diensten gewesen waren, waren jetzt arbeitslos, und diejenigen, die irgendwo angestellt waren, hatten so gut wie nichts zu tun und konnten über sich selbst verfügen, denn die übliche Sommerarbeit konnte wegen der Asche auf der Erde und des schlechten Wetters nicht erledigt werden.

Holt war ein idealer Ort für solches Gesindel geworden. Es lag nun von den bewohnten Gebieten so weit weg wie früher die Heidehöfe. Niemand ging mehr dorthin. Von Klaustur und den Nachbarhöfen war es jedoch nur ein Stück Weges entfernt. Die Leute wussten, dass einige Männer von Mörk und anderen Höfen, als die Nächte dunkler wurden, am Abend verschwanden und erst mitten in der Nacht wieder heimkamen. Einer dieser Männer war Vigfús Valdason, der Knecht in Mörk, der dort mit seiner Tochter wohnte. Er war ein wilder und bösartiger Kerl, der alles zwischen Himmel und Erde verfluchte und niemandes Freund war. Er blieb kaum eine Nacht zu Hause.

Zuerst achtete kaum jemand darauf. Aber mit der Zeit fingen die Leute an, darüber zu reden, dass einige Männer nächtliche Treffen bei Guðfinna in Holt abhielten und dass Vigfús Valdason ihr Anführer sei. Das war aber nichts als ein Gerücht. Bis jetzt hatten die Leute anderes zu tun gehabt, als diesem Verdacht nachzugehen.

Eines Tages machten sich þórarinn Isleiksson und Vigfús Jónsson zu einer Erkundungsfahrt nach Holt auf.

Seit Þórarinn nach Breiðabólstaður gezogen war, traf Vigfús ihn fast täglich, und sie kamen gut miteinander aus. Sie hatten sich deshalb zu dieser Fahrt verabredet.

Þórarinn hatte zwar alle seine Habe schon von Holt geholt, aber ein paar Sachen seiner Schwägerin Valgerður waren dort noch zurückgeblieben. Er benutzte es als Vorwand für die Fahrt, nach ihnen zu schauen. Und Vigfús hatte noch einiges seiner Kleidung bei seiner Stiefmutter aufbewahrt.

Sie gingen beide zu Fuß. Þórarinn trug sein Gewehr auf der Schulter und hatte seinen Hund bei sich.

Als sie sich der schon erwähnten Hütte in Holt näherten, die jetzt allein oben am Hang stand, bemerkten sie, dass sich die Landschaft, seit sie das letzte Mal hier waren, verändert hatte.

Das ganze Holtstal war mit Wasser aus der Holtsá und aus der Skafá angefüllt. Vom Rand des Stausees aus strömten die Flüsse nach Osten. Sie überfluteten die Lava und rissen von den angrenzenden Hängen große Stücke mit sich fort, so dass hier bald ein tiefes Bett entstehen würde.

Die Lava war nun stark abgekühlt, und an der Skaftá war ihre Oberfläche schon schwarz, in sich zusammengefallen und rauchte nur noch wenig. Weiter draußen auf dem Lavameer allerdings dampfte es nur etwas schwächer als vorher, und von dort hörte man ständiges Krachen und Bersten, das von zusammenbrechender Lava herrührte. Im Südwesten des Skálarfjalls stieg ein gewaltiger Dampfpilz aus der Lava. Es war hauptsächlich mit schwarzer und blauer Asche vermischter Wasserdampf. Dieser riesige Pilz hatte einen Umfang von vielen Klaftern. Seine Farben waren ineinander verwoben wie Stränge eines Seils, und ganz oben breitete er seine Arme aus wie ein riesiger Lindenbaum, so hoch hinauf, dass er über alle Berge hinweg bis westlich nach Skálholt gesehen wurde. Überall brachen Dampfsäulen aus der Lava, aber sie alle waren Zwerge im Vergleich zu diesem.

Oben am Hang, nicht weit von der Hütte, stand, mit dem Hinterteil zum Wind, ein Pferd, oder richtiger gesagt, das aufrecht stehende Gerippe eines Falben, abgemagert und erschreckenden Aussehens. Das war Bleikur, der einmal dem ehemaligen Brautpaar von Holt und Skál gehört hatte. Er war von dem Ort, an dem Rannveig jetzt wohnte, ausgerissen und nach Hause auf seine Heimatweiden gelaufen. Er wusste, dass nur hier Holt sein konnte, wenn er es auch nirgends sah. Lange hatte er nun schon hier gestanden und an die grünen, duftenden Weiden seiner Jugendzeit gedacht. Nun musste er hier oben stehenbleiben bis an das Ende seiner Tage, denn er konnte sich nicht mehr bewegen.

Es war ein erschreckender Anblick, dieses einst so schnelle und schöne Tier in seinem jetzigen Zustand zu sehen. Die Haut wurde bei jedem Atemzug durch die Rippen gesogen. Der Rücken war spitz und knotig wie eine Baumsäge, und unter der Kopfhaut konnte man alle Schädelknochen zählen. Seine Zähne waren dermaßen verwachsen, dass er das Maul nicht mehr schließen konnte und seine Lippen kraftlos herunterhingen. An allen Gelenken hatten sich dicke Knochenwülste gebildet, so dass das Pferd die Beine nicht mehr bewegen konnte. Die Hufe hatten sich vom Fleisch gelöst, und es sah aus, als ob das Tier in hufförmigen Schuhen stünde, die ihm viel zu groß waren. Von den Geschwüren am Maul und an den Beinen breitete sich ein übler Geruch aus. So war der arme Bleikur dazu verdammt, dort zu stehen und vor Hunger zu sterben.

Er war sehr scheu gewesen. Aber als sie jetzt zu ihm traten, sah er sie nur mit stumpfen Augen an.

„Du armer Bleikur", sagte Þórarinn. „Ich glaube, es ist ein Gnadenakt, dir die Kugel zu geben, die ich in meinem Gewehr habe."

Vigfús war ganz seiner Meinung und bat ihn, so schnell wie möglich den Qualen des armen Tieres ein Ende zu machen.

Bleikur bewegte sich nicht. Þórarinn hielt die Gewehrmündung an seine Stirn und schoss direkt in den Kopf. Bleikur fiel tot um, und bei dem Fall brachen beide Vorderbeine an den Knochengeschwüren ab.

So endete das Leben des besten Pferdes von Síða.

Vigfús und Þórarinn gingen in die Hütte zu Guðfinna.

Ein Sack hing vor der Tür, um sie gegen Wind abzudichten. Die Wände waren kahl und in solcher Eile aus Torf und Steinen aufgeschichtet worden, dass sie jetzt wieder in sich zusammensackten. Sie wurden durch Bretter gehalten, aber nur der Dachfirst war durch Pfosten gestützt. Ganz hinten in der Hütte stand ein Bett. Darauf saß Guðfinna mit ausgestreckten Beinen und strickte. Ihre Schuhe standen auf dem Fußboden vor der Bettkante. An beiden Wänden waren Sachen aufgestapelt, die verschiedenen Leuten gehörten, und die sie nicht hatten mitnehmen können. Auf dem Bett zu Guðfinnas Füßen lag eine graue Katze, groß und grimmig, die früher zum Haushalt Olafs von Holt gehört hatte. Als die Männer in die Hütte traten, sprang die Katze sogleich auf und fauchte. Ihre Haare sträubten sich, und sie sah bösartig aus. Die beiden Kameraden zögerten bei ihrem Anblick. Es gibt nur wenig Schlimmeres als eine bösartige Katze. Und der Hund, der Þórarinn gefolgt war, lief jaulend und mit eingezogenem Schwanz aus der Tür. Er fand offenbar, dass die Katze vor allem ihn angeschaut hatte. Sie sprang vom Bett und kroch darunter. Von dort glühten ihre Augen wie heiße Kohlen, und sie fauchte und zischte.

„Warum seid Ihr hier so allein?" fragte Þórarinn grob.

„Hier wohne ich bis zu meinem nächsten Reisetag", sagte Guðfinna und ließ sich nicht aus der Ruhe bringen. „Hier bin ich seit langem zu

Hause, und ich bleibe diesem Hof treu, auch wenn die anderen geflohen sind. Außerdem weiß ich nicht, wohin ich gehen sollte."

Þórarinn schwieg und blickte sie scharf an.

„Habt Ihr etwas dagegen, dass ich hier bin?" fragte Guðfinna.

„Es ist mir gleich, wo zum Teufel Ihr seid. Aber was sind das für nächtliche Zusammenkünfte hier?"

„Hierher kommt niemand nachts – nur die Engel Gottes, die er zu mir schickt, damit sie meine Gebete hören", sagte Guðfinna mit herausfordernder Demut.

„So ist das!" sagte Þórarinn und lachte. „Aber wem gehören diese Sachen, die hier aufgestapelt sind?"

„Einiges gehört mir. Einiges gehört Olaf. der hier gewohnt hat, und Rannveig. Manches ist gefunden und wird hier aufbewahrt, bis der Besitzer kommt und danach fragt."

„Wer hat es gefunden?" fragte Þórarinn und sah Guðfinna durchdringend an.

„Ich habe es auf meinen Wanderungen gefunden. Es ist ja im Moment nicht schwer, alles mögliche zu finden, da die Sachen wie Treibholz überall herumliegen."

„So seid Ihr denn gut zu Fuß", sagte Þórarinn spöttisch.

„Oh ja, so ist es Gott – aber nicht Euch – zu danken. Wenn Holt verflucht wurde, wovon ich aber nichts weiß, dann hat dieser Fluch jedenfalls weder mir noch meinem Eigentum geschadet. Ich bin soweit gesund und habe nichts von meinen Sachen verloren."

Þórarinn erkannte die Anspielung in diesen Worten, antwortete aber nichts, sondern untersuchte die Stapel. Er entdeckte dort einige Sachen, die den Leuten aus Holt gehörten, und sah, dass wohl wenig anderes dort zu finden wäre.

„Sind die Sachen, die meine Schwägerin hiergelassen hat, immer noch an ihrem Platz?" fragte er.

„Sie waren noch da, als ich sie das letztemal gesehen habe, und das war gestern", sagte Guðfinna. „Da war alles noch genauso, wie ihr es zurückgelassen habt."

Þórarinn sah Guðfinna eine Weile schweigend an. Dann sagte er grob: „Wir werden diese Hütte bald abreißen. Wir wollen kein Diebesversteck hier auf der Heide haben."

Guðfinna zählte die Maschen auf ihrer Nadel: „Eins – zwei – drei – vier – fünf – reißt sie ab, wenn Ihr wollt. Aber sie gehört Olaf, und er hat mir erlaubt, hierzubleiben, solange sie steht. Ich gehe nicht von hier weg, dann müsst Ihr mich schon hinaustragen."

„Was ist nur mit dem Katzenvieh los?" fragte Þórarinn und trat nach der Katze. „Hör auf damit!"

Die Katze wurde noch aufgeregter.

„Ich werde dich erschießen, du verdammtes Scheusal", sagte Þórarinn und hielt den Gewehrlauf unter das Bett.

Plötzlich fiel ihm jedoch ein, dass kein Schuss darin war. Der selige Bleikur hatte ihn bekommen. Stattdessen wollte er nun mit dem Lauf nach der Katze schlagen. Sie sprang am Gewehrlauf hoch und zerkratzte Þórarinn die Hand, dann schnellte sie sich wieder zu Guðfinna auf das Bett und machte sich für den nächsten Angriff bereit.

„Wüsste ich nicht – wüsste ich nicht – ", sagte Guðfinna und streichelte die Katze. „Wüsste ich nicht, wer du bist, mein Kätzchen..."

Þórarinn hörte auf, die Katze zu verfolgen und verließ die Badestube, um sich die Sachen anzusehen, nach denen er gefragt hatte.

Als Þórarinn und auch der Hund hinausgegangen waren, beruhigte sich die Katze. Sie rollte sich zu Guðfinnas Füßen zusammen und fing an zu schnurren. Guðfinna streichelte und liebkoste sie.

Vigfús hatte bewegungslos dagestanden und seine Stiefmutter betrachtet. Sie sah nicht viel schlechter aus als das letzte Mal. Sie war genauso kräftig wie vorher und hatte dieselbe Hautfarbe. Aber die Augen waren dunkler und ihre Gesichtszüge müde und abgespannt, wie von verzehrender Leidenschaft gezeichnet. Nach ihrem Aussehen zu urteilen, glaubte Vigfús, dass sie die Nächte mit irgendwelchen Vergnügungen verbrachte und tagsüber schlief.

„Weißt du, wer diese Katze ist?" fragte Guðfinna leise und einschmeichelnd.

Vigfús kannte die Katze nicht.

„Das ist der selige Olaf Isleiksson", sagte Guðfinna.

Vigfús lachte laut auf.

„Das ist der selige Olaf Isleiksson", sagte Guðfinna noch einmal. „Hast du nicht gesehen, wie er erschrak, als sein Bruder Þórarinn hereinkam?"

„Glaubst du an diesen verdammten Unsinn?"

„Er ist tagsüber eine Katze – aber nachts ist er etwas anderes. Jetzt kann ich ihn zu allem, was ich will, benutzen. Er sieht in der Dunkelheit, das tun alle Katzen. Aber er kann noch mehr. Er sagt uns, wo etwas Wertvolles zu finden ist. Sieh nur, wie lieb er jetzt ist. Er kennt dich. Er mag dich."

„Wo sind die Strümpfe und Handschuhe, die ich noch bei dir habe? Und besaß ich nicht auch noch zwei wollene Hosen und ein Hemd?

Kannst du mir nicht antworten? Außerdem brauche ich noch zwei Paar gute Schuhe. Hörst du, was ich sage?"

„Du hättest gestern Nacht hier sein sollen! Nein, du bist feige, ein verdammter Feigling, der an Séra Jón Steingrimsson hängt und diesem Weibsstück von Skál. Dir kann man nichts anvertrauen. Aber hier geht es nachts manchmal hoch her. Junge Burschen kommen hierher und verheiratete Männer. Ist es vielleicht nicht lustig, sie nach eigenem Gutdünken zu behandeln, sich von allem, was sie heranschaffen, einen Anteil bezahlen zu lassen – was? Denk dir nur, viele Männer in seinen Diensten zu haben, sie mit Blicken zu lenken! In diesem Sommer fühle ich mich um zehn Jahre verjüngt. Oh, ich wollte, ich wäre schon jung genug! Sieh her, das habe ich neulich geschenkt bekommen."

Guðfinna zog einen mit Silberplättchen besetzten Gürtel unter ihrem Kissen hervor und breitete ihn über ihrem Schoß aus.

„Den hast du gestohlen – oder jemand für dich", sagte Vigfús.

„Das Geldfass kann zum Teufel gehen. Ich werde alles, was in ihm war, wiedergewinnen. Nein, das ist wahr, du wusstest nichts von ihm. Ich werde es wiedergewinnen, und mein Kätzchen hilft mir dabei. Du kannst zum Teufel gehen, Fúsi. Jetzt habe ich genügend Hilfskräfte, und sie kommen immer mit Branntwein und Räucherfleisch. Das ist ein Fest, Fúsi! Hier habe ich eine Flasche. Willst du probieren? Wenn der Jüngste Tag sowieso kommt – warum sollte man dann nicht die letzten Stunden genießen?"

„Bekomme ich nun die Sachen, um die ich gebeten habe?" fragte Vigfús ärgerlich. Ich habe keine Lust, hier zu stehen und mir deinen Unsinn anzuhören."

„Hör mal – ist es schön, Gudrun aus Skál zu umarmen – krank und – und –!"

Vigfús schlug Guðfinna mit aller Kraft ins Gesicht. so dass ihr das Blut aus der Nase spritzte.

„Halt das Maul, du widerliches Geschöpf!" sagte er. „Eine Diebin und Hure bist du dein Leben lang gewesen, geldgierig und selbstsüchtig, eine Gemeinheit schlimmer als die andere hast du auf dem Gewissen. Füll nur das Maß deiner Verbrechen, lieg hier als Zuflucht der Diebe und Hurensöhne, bis Gott dich vor seinen Richterstuhl ruft. Aber Gudruns Name ist zu heilig, als dass er von dir geschmäht werden darf."

„Ich verdamme und verfluche – ", schrie Guðfinna zügellos vor Wut, konnte aber im Augenblick nicht mehr sagen, denn ihr Mund füllte sich mit Blut aus ihrer Nase.

Vigfús wartete keine weiteren Verwünschungen ab. Er ging hinaus.

Dort traf er Þórarinn, und sie kehrten nach Hause zurück.

4. Der letzte Ausweg

Vigfús und Þórarinn trennten sich auf der Wiese bei Prestsbakki. Þórarinn ging nach Breidbolstaður und Vigfús nach Prestsbakki.

Sie hatten auf dem Weg über die Heide nur wenig gesprochen, waren beide schlechter Laune – Þórarinn wegen Guðfinnas spöttischer Bemerkungen über den Fluch von Skál und Vigfús wegen ihres Gespräches danach. Er hatte den ganzen Weg nach Westen darüber nachgedacht, was für ein teuflisches Weib seine Stiefmutter war. Er nahm es sich zu Herzen, denn sie war seine Stiefmutter. Er hatte das Gefühl, dass ein Teil ihrer Bosheit und Verderbtheit an ihm selber haftete. Diese Teufelin hatte ihn aufgezogen. Sie hatte ihn, als er ein Kind war, an ihrer Brust in den Schlaf gewiegt und bis jetzt für ihn gekocht. Er konnte die Leute verstehen, die meinten, dass etwas von ihrer Schlechtigkeit auf ihn abgefärbt hätte.

Allerdings war er davon überzeugt, dass sie mehr aus ihren Verbrechen machte, als wahr war, sich selbst belog. Er hatte nun herausgefunden, dass sie ihn belogen hatte, als sie behauptete, seine Mutter getötet zu haben. Und natürlich hatte sie auch dieses Mal wieder einiges von dem erfunden, was sie gesagt und angedeutet hatte. Sie fand ein teuflisches Vergnügen daran, in Gedanken Verbrechen zu begehen und sich dann einzubilden, sie hätte sie tatsächlich vollbrach. Aber was auch immer wahr sein sollte an ihrem Umgang mit verheirateten und unverheirateten Männern in der Hütte von Holt, es war sicherlich nicht ihr Verdienst, wenn es damit besser stand, als sie glauben machen wollte. Diese Gedanken machten Vigfús ganz krank. Sie belasteten ihn so stark, dass er sie kaum zu ertragen vermochte. Aber als er auf den Hof in Prestsbakki kam, lenkte etwas anderes seine Aufmerksamkeit von diesen Überlegungen ab.

Aus der Stube, in der Gudrun lag, ertönte eine sonderbare sanfte Melodie. Als er näherkam, hörte er, dass dort zwei Frauen mit weichen Stimmen sangen und von wunderschönen, sanften Klängen einer Geige begleitet wurden. Er hörte diese zwei Strophen:

Von Dir bestimmt ist meine Stund,
in Deinen Händen liegt mein Leben.
Den Todestag tust Du mir kund,
Von Dir, Gott, mir gegeben.

Ich fühl' in meinem Herzen,
bald hab ich es geschafft.
Mein Fleisch ist müd' der Schmerzen
gewandelt ist die Kraft.

Vigfús öffnete leise die Tür und ging in die Stube. Dort saß Séra Jón Steingrimsson mit seiner Geige, und seine Töchter sangen. Als Vigfús den Raum betrat, machte Séra Jón ihm ein Zeichen, dass er leise sein sollte. Vigfús blieb deshalb stehen. Der Gesang wurde leiser und leiser und klang zuletzt aus. Séra Jón stand behutsam auf und ging zu Vigfús an die Tür, winkte ihm zu und verließ mit ihm die Stube.

„Sie ist eingeschlafen. Wir wollen sie nicht wecken", sagte er und schloss die Tür.

„Wie geht es ihr? fragte Vigfús unruhig. Er sah, dass etwas geschehen war.

„Ich will Euch die Wahrheit sagen", sagte Séra Jón. „Ich weiß, dass Ihr tapfer seid. Ich habe keine Hoffnung, dass sie in diesem Leben wieder gesund wird."

„Was ist geschehen?"

„Sie hat, kurz nachdem Ihr weggegangen seid, fürchterlich Blut gehustet. Das war aber bald vorbei, und sie war bei vollem Bewusstsein und ganz ruhig. Dann bat sie uns, die Sterbepsalmen von Hallgrimur Petursson für sie zu singen, und dabei ist sie eingeschlafen."

Vigfús ging schweigend ein Stück aus dem Hof hinaus. Dort warf er sich nieder und fing an zu weinen. Er weinte so heftig, als müsste er zerspringen. Weinend fing er an, zu Gott zu beten. Er rief laut nach Jesus, Gottes Sohn, und bat ihn, ihm zu helfen, bat ihn, ihm Gudrun gesund zurückzugeben, bat ihn, ihm einen Weg zu zeigen, um Gudrun zu retten. Sein Gebet war stark und heiß. Er betete auf den Knien und hielt seine Hände flehend zum Himmel erhoben.

Bevor er es merkte, stand Séra Jón Steingrimsson wieder neben ihm.

„Betet mit mir, betet um Gottes Willen mit mir", schluchzte Vigfús. „Eure Gebete können so viel erreichen."

„Ich bete nur, dass Gottes Wille geschehe", sagte Séra Jón. „Alle anderen Gebete sind sündig."

Vigfús verstummte. Gerade das hatte er in seinem Gebet vergessen.

„Aber mir ist etwas eingefallen", sagte Séra Jón. „Es gibt einen Mann in diesem Land, der vielleicht helfen kann. Aber er ist nicht leicht zu erreichen."

„Wer ist das?" fragte Vigfús und sprang auf.

„Das ist der Landesarzt."

„Der Landesarzt!" Vigfús hatte noch nie von ihm gehört. „Wo ist er?"

„Auf Nes am Seltjörn, nicht weit von Hólmskaupstaður und Reykjavík."

„Ich gehe zu ihm und bitte ihn um Rat."

„Es ist ein weiter Weg."

„Und wenn er noch doppelt so weit wäre. Wenn Ihr meint, dass er ihr Rettung bringen könnte..."

„Es ist die einzige menschliche Hilfe, von der ich noch weiß."

Sie sprachen noch eine Weile darüber, und Vigfús hielt an seinem Vorhaben fest. „Ich brauche Schuhe und Socken für die Reise", sagte er dumpf.

„Ich werde Euch mit Schuhen, Verpflegung und Geld versorgen, um Euch die Reise so leicht wie möglich zu machen", sagte Séra Jón. „Aber eins müsst Ihr dabei für mich tun."

„Was ist das?"

„Ihr müsst bei Gudruns Mutter vorbeigehen und ihr einen Brief von mir überbringen."

Vigfús war das unangenehm, aber er versprach es.

Es wurde nun beschlossen, dass Vigfús sich sofort schlafen legen sollte. Während er schlief, wollte Séra Jón ihn ausrüsten lassen. Er selbst wollte einen Krankenbericht und Briefe schreiben. Vigfús sollte sich dann im Morgengrauen auf den Weg machen.

Vigfús wachte in der Morgendämmerung auf und war bereit, loszugehen. Bevor er sich auf den Weg machte, ging er zur Stubentür. Die beiden Töchter Séra Jóns, Katrin und Helga, wachten über Gudrun.

„Ist sie wach?" fragte Vigfús.

„Ja, sie ist wach und will mit dir reden", sagte Katrin. „Sie weiß, dass du gehen willst. Aber sie darf nur ganz wenig sprechen."

Vigfús ging an das Bett. Gudrun streckte ihre Arme nach ihm aus.

„Du bist so gut", sagte sie so leise, dass es kaum zu hören war.

Vigfús kniete am Bett nieder.

„Nimm das", flüsterte Gudrun und nahm die Lederbörse von ihrer Brust.

„Nein, meine Liebste, trag sie bei dir wie zuvor!"

„Nein, nimm du sie! Tu es für mich! Ich werde ruhiger sein, wenn ich weiß, dass du sie bei dir hast."

Da nahm Vigfús die Börse. Aber er konnte vor Tränen nichts sagen.

„Gott der Allmächtige beschütze dich!" sagte Gudrun. „Und grüße meine liebe Mutter und meine Brüder, vor allem Sveinn. Er hat immer zu uns gehalten."

Sie wollte noch mehr sagen, aber etwas setzte sich in ihrer Kehle fest und nahm ihr die Sprache. Sie bekam einen leichten Hustenanfall und hustete geronnenes Blut hoch.

„Gott beschütze dich!" sagte sie noch einmal und küsste ihn viele Male.

Dann schlug er ein Kreuz über sie und betete für sie. Er konnte nichts sagen, Tränen liefen ihm über das Gesicht. Dann riss er sich von ihr los, verabschiedete sich von den Schwestern und dem Pastor und machte sich auf den Weg.

5. Reise nach dem Süden

Es war inzwischen Ende September geworden, und das Wetter wurde herbstlich. Es war sehr kalt und nass, und der Winter schien früh über das Land kommen zu wollen. Vigfús machte sich lange vor Sonnenaufgang auf den Weg. Das erste schwere Hindernis auf seinem Weg war die Skaftá, durch die er vor Kirkjubæjarklaustur waten musste. Sie führte nicht viel Wasser und war von der Lava lauwarm. Aber es war unangenehm, die Reise in nassen Kleidern zu beginnen. Von dort lief er nach Westen an der Lavakante entlang und watete durch viele heiße Bäche, die überall unter ihr hervordrangen. Am Morgen kam er nach Leiðvöllur und lieb sich über den Kúðafljót setzen. In der Abenddämmerung gelangte er nach Sólheimar im Mýrdalur.

Das war kein prächtiger Hof mit schönen Häusern wie einst in Skál. Dennoch stand dort eine alte, große Hütte mit 16 Querbalken. Dort hinein waren Valgerður und ihre Söhne gezogen, bis die Badestube frei würde.

Sveinn war zu Hause und hieß Vigfús herzlich willkommen. Valgerður nahm seinen Gruß kaum zur Kenntnis. Eyjólfur war nicht zu Hause.

Vigfús übergab Valgerður die für sie bestimmten Briefe und wollte in der Nacht weitergehen. Aber Sveinn wollte davon nichts wissen. Er meinte, dass die Jökulsá á Sólheimasandi nicht passierbar sei, wollte ihn aber über den Gletscher begleiten, wenn es hell würde. Vigfús musste es sich also gefallen lassen, die Nacht in Sólheimar zu verbringen. Er bemerkte, dass Valgerður freundlicher wurde, nachdem sie den Brief Séra Jóns gelesen hatte. Zwar sprach sie an diesem Abend kein Wort mit ihm. Aber er bekam ein gutes Essen, und danach durfte er in Sveinns Bett schlafen gegenüber dem Bett der Hausfrau.

Während er schlief, ließ Valgerður ihre Mägde Schuhe für ihn anfertigen, Essen zusammenpacken und ihn auch sonst besser für die Reise ausrüsten. Es wurde alles in seinen Sack gepackt, ohne ein Wort darüber zu verlieren. In der Morgendämmerung begleitete Sveinn ihn über die Gletscherzunge, aus der die Jökulsá entsprang, gab ihm einen starken Wanderstock für die weitere Reise, und Vigfús musste ihm versprechen, auf dem Rückweg vorbeizukommen und Briefe mitzunehmen.

In allem war er wie ein Bruder zu ihm.

Dann lief Vigfús weiter, Tag und Nacht; und spät am Abend des dritten Tages nach seinem Aufbruch kam er nach Nes am Seltjörn.

Zum erstenmal in seinem Leben sah er ein Steinhaus. Er verlor fast den Mut, näher an diese Steinwände zu gehen, die so gespenstisch im Dunklen leuchteten. Überall meinte er bewaffnete Männer an der Wand stehen zu sehen. Er trat aber doch näher. Die bewaffneten Männer wurden zu Fenstern und Türen. Aber der ganze Steinklotz war fest verschlossen. Nirgends war ein Lichtschein in den Fenstern zu sehen. Er ging um das Haus herum, um die geeignetste Stelle zu finden, sich bemerkbar zu machen. Schließlich schlug er mit dem Stock dreimal an die Küchentür. Es dröhnte furchterregend in dem Haus, so dass Vigfús Angst hatte, etwas Schreckliches getan zu haben. Kurz darauf hörte er jemanden von drinnen kommen. Die Tür wurde geöffnet, ein Mann im Nachtgewand wurde sichtbar. Er fragte, wer er sei. Vigfús nannte seinen Namen und seinen Auftrag.

Der Mann sagte, dass der Arzt zu Hause, aber schon zu Bett gegangen sei und dass die Angelegenheit bis zum nächsten Morgen warten müsse. Vigfús war damit zufrieden. denn er fühlte, dass er selber Ruhe brauchte. Kurz danach kam ein Mädchen mit einer Kerze in der Hand. In ihrem Licht konnte Vigfús den Mann genauer betrachten, mit dem er gesprochen halte. Es war ein junger Mann, ein wenig über zwanzig, hübsch und gut gewachsen.

Der Mann und das Mädchen sahen sich fragend an, als ob sie nach einem Rat suchten.

„Kann ich die Nacht über hierbleiben?“ fragte Vigfús.

„Natürlich“, sagte das Mädchen. „Hier wird niemand abgewiesen. Darf er bei Euch schlafen, Sveinn?“

„Aber gern!“ sagte Sveinn.

„Seid Ihr nicht hungrig, lieber Mann?“ fragte das Mädchen.

„Nein, ich habe genug zu essen“, sagte Vigfús. „Aber ich bin durstig und müde.“ Nachdem er zu trinken bekommen hatte, folgte er Sveinn und dem Mädchen ins Obergeschoss in eine Dachkammer, in der Sveinns Bett und sein Bücherschrank standen. Das Mädchen begleitete sie dort hinein, zog Vigfús die Socken aus, ließ ihnen das Licht zurück und wünschte ihnen eine gute Nacht.

Sveinn fing nun an, Vigfús nach genauen Nachrichten aus dem Osten zu fragen, aber Vigfús schlief bei seinen Fragen ein. Als er aufwachte, wurde es draußen schon hell, und sein Bettnachbar war aufgestanden, dasselbe Mädchen, das er gestern Abend gesehen hatte, brachte ihm Wasser zum Waschen und etwas zu essen. Als er gegessen hatte, wurde ihm gesagt, dass der Landesarzt jetzt mit ihm sprechen wolle. Er wurde aus dem Obergeschoss in die Stube des Arztes geführt.

Der Landesarzt war Jón Sveinsson, der Sohn Sveinn Sölvasons, des Gesetzesmannes von Munkaþverá im Eyjafjörður. Er hatte dieses Amt vor einigen Jahren nach dem Tod des ersten Landesarztes, Bjarni Pálsson,[29] bekommen.

Jón Sveinsson war ein ehrfurchtgebietender, aber gutmütiger Mann, hellhäutig und blauäugig. Er trug eine Perücke, bunte Kleidung nach der Mode des Jahrhunderts, einen blauen Rock mit silbernen Knöpfen und hellgrüne enganliegende Kniehosen. Er saß in einem mit Leder ausgekleideten Sessel.

An einem Tisch in seiner Nähe saß Sveinn, Vigfús' Bettnachbar, über einem Buch. Vigfús brachte schüchtern und stammelnd sein Anliegen vor, reichte dem Landesarzt dann die Krankheitsbeschreibung Séra Jón Steingrimssons und wartete schweigend. während der Arzt sie las.

Er las sie gründlich, schüttelte dann den Kopf, sagte aber nichts. Nach einiger Überlegung reichte er Sveinn die Beschreibung und fragte ihn: „Was für eine Krankheit ist das?"

Sveinn las den Brief und sagte dann einige Worte, die Vigfús nicht verstand.

„Richtig!" sagte der Landesarzt. „Es ist angenehm, gut vorbereitet zu beginnen, man muss noch genug lernen. Séra Jón Steingrimsson kann eine Krankheit so beschreiben, dass man sie erkennt. Holt mir den Apotheker."

Während Sveinn das tat, schrieb der Arzt etwas auf einen Zettel. Sveinn kam mit dem Apotheker zurück. Das war zu jener Zeit Björn Jónsson, der Sohn Jón Bjarnasons auf Eyrarland, Sohn von Bjarni Petursson von Burstafell und Bruder von Vigfús Jónsson, dem Bezirksvorsteher im Þingeyjarbezirk.

Der Apotheker war bleich und blickte mit dunklen. seltsamen Augen über die Stube, vor allem auf den Gast. Vigfús lief bei diesem Blick ein Schauer den Rücken hinunter.

„Habt Ihr das?" fragte der Landesarzt und reichte ihm den Zettel.

„Ja", sagte der Apotheker, nahm den Zettel und ging hinaus.

Sveinn und der Landesarzt sahen sich an.

„Gott helfe mir! Er ist also in dem Zustand", sagte der Arzt. „Er hat nicht schlafen können. Ich muss ihm nachgehen, ich werde schon eine Ausrede finden."[30]

Der Landesarzt stand auf und ging hinter dem Apotheker her. Nach einer Weile kam er mit einem Medikamentenglas zurück.

„Jetzt will ich Euch nicht länger aufhalten", sagte er, als er Vigfús das Glas reichte und den Gegenwert entgegennahm.

„Grüßt Séra Jón Steingrimsson von mir, mit Dank für die ausgezeichnete Krankheitsbeschreibung. Ich habe alles getan, was ich tun konnte. Aber ich fürchte – leider –. Dennoch soll man die Hoffnung nicht aufgeben. Seid gegrüßt, und Gott schütze Euch!"

Vigfús verabschiedete sich in Eile vom Landesarzt und ging hinaus. Er fühlte, dass er seine Gefühle nicht länger verbergen konnte.

„Darf ich den Mann ein kleines Stück begleiten?" fragte Sveinn und stand auf.

„Ja, selbstverständlich", sagte der Landesarzt. „Ihr könnt für mich nach den Patienten in Reykjavik sehen, bei denen wir gestern waren."

Sveinn versprach es. Kurz darauf ging er mit Vigfús los.

Das erste Stück Weges war Vigfús schweigsam und konnte die Tränen nur schwer zurückhalten. Er hatte Gudruns Todesurteil im Gesicht des Arztes gelesen. Er war von Sveinns Begleitung nicht begeistert. Am liebsten wäre er sofort mit dem Medikament losgelaufen, bis er vor Müdigkeit umfiele.

Sveinn wollte ihn in seinem Kummer nicht stören, und anfangs redeten sie nicht viel. Vigfús war für dieses Zartgefühl dankbar, und je länger er diesen jungen, tüchtigen und klugen Mann betrachtete, desto besser gefiel er ihm. Sein Gesicht war so freundlich, die Augen waren dunkelblau und klar, das Haar hell und hinter den Ohren gewellt, die Stirn hoch und rein, und nirgends war ein Zeichen von Hochmut oder Überheblichkeit.

„Ich möchte Euch so gerne nach dem Feuer im Osten fragen", sagte Sveinn. „Ihr seid der erste Mann von dort, der mir begegnet ist. Aber ich darf Eure Reise nicht aufhalten. Wir können schnell gehen."

Jetzt folgten Fragen und Antworten ohne Unterbrechung. Sveinn fragte, und Vigfús beantwortete alles bereitwillig. Er wunderte sich darüber, wie gut der junge Mann sich im Osten auszukennen schien und welche klaren Vorstellungen er von allem hatte. Es war ein Vergnügen, ihm etwas zu erzählen, denn er war von schnellem Verstand. Seine Augen leuchteten vor Interesse. Er schien die ganze Feuerlandschaft vor Augen zu haben – die ausbrechenden Krater und fließenden Lavaströme, die Rauchtürme und

Dampfpilze, das Leuchten am Himmel und auf der Erde – all das Seltsame, Schreckliche, Schöne, das die Feuer begleitete – als sähe er mit eigenen Augen das Elend und die Not, die sie mitbrachten, und als fühlte er mit jedem einzelnen Menschen.

Sie gingen durch Reykjavik, das damals noch ein Kind in der Wiege war, ohne auf den Ort zu achten. Vigfús hatte das Gefühl, noch keine Stunde gelaufen zu sein, als sie schon auf dem Hügel bei Bústaðir ankamen. Hier blieb Sveinn stehen, um umzukehren.

Da fühlten sie sich beide verbunden wie Brüder.

„Ich hörte, dass Ihr Sveinn genannt wurdet", sagte Vigfús. „Aber ich habe Euch noch nicht nach eurem ganzen Namen gefragt."

„Ich heiße Sveinn Pálsson",[31] sagte der Mann. „Mein Vater ist Bauer auf Steinsstaðir

im Skagafjörður. Ich habe gerade angefangen, Medizin beim Landesarzt zu studieren. Wenn unsere Wege sich irgendwann noch einmal kreuzen", fügte er hinzu. „dann erinnert Euch daran, dass Ihr da, wo ich bin, einen Freund habt. Alles, was ich für Euch tun kann, will ich gerne tun."

Damit verabschiedeten sie sich. Sveinn ging zu Krankenbesuchen nach Reykjavik und von dort aus nach Hause zu seinen Büchern, Vigfús aber beschleunigte seine Schritte und lief nach Osten über die Heiden. Am dritten Tag kam er wieder nach Sólheimar. Diesmal übernachtete er hier nicht, blieb aber eine Weile und nahm die Einladung zum Essen an. Jetzt behandelte Valgerður ihn ganz anders, als sie es früher getan hatte. Zwar sprach sie nicht viel mit ihm, vertraute ihm aber einen Brief für Séra Jón an und bat ihn, ihn und seine Töchter zu grüßen. Sveinn ging ein Stück Weges mit ihm.

„Du hast einen großen Sieg errungen, Fúsi", sagte er. „Mit Mama ist nicht leicht auszukommen. Aber jetzt hast du sogar sie für dich gewonnen."

„Was meinst du?" fragte Vigfús.

„Du wirst es sehen, wenn du nach Osten kommst. Ich beglückwünsche dich. Ich bin nie dagegen gewesen, dich Schwager zu nennen. Aber genug davon. Hättest du Spaß daran zu hören, was Séra Jón Steingrimsson über dich schreibt?"

Vigfús gab das zu.

Sveinn zog den Brief aus der Tasche und las:

„Vigfús hat ihr (Gudrun) in diesem Sommer beispiellose Treue gezeigt. Ich habe nie eine opferbereitere Liebe gesehen. Er hat sich bei mir gut benommen und sich überall als ein guter und tüchtiger Mann von einzigartiger Kraft erwiesen. Ich meine, dass er Eurer Tochter durchaus würdig ist, wenn Gott ihr die Gesundheit wiedergeben sollte –„

Vigfús hüpfte das Herz vor Freude. Als er sich von Sveinn verabschiedet hatte, rannte er so schnell ihn seine Füße trugen. Er spürte keine Müdigkeit. Er fühlte sich leichter denn je zuvor. Er spürte mit seinem ganzen Körper, dass er Valgerður Zustimmung und ihren Segen zu der Verbindung in seiner Tasche trug.

Am vierten Tag seiner Abreise aus dem Süden kam er nach Prestsbakki.

Da war Gudrun tot.

Sie war am Tage nach seiner Abreise gestorben.

6. An Gudruns Sarg

Vigfús trug seinen Kummer mit größter Tapferkeit. Er ging mit Séra Jón und seinen Töchtern in die Stube, in der Gudrun gelegen hatte. Jetzt lag dort ihr Körper in einem Sarg aufgebahrt, der aber noch offen stand. Die Töchter Séra Jóns hatten das Leichenhemd aus feinem, weißen Leinen genäht und es bestickt. In dieser weißen Pracht lag Gudrun, blass, aber glücklich lächelnd, als ob sie selige Träume träumte.

Vigfús ging barhäuptig zu ihr, beugte sich über sie und küsste ihre Hände, die über ihrer Brust gekreuzt waren, und ihre Stirn, die kalt war wie Eis. Tränen tropften von seinem Gesicht auf ihren toten Körper. Dennoch war sein Schmerz nicht so groß, wie er erwartet hatte. Er hatte so lange vor dieser Stunde Angst gehabt, dass er gut vorbereitet war. Und die von Herzen kommende Teilnahme derer, die bei ihm standen, half ihm in seinem Leid. Aus den Briefen, die er mitgebracht hatte, konnten alle ersehen, dass Gudrun ihm mit der Zustimmung ihrer Verwandten anverlobt war. Ungleich größer war sein Leid gewesen, als er sie das erstemal verlor. Damals hatte er alleingestanden mit seinem Kummer, und niemand hatte sich um ihn gekümmert. Und das Wissen, dass sie einem anderen gegeben war, hatte seinen Schmerz noch verstärkt. Jetzt gehörte sie ihm in unverdorbener Jugendschönheit, wenn sie auch tot war. Sie war vor ihm in eine schönere Welt gegangen. Dort wartete sie auf ihn. Dort sollte ihre Hochzeit sein.

„Sie starb an einem Regenbogentag“, sagte Séra Jón Steingrimsson. „Das war für uns, die wir zu Hause waren, ein unvergesslicher Freudentag. Ihr habt alle bemerkt, dass der Friedensbogen in diesem Sommer kein einziges Mal zu sehen war. Das Sonnenlicht, das ihn hervorruft, war immer zu schwach und rauchgeschwängert. Jetzt haben es die Ströme gereinigt, so dass die Sonne wieder mehr Kraft hat. Und Gott lässt dieses Zeichen des Friedens zwischen ihm und den Menschen wieder in den Wolken scheinen. Unsere Freude war groß, aber zu größerer Freude ist sie an diesem Tag von uns gegangen. Gottes Wege sind unerklärlich, Vielleicht hat er uns. den Zurückgebliebenen, zeigen wollen, wie hoch er dieses Kind geschätzt hat, indem er das herrliche Zeichen seiner väterlichen Gnade gerade an ihrem Todestag erscheinen ließ."

Vigfús lauschte diesen Worten wie einem schönen Grabgesang. Sie füllten seine Seele mit unklarer Freude in seinem Schmerz. Sie legten eine wärmende Heiligkeit um ihn, die keine Worte beschreiben konnten. Sie durchdrangen ihn mit Verehrung vor der Nähe des unsichtbaren Gottes.

„Gott lohne Euch alles, was Ihr für sie getan habt", sagte er zu Séra Jón und den Schwestern. „Ich weiß, dass ich Euch in meinem Namen und dem ihrer Verwandten danken darf. Ich kann es Euch nicht vergelten, aber ich werde mich mein ganzes Leben lang daran erinnern."

Dann ging er zu Séra Jón und reichte ihm die Hand.

„Herzlichen Dank für das, was Ihr an Gudruns Mutter über mich geschrieben habt. Ich hätte nie gedacht, dass jemand merken würde, was ich für sie zu tun versuchte. Mein ganzes Leben habe ich versucht, ein guter und tüchtiger Junge zu sein, aber wenige haben es beachtet."

„Gott hat es gesehen", unterbrach ihn Séra Jón. „Er sieht das, was wir Menschen so oft übersehen. Und jetzt gibt er Euch den Lohn. Eine solch festliche Verlobung wie die Eure wird nur wenigen zuteil. Eure Liebste wartet auf Euch bei Gott in unschuldiger Jungfräulichkeit. Ihr werdet an diesem Tag der Trauer mit der Erinnerung an sie zusammengegeben, und sie wird Euch bis zu Eurem Tod begleiten. Versucht so zu leben, dass keine Schatten auf diese schöne Erinnerung fallen. Lasst Eure Liebste nicht bei Gott um Euch weinen, weil Ihr sie vielleicht vergessen oder geschmäht hättet. Erinnert Euch an ihren Tod in Liebe und Treue, wann immer Ihr Gottes Friedensbogen in den Wolken seht."

Einige Tage später wurde Gudrun auf dem Friedhof in Kirkjubæjarklaustur begraben. Séra Jón hielt eine schöne Rede, und seine Töchter leiteten den Gesang. Die Beerdigung war ungewöhnlich feierlich.

7. Der letzte Gruß aus Síða

Vigfús konnte nach all dem, was geschehen war, in Prestsbakki nicht mehr glücklich sein; außerdem sah er, wie knapp es jetzt in der Wirtschaft Séra Jóns wurde, so dass dieser nur schwer seine eigenen Leute über den Winter bringen konnte und es nicht recht wäre, seine Gutherzigkeit auszunutzen.

Der Winter begann früh, und Ende Oktober kam solch harter Frost, dass sich niemand an etwas Ähnliches zu dieser Jahreszeit erinnerte. Aber jetzt war die ganze Natur sich selber unähnlich.

Zu dieser Zeit zog der alte Sigurður in Skaftárdalur mit seinem ganzen Gesinde aus Síða weg. Er hatte als Übergangslösung ein Stück Land in Fljotshlið bekommen. Aber kurz bevor er und seine Leute auf dem Weg nach Süden die Lava umgehen wollten, kam die Nachricht, dass der Lavastrom bei Skaftárdalur begehbar sei. Schnee war in die Skaftá getrieben worden, so dass sie nun von stahlhartem Eis überzogen war. Das war ein Zeichen dafür, dass die Lava unter ihr schon sehr abgekühlt sein musste. Aufgrund dieser Nachricht wurde beschlossen, mit Vieh und Gepäck die Überquerung der Lava bei Skaftárdalur zu versuchen.

Vigfús verdingte sich bei den Leuten von Skaftárdalur, um dieses Wagestück zu verwirklichen. Gleichzeitig wollte er für immer in den Westen ziehen. Er verabschiedete sich in großer Liebe von Séra Jón.

Das gefährliche Unternehmen gelang weit über alle Erwartungen. Das Skaftá-Eis trug, wenn auch nicht an den Stellen, an denen die Lavakruste sehr dünn war. Dort war sie noch so heiß, dass sie das Eis abschmolz. Aber weil die Skaftá von einer Seite zur anderen über die ganze Lava geflutet war, konnte man vorsichtig über das Eis gehen und von ihm auf die Lavarücken gelangen, wenn kein anderer Weg zu finden war. Sie waren zwar noch heiß, und Dampf quoll aus ihren Sprüngen hervor. Aber sie brannten nicht mehr und trugen die Menschen und das Vieh. Zwei Männer gingen immer voran und erkundeten den Weg mit starken Stöcken. Den ganzen Tag brauchten sie, um die Lava zu überqueren. Aber es gelang ohne größere Schwierigkeiten und ohne Unfälle.

In Búland verabschiedete sich Vigfús von den Leuten aus Skaftárdalur und ging am Abend durch die Gemeinde Skaftártunga.

Je dunkler es wurde, desto heller war der Schein der Feuer, die immer noch im Nordosten brannten. Sie warfen einen schönen Glanz auf die Wolken und auf die gewaltigen Rauchpilze, die dort von den Kratern und Lavaströmen aufstiegen. Alles glänzte hell und leuchtend. Die ganze Erde war in roten Schimmer getaucht, und Vigfús warf lange Schatten voraus.

Das war der letzte Gruß, den Síða ihm schickte.

Aber in seiner Brust barg er ein noch schöneres und helleres Bild – die Erinnerung an Gudrun Alexandersdóttir.

Die Geschichte ist nun zu Ende.

Dennoch soll mit kurzen Worten davon berichtet werden, was aus einigen der Leute wurde, von denen diese Geschichte erzählt hat.

Ganz Síða westlich von Kirkjubæjarklaustur war verlassen. Das waren die Höfe Hunkubakkar, Heiði, Holt, Skál, Á und Skaftárdalur. Der obere Teil der Gemeinde Landbrot war ebenfalls verlassen, der größte Teil Meðallands, ein Teil von Skaftártunga und fast die ganze Gemeinde Fljótshverfi. Insgesamt waren 29 Höfe verödet. Zwar „wohnte" Guðfinna noch in der Hütte von Holt, die schon erwähnt wurde, aber dennoch galt Holt als verlassen. Als der Herbst vergangen war, hörten ihre Bekannten auf, ihr Räucherfleisch und Branntwein zu bringen. Um Weihnachten flüchtete sie aus der Hütte, halbverrückt von schrecklichem Gespensterglauben, und ging von einem Bauern zum anderen. Aber überall dort, wo sie übernachtete. verschwanden verschiedene Dinge, und Guðfinna schien eine merkwürdige Begabung zu haben, von manchen Leuten aus der Gemeinde Waren zu bekommen – und zwar gerade von denen, die nicht als verschwenderisch galten. Mitten im Winter ging sie wieder in ihre Hütte zurück. Dort hauste sie in größtem Elend bis zum Frühling. Dann wurde sie nach Geirland gebracht, und die Leute versuchten, sie wieder auf die Beine zu bringen. Aber das gelang nicht. Guðfinna starb und kam in ein Grab mit sieben oder acht anderen, die in derselben Woche gestorben waren.

Von den Leuten aus Skál wurde schon berichtet. Von den Leuten aus Holt ist zu berichten, dass der alte Olaf Jónsson, als er zu seiner Tochter kam, bettlägerig wurde und kurz danach starb. Seine Schwiegertochter Hallbera ging darauf nach Sólheimar zu ihrer Mutter und ihren Brüdern.

Rannveig und ihre Kinder irrten ohne Ziel im Rangarvallabezirk umher. Dort erkrankte sie und starb. Irgendwelche Freunde nahmen die jüngsten Kinder zu sich, aber die älteren mussten für sich selbst sorgen.

Von Séra Jón Steingrimsson erzählt die nächste Geschichte.[32] Im Winter 1783-84 war das Wetter im ganzen Land besonders kalt, es gab klirrenden Frost, und die Erde war steinhart gefroren. Am schlimmsten war diese Zeit für die Leute im Vestur-Skaftáfellbezirk. weil sie außerdem noch unter den Schrecken des vergangenen Sommers litten: Alle Tiere waren eingegangen, bevor es richtig Winter geworden war.

Im Herbst starben viele alte Leute an Lungenerkrankungen, die ihre Ursache in der schlechten Luft und dem ungesunden Wetter hatten. Unter denen, die zu dieser Zeit in Síða starben, waren der alte Snjólfur und seine Frau. Im Verlauf des Winters brachen die meisten Leute vor Hunger und Unterernährung zusammen. Die, die übrig blieben, waren so entkräftet, dass sie kaum den frostharten Boden aufhacken konnten, um die Toten zu begraben. Deswegen grub man von einem Grab aus weiter und reihte die Leichen dort Seite an Seite. Einmal in der Woche wurden die Toten zu solcher Grablegung zusammengesammelt. Ein altes Reitpferd, das Séra Jón Steingrimsson gehörte, war das einzige, das die Leichen tragen und zum Grab schaffen konnte. Es hatte seine alte Kraft bewahrt, wurde nicht geschwächt durch all die Übel, an denen die anderen Pferde eingingen.

In Síða bekamen alle Toten eine kirchliche Grablegung, außer Vigfús Valdason, von dem schon erzählt wurde. Er wurde draußen verscharrt, wo man ihn tot aufgefunden hatte.

Ähnlich war die Lage im ganzen Land. Ein schlimmeres Jahr war noch nie über Island gekommen.

Von Vigfús ist zu berichten, dass er nach Süden in den Fischerort ging, in dem er zuletzt gearbeitet hatte. Dort ernährte er sich, so gut er konnte.

Die Fangerträge waren sehr mager und der Lohn gering. Oft ging es ihm schlecht, aber es schien, als ob nichts seinen Mut und seine Kraft vernichten könnte. Während der Winterfangzeit war es in diesem Fischerort sehr unruhig, da viele heimatlose Menschen hilfesuchend dort hingeströmt waren.

Viele von ihnen starben unter schrecklichen Qualen. Sie wurden tot zwischen den Häusern gefunden. Manche krochen in den Schutz von Fischfanghütten oder Bootsschuppen und starben dort.

Dort traf Vigfús Sigurður Sigurðsson von Holt, seinen ehemaligen Rivalen. Er war in schlechter Verfassung und am Ende seiner Kräfte. Sie versöhnten sich und waren beide über die Versöhnung glücklich. Vigfús kümmerte sich um Sigurður wie um seinen eigenen Bruder.

Mitte April flog die Nachricht durch das ganze Südland, dass ein Kauffahrer in den Hafnarfjörður gekommen war, vollbeladen mit Geschenken des Königs. Da beschlossen viele, sich auf den Weg dorthin zu machen.

Vigfús ging mit Sigurður, der noch sehr schwach war, über den Grindaskarð. Sigurður gab bei der Überquerung der Berge nach kurzer Zeit auf, und Vigfús musste ihn auf dem Rücken weitertragen. Das Wetter war schlecht, und sie gerieten in größte Not. Drei Tage waren sie in den Bergen und erlitten schlimme Erfrierungen. Schließlich musste Vigfús Sigurður todkrank an einem Bach oberhalb des Hafnarfjörður zurücklassen und ihn in den Schnee graben. Er selber gelangte nur mit Not an den Fjord. Die Masten des Schiffes hatten ihm den Weg gewiesen.

Der erste Mann, dem er in Hafnarfjörður in die Arme lief, war Sveinn Pálsson, der zukünftige Arzt aus Nes, mit dem er sich im Herbst angefreundet hatte. Er war dort im Auftrage des Landesarztes.

Sveinn nahm Vigfús auf, als ob er zu ihm gehörte. Er ließ Sigurður holen und besorgte den Kameraden eine Unterkunft in Jofriðarstaðir, besuchte sie fast täglich, behandelte und umsorgte sie, bis sie wieder gesund und kräftig waren.

Seit der Zeit waren Vigfús und Sigurður ihr ganzes Leben lang treue Freunde.

Auch mit Sveinn Alexandersson, der ein wichtiger Mann und großer Bauer geworden war, war Vigfús so in Freundschaft verbunden, als ob sie verschwägert wären.

Überall hatte Vigfús Freunde. Aber der Erinnerung an seine Geliebte blieb er treu bis an den Tod und heiratete nie.

Er arbeitete hier und da im Südland. Überall galt er als großes Vorbild an Kraft, Treue und Güte. Er wurde ein alter Mann, lebte bis etwas 1830.

Er blieb ein Einzelgänger und neigte zur Schwermut. Wehmut begleitete seine Kraft und seine Männlichkeit. Immer schien er einen tiefen Schmerz zu verbergen, immer seufzte er vor Sehnsucht nach etwas, was das Leben ihm nicht schenken konnte.

An langen Dämmerabenden erzählte er Kindern und Erwachsenen immer wieder die Geschichten von den Skaftáfeuern.

Anmerkungen

1 Die Dänen hatten in Island das Handelsmonopol, und von 1767 an lag der gesamte Handel mit Island in den Händen des Allgemeinen Handelsvereins. 1768 wurde er angeklagt, verdorbenes Mehl eingeführt zu haben. Die Isländer warfen aus Protest 1.000 Tonnen Mehl ins Meer, und der Verein verlor seine Handelserlaubnis mit Island. 1774 übernahm der dänische König den Islandhandel (Anm. d. Ü.).

2 Der Kjalvegur (Kjölur-Route) ist eine der Verbindungen durchs Hochland in Nord-Süd-Richtung und führt zwischen den Gletschern Lang- und Hofsjökull hindurch. Zur Landnahmezeit nahm die Strecke noch einen teilweise anderen Verlauf, doch wurde die alte Route aufgegeben, nachdem 1780 die Reynistaðir-Brüder mit dem Verwalter ihres Hofes, einer Herde von 180 Schafen, die sie im Süden gekauft hatten, und 16 Pferden hier in einem Schneesturm umkamen. Aufgrund der vielen Knochen heißt der Ort seitdem Beinahóll (Knochenhügel) (A. d. Ü.).

3 Manche glaubten, dass zur Zeit der Skaftáfeuer auch auf Jan Mayen ein Vulkanausbruch stattgefunden habe.

4 Gemeinden im Skaftáfellbezirk (Anm. d. Ü.).

5 Die altisländische Landnámabók („Landnahmebuch", Buch der Besiedlung Islands) ist eine wichtige historische Quelle der Kolonisation Islands. Der Schwerpunkt der Landnámabók liegt auf einer genealogischen Liste der großenteils norwegischen Siedler, die die unbewohnte Insel in Besitz nahmen. Es listet 400 skandinavische Siedler auf, die Island zwischen 870 und 930 erreichten und sich ansiedelten. Die ursprüngliche Version der Landnámabók blieb nicht erhalten. Sie wurde im 11. Jahrhundert verfasst (A. d. Ü.).

6 Ingólfur Arnason und sein Ziehbruder Hjörleifur gelten als die ersten Siedler Islands, um 874 n. Chr. (Anm. d. Ü.)

7 Während des Winters, wenn auf den Höfen nicht so viel zu tun war, schickten die reichen Bauern einige ihrer Knechte in die Fischereidörfer. Dort verdingten sie sich auf ein Boot. Ihr Fanganteil trug sowohl zu ihrem als auch zu des Bauern Wohl bei (Anm. d. Ü.).

8 Die isländische Badestube (Baðstofa) war Wohn-, Ess- und Aufenthaltsraum und nachts Schlafraum mit Betten an den Längsseiten, oft für je zwei Personen. Tagsüber wurden die Betten als Sitzplätze benutzt. In der Badestube wohnten und schliefen alle Bewohner des Hofes. Nur in größeren Höfen hatten der Hausherr und seine Frau ein eigenes Zimmer. Die Badestube war meistens der einzige geheizte Raum und Mittelpunkt des gesellschaftlichen Lebens auf einem Hof (Anm. d. Ü.).

9 Bruder Eysteinn: Dichter, Autor der „Lilja", ein Mönch des Þykkvabærklosters, war ein bemerkenswerter Mann Mitte des 14. Jahrhunderts (1350-1360). Er war vom Erzbischof zum Kirchenaufsichtsrat benannt worden, geriet in Streitereien mit Gyrður, dem Bischof in Skálholt, vertrug sich aber wieder mit ihm und stand seitdem hoch in seiner Achtung. Er starb in Norwegen 1361. Viele Sagen werden von ihm erzählt.

10 Arm = 3 Ellen = 167 cm (Anm. d. Ü.).

11 Landbesitz gemessen in Silber, Loden, Kühen und Fischen. 1 Hundert = 120 Öre Silber = 120 Ellen Loden = 1 Kuh = 240 Fische länger als 18 Daumen (Anm. d. Ü.).

12 Maulwürfe gibt es in Island nicht. Gemeint sind wohl unbekannte Erdbewohner, evtl. auch nur wegen des Reimes als Redewendung benutzt (Anm. d. Ü.).

13 Ein Zuträger (tilberi) ist ein Geschöpf, das herbeigezaubert wird, um die Milch von Kühen und Schafen anderer Leute abzumelken (Anm. d. Ü.).

14 Bleikur = Falbe (Anm. d. Ü.).

15 Der See Lögurinn bildet einen Abschnitt des Flusses Lagarfljót. Er ist 53 m^2 groß und reicht mit einer Tiefe von 112 Metern 90 Meter unter die Meeresoberfläche. Der Legende nach beherbergt er das Ungeheuer Lagarfljótsormurinn.

16 Lieder zu einem alten isländischen Tanz (Anm. d. Ü.).

17 Ein Wesen, das aufgeweckt wird, um Böses zu tun (Anm. d. Ü.).

18 Die Zauberzeichen „Helferringe“ und „Ginfaxi“ sind in folgender Form überliefert (Quelle: Íslenskar þjóðsögur og ævintýri, safnað hefur Jón Árnason. Árni Böðvarsson og Bjarni Vilhjálmsson önnuðust útgáfuna. Bókaútgáfan Þjóðsaga. Reykjavík 1980):

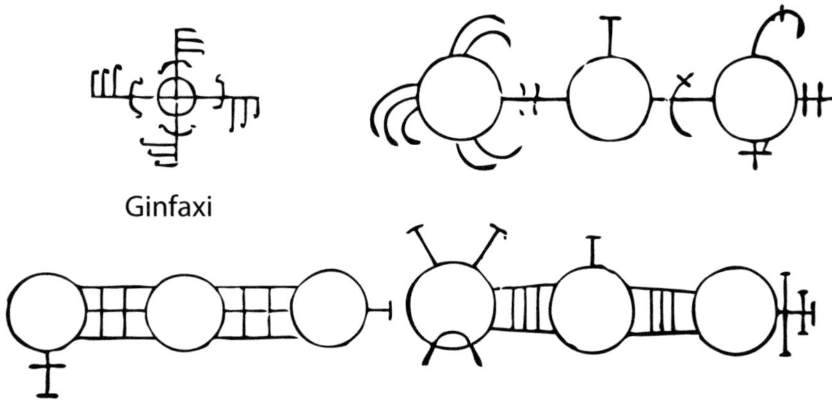

19 Predigtbuch des Bischofs Jón Vidalin, 1698-1720 (Anm. d. Ü.).

20 Er hat später den Namen Sveinstindur bekommen, nach dem Arzt Sveinn Pálsson, siehe auch Anmerkung 31.

21 In den geistlichen Schulen in Skólar und Skólholt soll es mächtige Zauberbücher gegeben haben wie die Gráskinna und die Rauðskinna des schrecklichen Bischofs Gottskálkur aus Hólar. Heute sind sie verloren (Anm. d. Ü.).

22 Ein mit Wällen aus Grassoden eingegrenztes Rechteck, in dem die Schafe gemolken wurden (Anm. d. Ü.).

23 Systrastapi (der Schwesterfelsen) soll seinen Namen von zwei „Schwestern“ (Nonnen) aus Kirkjubær haben, die wegen gotteslästerlichen Betragens um 1343 verbrannt wurden. Die eine, Katrin mit Namen, hatte sich dem Teu-

fel verschrieben, den „Leib Christi geschändet“ und mit „vielen Gespielen“ gesündigt. Die andere ist nicht benannt, aber sie soll den Papst verhöhnt haben. Ihre Asche wurde oben auf dem Felsen begraben, und die Leute sagen, dass der eine Hügel jedes Jahr grüne, der andere (der Katrin?) nicht.

24 Jón Vidalin, Bischof von 1698-1720 (Anm. d. Ü.).

25 In þingvellir, dem isländischen Thingplatz, fand einmal im Jahr die isländische Volksversammlung statt (Anm. d. Ü.).

26 Am 10. Juli 1718.

27 Jón Vidalin kritisierte die ausübende Gewalt in Island, warf den Richtern vor, die Gesetze nach eigenem Gutdünken zu benutzen, Gesetzesbrecher zu schützen und nur die kleinen Diebe zu bestrafen (Amn. d. Ü.).

28 Die Eldgjá (Feuerspalte) ist eine insgesamt 40 km lange Ausbruchsspalte, die ihre letzten Ausbrüche vor ca. 2.000 und vielleicht vor 1.000 Jahren hatte. Sie liegt parallel zur Lakispalte von 1783, und auch ihre Lava floss über den Mýrdalssandur bis zur Küste. Ulfardalskrater ist ein anderer Name der Laki-Kraterreihe, deren Ausbruch von 1783 in diesem Buch beschrieben wird.

29 Bjarni Pálsson war Landarzt von 1760-1779.

30 Björn war seit 1772 der erste Apotheker in Island. Beide Brüder waren in den letzten Jahren ihres Lebens geistesgestört. Vigfús starb 1795, Björn drei Jahre später.

31 Sveinn Pálsson wurde später Arzt der Südländer und ein hoch geachteter Mann. Er besuchte das Ausbruchsgebiet zehn Jahre später, und da dampfte die Lava immer noch.

32 Skaftáfeuer II, der Sieg des Lebens. Bisher nicht übersetzt. Erzählt die Geschichte des Wiederaufbaus im Skaftáfellbezirk und basiert fast ausschließlich auf den Erinnerungen Séra Jón Steingrimssons (Anm. d. Ü.).

Zu den Personen

Jón Steingrimsson

Geboren auf þverá im Skagafjord am 10. September 1728. Besuchte die Schule in Holar. Nordisland, von 1744-1750. Küster in Reynistaðarklaustur bis 1751. Schwängerte die Witwe des Klostervorstehers, þórunn Hannesdóttir Scheving und heiratete sie 1753. 1760 wurde er in Skálholt zum Pastor geweiht und bekam das Pfarramt in Mýrdalur, Südisland. 1778 zog er nach Kirkjubæjarklaustur und wurde Probst beider Skaftáfellbezirke. Im Jahre des Ausbruches 1783 verlor er sämtlichen Besitz und geriet in große Schwierigkeiten, blieb aber bei seiner Gemeinde und war für alle eine unentbehrliche Stütze. Im Jahr darauf starb seine Frau. Er lebte mit seinen Töchtern bis er sich 1787 wieder verheiratete. Doch seine Gesundheit war sehr angegriffen und er starb 1791, 63 Jahre alt.

Bekannt sind u.a. seine Lebenserinnerungen und Berichte vom Ausbruch der Laki-Spalte 1783. Die vorliegende Erzählung beruht z.T. auf diesen Werken.

Séra Jón hatte 5 Töchter, aber keinen Sohn:

Sigriður	*Reynistaður 1753 - 1800 (ertrunken)
Jorunn	*Frostastðir 1755 - 1791
Guðný	*Hellir 1757 - 1839
Katrin	*Mýrdalur 1761 - 1820
Helga	*Mýrdalur 1762 - 1846

Viele Isländer stammen aus dem Geschlecht Séra Jóns und seiner Töchter.

Valgerður Eyjólfsdóttir

Hausfrau in Skál, geboren 1723 in Selkot undir Eyjarfjöllum, Südisland. heiratete erst Alexander Sveinsson in Skál (gestorben vor 1783) und später Bjarni, den sie auch überlebte. Ihre Tochter Gudrun Alexandersdottir, starb während oder kurz nach dem Ausbruch (1784-1785). Valgerðurs Söhne Sveinn (1761-1848) und Eyjolfur (1762- 1842) wurden bekannte Bauern auf Ytri-Sólheimar im Mýrdalur, und von ihnen stammt ein großes Geschlecht.

Þórarinn Isleiksson

Der andere Bauer in Skál während des Laki-Ausbruchs ist ebenfalls ein bekannter Mann und galt zu seiner Zeit als vielseitig und klug. Er wurde 1742 geboren und starb, seit langem blind, 1823 mit 81 Jahren in Skál.

Snjólfur Finnsson

„Der Starke", wurde vermutlich Anfang des 18. Jahrhunderts geboren und starb in den Jahren der Laki-Katastrophe (1783-1785).

Die isländischen Eigennamen

In vorliegendem Buch sind fast alle Eigennamen in isländischer Schreibweise gedruckt. Bei Namen, die auch im Deutschen häufiger vorkommen, habe ich die deutsche Schreibweise gewählt, z.B. Gudrun (isl. Guðrún) und Olaf (isl.: Ólafur).

Den Namen der isländischen Geistlichen wird oft der Titel hinzugefügt (Séra Jón Steingrimsson).

Das isländische Alphabet enthält einige Buchstaben, die es im Deutschen nicht gibt oder die anders ausgesprochen werden:

Þ, þ und Ð, ð ähneln dem englischen th

Æ, æ	=	gesprochen: ei
Á, á	=	au
É, é	=	jä
U, u	=	ö
Ú, ú	=	u
Ó, ó	=	ou
Au, au	=	öi

Die Betonung liegt immer auf der ersten Silbe.

Der Autor

Jón Trausti (Guðmundur Magnusson) kam am 12.2.1873 in Nordisland, Rif á Melrakkasléttu, zur Welt. Er war Sohn armer Bauern und musste sich sein Brot als Knecht und später als Fischer verdienen. Mit 20 Jahren begann er eine Buchdruckerlehre in Seyðisfjörður. 1896 zog er nach Kopenhagen, wo er sich vor allem mit der künstlerischen Gestaltung der Theaterbühne beschäftigte. 1898 kam er wieder nach Island und lebte bis zu seinem Tod in Reykjavík. Die meiste Zeit arbeitete er als Buchdrucker, aber auch als Schauspieler und Bühnenbildner am Theater in Reykjavík. 1903 ermöglichte ihm eine staatliche Unterstützung eine lange Europareise. In den Jahren 1906-1912 schrieb Jón Trausti eine große Anzahl von Romanen, Kurzgeschichten und Gedichten. Er gilt, trotz stilistischer Schwächen, als einer der größten Dichter des isländischen Realismus und suchte Themen seiner Dichtung vor allem in der Geschichte seines Landes. Der Roman „Heiðarbylið" (der Heidehof) aus den Jahren 1908-1911 wird als seine beste Arbeit angesehen. Die „Skaftáfeuer I und II" entstanden 1912-1913, und die vorliegende Geschichte ist der erste, selbständige Teil dieses Romans. Kein anderer Roman Traustis ist bisher ins Deutsche übersetzt worden.

Jón Trausti starb 1918 an der spanischen Grippe.

Die Übersetzerin

Susanne Beug, 1959 in Göttingen geboren und dort auch aufgewachsen, bekam 1974 eine Islandreise als Konfirmationsgeschenk und arbeitete nach dem Abitur 1978 für drei Monate auf einem Hof in Südisland, wo sie ihren späteren Mann kennenlernte. 1979 zog sie endgültig nach Island. Dort studierte sie zwei Jahre Isländisch an der *Háskóli Íslands* und war anschließend drei Jahre an der Pädagogischen Hochschule in Reykjavik. 1984 erwarb sie ihren Bachelor of Education und arbeitet seitdem als Lehrerin in Hella in Südisland.

Der Ausbruch der Laki-Spalte in den Jahren 1783-1784

1783 brach im Südwesten des größten Gletschers Europas, des Vatnajökulls, eine 25 km lange Spalte auf. Aus über 100 Kratern ergoss sich die Lava über das Land und bedeckte schließlich eine Fläche von 565 km^2. Das flüssige Gestein erreichte ein Volumen von 12 und die Lockermassen von 0,85 km^3. Die ausgetretenen Gase werden auf 10 Millionen Tonnen geschätzt. Der Ausbruch, nach dem Berg Laki benannt und in Island unter dem Namen Skaftáfeuer bekannt, ist der größte nacheiszeitliche Lavaausbruch auf Erden. Über 9.000 Menschen, ein Fünftel der Bevölkerung, kamen allein in Island ums Leben. Außerdem gingen 28.000 Pferde, 11.400 Rinder und 200.000 Schafe zugrunde. Schon vorher hatten ungewöhnlich strenge Winter, Seuchen und Schafskrankheiten Tausende von Menschen das Leben gekostet. Ein Jahr nach der Laki-Katastrophe wurde das isländische Südland von schweren Erdbeben heimgesucht, bei denen 92 Bauernhöfe dem Erdboden gleichgemacht und weitere 400 schwer beschädigt wurden.

Bis nach Südeuropa und in den Vorderen Orient trieb ein bläulicher Dunst. Giftige Wolke zogen im Juli und August in niedriger Höhe über Europa, verdunkelt die Sonne und machte die Seefahrt unmöglich. Der geheimnisvolle, schweflig riechende Nebel, dessen Herkunft niemand ahnte, löste Angst und Schrecken in der Bevölkerung aus. Hilflos sahen ganze Dörfer mit an, wie Freunde und Nachbarn an Schwefelsäureverätzung in der Lunge erstickten und eines qualvollen Todes starben.

Erntehelfer waren nicht mehr in der Lage zu arbeiten. Insgesamt starben schätzungsweise 23.000 Menschen im Sommer 1783 in Großbritannien. Ganz Europa litt unter gewaltigen Sommergewittern, die Ernte und Vieh vernichteten. Einem Herbst mit Stürmen, sintflutartigen Regenfälle, Überschwemmungen und heftigen Unwettern folgte ein ungewöhnlich kalter und langer Winter. Für mehrere Jahre kühlte sich die Erde ab, weil Aschepartikel in der Atmosphäre die Sonnenstrahlen zurückhielten.

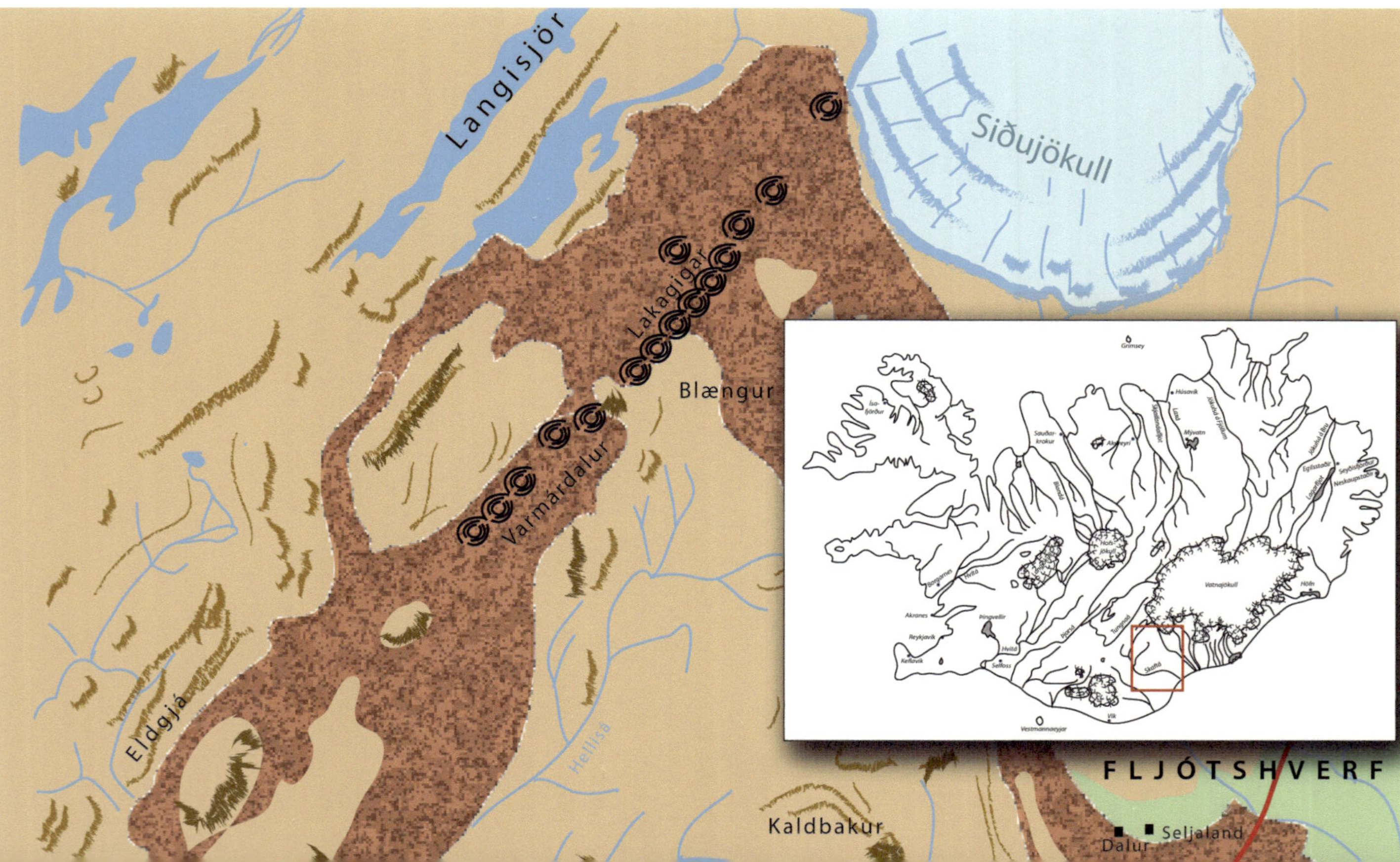

Langisjör
Siðujökull
Lakagígar
Blængur
Varmárdalur
Eldgjá
Hellisá
Kaldbakur
FLJÓTSHVERF
Seljaland
Dalur
Grímsey
Húsavík
Mývatn
Vatnajökull
Höfn
Reykjavík
Akranes
Keflavík
Selfoss
Vík
Vestmannaeyjar
Skaftá

Geirlandshraun
Foss
Prestbakki
Breiðabólsstaður
Brunasandur
SÍÐA
Geirlandsá
Geirland
Stjórn
Fjarðará
Kirkjubæjarklaustur
Skaftárdalur
Skaftárgljúfur
Holtsá
Búland
Heiði
Hólt
Hólmur
Hunkubakkar
Vík
Dalbær
Dalbær
Hvammur
Skálarheiði
Skál
LANDBROT
Svínadalur
Gröf
Hraun
Hlið
Hemra
Ásar
Nes
Máfabót
Hólmur
Efri-Steinsmýri
Botnar
Hólmasel
Syðri-Steinsmýri
Hrífunes
Tungufljót
SKAFTÁ TUNGA
Hólmsá
Leirá
Hnausar
Feðgar
Kúðafljót
MEÐALLAND

Zu Fuß zur Laki-Spalte und weitere Wanderungen in Island

Lisa Steppe (2009). Island.
Reihe: erlebte orte.
Seiten: 134 + 8 Farbseiten
Format: 12,5 x 23,5 cm.
Preis: 10,00 Euro.
ISBN: 978-3-939564-19-5

Dieser Wanderführer ist einzigartig. Als er 1980 erschien, war er das erste Buch seiner Art in deutscher Sprache. Seitdem sind einige hinzugekommen, aber Lisa Steppes literarische Erlebnisbeschreibungen machen das Buch noch immer zu etwas Besonderem. Sie sind von zeitlosem Zauber und lassen an Erfahrungen teilhaben, wie wir sie abseits der Ringstraße in Island auch heute noch erleben können. Darum wurden die Berichte von den vier mehrtägigen Touren, die die Autorin im Süden der Insel unternahm, in ihrer ursprünglichen Form belassen. Der Serviceteil jedoch wurde gründlich überarbeitet und aktualisiert. Er enthält Kartenskizzen zu den beschriebenen Routen, weitere Tourenvorschläge, Tips zum Reisen im Land, zu Hütten, zur Durchquerung von Flüssen und vielem mehr, was dieses Buch zu einem willkommenen Begleiter auf Wanderungen im isländischen Hochland macht.